운동선수와 코치를 위한 지침서

# 스포츠멘탈

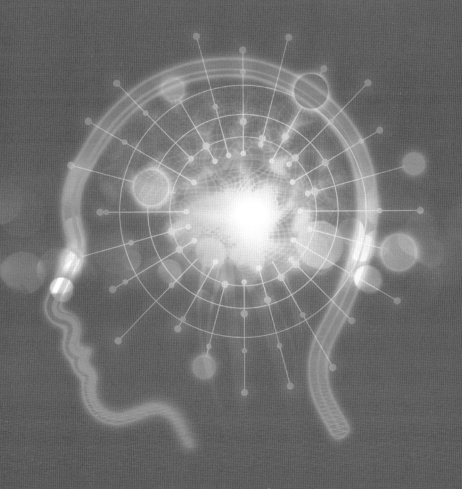

# 들어가는 말

나는 늦은 나이에 공부를 시작하여 대학원에서 스포츠심리학을 전공하고도 채워지지 않았던 멘탈 공부에 대한 결핍과 목마른 갈증을 해소하기 위해 심리와 관련된 다양한 학문들을 공부했다.

박사과정을 마치고도 심리와 관련된 학문적 결핍과 목마름을 해소하기 위해 심리학과 뇌과학, 코칭, 멘탈에 대한 새로운 공부를 계속하는 과정에서 아이러니하게도 내가 그토록 찾아 헤매었던 결핍과 갈증을 스포츠심리학에서 해소할 수 있었다.

그동안 NLP와 최면, 양자심리학, 교류분석이론, 게슈탈트 심리학, 리더십, 스피치, 운동처방, 뇌과학, 마음공부, 심리학 등을 공부하며 얻은 답은 '모든 문제는 현장에 있고 문제에 대한 답도 현장에 있다'는 것이었다. 내 안에서 이 모든 학문들이 전체성으로 융합되고 통섭되면서 그전에 놓쳤던 스포츠심리학의 가치들을 찾을 수 있게 되었다.

실용적 학문이면서 현장 학문인 스포츠심리학이 단순히 선수들의 운동수행과 경기력을 향상시키기 위한 도구로서의 역할뿐만 아니라 일상생활 속에서도 다양하게 활용될 수 있는 살아 숨 쉬는 학문으로 진화를 계속할 수 있다는 사실을 깨닫게 된 것이다. 체계적인 심리훈련을 통해 운동수행과 경기력을 향상시키는 것이 스포츠심리학의 역할이며 목적이기 때문에 일상생활 속에서도 탁월한 성과를 얻기 위한 스포츠

심리학의 활용과 역할이 기대된다.

스포츠 현장에서의 다양한 실험과 현장 적용의 효과가 검증된 스포츠심리학이 스포츠 이외의 분야로 확장할 수 있게 된다면 그 영역은 무한하다. 스포츠가 이미 우리 삶이 되었으며 우리 삶 자체가 스포츠라고 할 수 있을 정도이기 때문이다. 그래서 우리의 삶을 스포츠에 비유해서 해석하는 사례가 많은 것이다.

주변 사람들과 끊임없이 경쟁을 하며 살아가야 하는 현대인들은 삶의 현장에서 스트레스와 불안, 공포, 무기력, 좌절, 트라우마 등에 시달리며 살아간다. 그들의 심리상담과 치료에 실용적이고 현장 학문인 스포츠심리학의 기법을 활용한다면 탁월한 효과를 얻을 수 있다.

특히 스포츠 현장과 거의 같은 체계와 시스템으로 운영되는 군대, 공공기관, 기업, 단체, 학교 등에 스포츠심리학의 기법을 접목하거나 활용한다면 매우 긍정적인 효과가 기대된다.

실제로 미 육군에서는 '수행능력 향상 전문인'을 대거 채용하고 있고 이들 중 대다수가 바로 스포츠심리학 전공자들이라는 점은 스포츠심리학의 진화가 무한할 수 있다는 사실을 증명하고 있다. 이외에도 긴장과 불안, 트라우마를 극복하거나 고도의 집중력을 요하는 직업과 관련된 의료분야, 소방관, 경찰관 등도 스포츠심리학의 도움을 받을 수 있는 분야이다. 그뿐만 아니라 대중들 앞에서 공연을 하는 연예인이나 공연가들에게도 멘탈적으로 큰 도움이 된다.

줄리어드 음대에서는 최적의 조건이 아닌 최악의 조건에서도 멘탈이 흔들리지 않고 계속적인 연주를 수행할 수 있도록 멘탈 훈련을 시키고 있다. 이처럼 스포츠심리학의 적용과 활용은 무궁무진하다.

멘탈코칭센터에서도 성인들을 코칭할 때 리더십이나 자신감, 집중력, 심리상담에 스포츠심리학의 원리와 기법을 융합하여 활용하면서 큰 효과를 보고 있다. 공부를 하는 학생들도 멘탈코칭을 통해 집중력과 자신감, 리더십, 인간관계 능력 등의 수행을 향상시키는데 스포츠심리학의 여러 기법들을 활용함으로써 큰 효과를 얻고 있으며 일반적인 심리상담과 치료에서도 해결하기 어려운 심리적인 문제를 해결하는데 스포츠심리학의 원리와 기법들이 큰 도움이 된다.

먼저 출판한 '스포츠에 날개를 달다'와 함께 이 책이 운동선수와 코치뿐만 아니라 학생과 일반인들에게도 널리 보급되어 멘탈 사용법을 배울 수 있는 훌륭한 길잡이가 되기를 소망한다.

# CR+NCR

## CR(consensus reality)

일상적 실재로서 현실적이고 물질적인 것이며 입자의 형태를 띠고 있다.
CR은 유한자원이며 대부분 누군가의 소유로 존재한다.

> 공간, 나이, 신체, 기록, 순위, 근육, 관중, 경기장 등과 같이 눈으로 볼 수 있고 만질 수 있는 일상에서 사실로 존재하는 것이다.
> CR은 항상성을 유지하려는 고정된 패턴을 가지고 있다.

## NCR(non-consensus reality)

비일상적 실재로서 가상적이고 비물적이며 파동의 형태를 띠고 있다.
NCR은 무한자원이기 때문에 선택을 통해 자신의 소유로 만들 수 있는 것이다.

> 사명, 꿈꾸기, 느낌, 목표, 신념, 감정, 희망, 자신감 등과 같이 눈에 보이지 않고 만질 수는 없지만 비일상적 사실로 분명히 존재하는 것이다.
> NCR은 끊임없이 팽창하려는 확장성과 강력한 끌어당김의 자성을 가지고 있다.

CR + NCR = 성취·행복

- 반복적인 생각
- 반복적인 느낌
- 반복적인 말
- 반복적인 행동
- 반복적인 피드백

목표에 초점 모으기

**PART 3**
신경회로 만들기

**PART 4**
불안

**PART 7**
**주의집중과 루틴**

**PART 8**
**리더십과 멘탈**

# PART 1
## <u>스포츠 멘탈</u>

# 멘탈 훈련의 필요성

　우리나라 스포츠의 자부심이자 자랑인 대한민국 양궁 대표팀은 세계 최강의 실력을 인정받고 있다. 고도의 집중력과 심리적 안정을 요하는 대표적 멘탈 스포츠인 양궁 경기에서 주위의 소음과 환경자극의 변화에도 흔들림 없는 멘탈 상태를 유지하기 위해 대한민국 양궁팀은 꾸준히 멘탈 강화 훈련을 실시했다. 약간의 심리적 빈틈과 흔들림도 허용하지 않는 멘탈 스포츠인 양궁은 선수들의 강철 멘탈을 만들기 위해 번지점프와 해병대 극기훈련, 영상 시뮬레이션, 분석 프로그램 등을 적용하여 멘탈 훈련을 실시하였던 것이다.

　세계 최강의 양궁 국가대표팀의 실력은 그냥 만들어진 것이 아니라 코칭스태프와 선수들의 멘탈트레이닝에 대한 인식과 훈련의 결과로 창조된 것이다. 양궁뿐만 아니라 멘탈적인 비중이 큰 다른 스포츠 종목에서도 멘탈의 중요성을 인식하고 훈련과정에서 멘탈을 강화하기 위한 프로그램을 병행하고 있다. 특히 사격이나 골프, 야구, 배구, 축구, 배드민턴 등의 스포츠 종목 선수들에게도 이제 멘탈트레이닝은 선택이 아니라 필수가 되고 있다.

국가별로 올림픽을 준비하거나 치르면서 출전 선수들의 수행 향상과 경기력을 높이기 위하여 다양한 멘탈 훈련프로그램을 적용하고 있으며 이러한 체계적인 멘탈 훈련을 도입한 국가의 대회 결과는 기대 이상으로 좋은 성적을 거두는 것으로 나타났다. 최근에는 국가대표 선수들뿐만 아니라 국내 프로스포츠 선수들이나 학교 선수부들도 팀 응집력을 강화하거나 선수 개개인의 멘탈을 강화하기 위해 멘탈 코치로부터 코칭을 받는 사례가 늘어나고 있다.

스포츠가 과학화되고 거대한 산업이 되면서 스포츠심리학을 활용한 멘탈 훈련이 당당히 스포츠의 한 영역을 차지하게 되었다. 스포츠심리학이 운동역학이나 운동생리학 못지않게 스포츠과학을 중시하는 추세에 현장 적용의 한 분야를 개척한 것이다.

스포츠 멘탈 훈련은 선수가 최상의 운동수행과 경기력을 발휘할 수 있는 자기조절적인 기술을 습득하도록 체계적으로 도움을 주는 심리훈련과정이다. 그리고 선수들이 자기 내면에 존재하는 생각, 정서, 기술 등의 통합된 조절을 통해 훈련과 경기과정에서 겪는 심리적 간섭과 스트레스를 극복하고 경기력을 극대화하는데 필요한 모든 정신적인 전략과 기법을 최상으로 만드는 것이다.

올림픽에 출전하는 국가대표 선수나 프로선수, 엘리트 선수들의 경우

기술과 체력의 수준은 큰 차이가 없기 때문에 멘탈 조절능력이 실력의 차이를 만든다고 해도 과언이 아니다. 그래서 기술과 체력의 차이가 별로 없는 선수들의 경우 멘탈 상태에 따라 메달의 색깔이 달라지는 경우가 생기는 것이다.

좋은 성적을 거두었거나 우승을 많이 해본 감독이나 코치는 멘탈 훈련이 선수들에게 얼마나 중요한지를 잘 알고 있기 때문에 선수들에게도 그 중요성을 강조하고 있다. 올림픽이나 각종 세계선수권대회가 끝날 때마다 최고의 성적을 내고 우승하는 팀들은 훈련과정에서 대부분 스포츠 멘탈 훈련을 실시하였다.

세계적인 테니스 스타인 지미 코너스는 "프로 테니스 경기는 95%가 심리적인 요인에서 결정된다"라고 말했다. 마찬가지로 골프도 전형적인 멘탈 스포츠이다. 골프의 잭 니클라우스, 타이거 우즈, 애니카 소렌스탐, 최경주, 박세리 등의 탁월한 선수들은 골프에서 멘탈이 얼마나 중요한지를 알고 강철 멘탈을 가지기 위해 수년간 노력해온 선수들이다.

다시 한번 강조하지만 모든 스포츠는 멘탈 스포츠이다. 선수의 기술과 체력의 수준이 큰 차이가 없는데도 어떤 선수는 성적이 잘 나오고 어떤 선수는 성적이 잘 나오지 않는 차이를 만드는 것은 바로 선수의 멘탈에 답이 있는 것이다.

# [ 　마음과 몸　 ]

멘탈코칭센터에서는 스포츠 참가자나 선수의 긍정적인 변화와 성장을 위해서 두 가지 관점으로 접근을 한다. 하나는 신체적 훈련을 통해 멘탈적인 변화를 이끌어내는 방법이고 또 다른 하나는 멘탈적인 훈련을 통해 신체적인 변화를 이끌어내는 방법이다.

정신이 먼저인가 몸이 먼저인가에 대한 질문은 닭이 먼저인지 달걀이 먼저인지에 대한 어리석은 물음과 같다. 스포츠 멘탈코칭에서 중요한 것은 무엇이 먼저인가에 대한 판단이나 정의가 아니라 두 가지는 따로 구분할 수 없는 상관성을 가진 다른 형태의 하나라는 사실을 깨닫는 것이다. 즉 정신이 몸을 만들고 몸이 정신을 만들기 때문에 정신에 몸이 있고 몸에 정신이 있다는 홀로그램적인 것으로 이해할 수 있다.

선수가 목표에 대한 생각과 느낌, 말을 반복하게 되면 뇌신경회로가 목표를 성취하기 위한 연결 상태로 바뀌게 되면서 신체적인 수행능력도 함께 바뀌게 된다. 반대로 몸의 일부인 뉴런의 연결이 바뀌면 신경회로에서 생성되는 마음은 언제든지 변화할 수 있는 가소성을 가지고 있다. 마음과 몸은 상관성을 가지고 있기 때문에 어느 것이 먼저이든 상관없이 하나를 바꾸면 나머지 하나도 자동적으로 바뀔 수밖에 없다. 이처럼 마음과 몸은 어느 것을 바꾸어도 서로에게 영향력을 행사하여 함께 변화할 수밖에 없는 연결고리를 가지고 있는 것이다.

마음은 뇌세포의 다양한 연결인 신경회로에서 만들어지고 마음을 만드는 신경회로는 몸의 일부이다. 그래서 뇌는 몸의 일부면서 마음을 만드는 뿌리와 같은 것이다. 그렇기 때문에 마음을 바꾸는 것이 곧 뇌를 바꾸는 것이고 뇌가 바뀌는 것은 곧 몸이 바뀌는 것이다.

반복적인 생각에 의해 마음을 만드는 뇌의 상태가 바뀌게 되면 중추신경에서 말초신경으로 그 신호가 전달되어 몸 전체가 변화할 수밖에 없게 된다. 스포츠는 뇌에 특정 전용신경회로를 구축하기 위한 반복 훈련과정이며 중추신경과 말초신경을 하나의 시스템으로 일치시켜가는 과정으로 이해할 수 있다. 선수가 자신의 목표에 마음과 몸의 초점을 일치시키고 반복하는 자체가 전용신경회로를 구축하여 원하는 성취결과를 얻게 해주는 빠른 선택이 된다.

# 생활 속의 스포츠 멘탈

현대인들은 바쁜 일상 속에서도 마음과 몸의 건강과 활력상태를 유지하기 위해 운동에 참여하고 있다. 일반적으로 운동이라고 하면 프로 스포츠나 엘리트 스포츠를 떠올리는 경우가 많은데 요즘은 전문 운동선수뿐만 아니라 전 국민이 건강관리와 체력증진을 위하여 체육활동에 참여하면서 운동이 일상생활 속으로 깊이 들어오게 된 것이다.

이와 같이 많은 사람들이 규칙적으로 체육활동에 참여하게 되면서 신체적인 건강이 좋아지고 심리적으로도 기분이 훨씬 좋아지는 것을 느끼게 되지만 그 이유를 정확히 아는 사람은 별로 없다. 운동을 할 때 근육의 긍정적인 변화나 엔도르핀, 도파민 등의 화학물질의 분비가 긍정적으로 영향을 미칠 것이라는 짐작은 하면서도 구체적인 이유에 대해서는 제대로 알지 못하는 사람이 많은 것이다.

이처럼 규칙적으로 운동에 참여하는 사람들이 유쾌한 기분이 드는 가장 큰 이유는 운동을 할 때 더 많은 혈액이 뇌에 공급되면서 뇌가 활성화되어 최상의 활력상태를 유지해주기 때문이다. 그리고 운동 과정에서 분비된 화학물질과 신경회로의 활성화로 인해 마음과 몸이 활력상태로 변화하기 때문에 긍정적인 심리상태가 되는 것이다.

진화심리학적 관점에서 보면 50만 년 동안 인간의 뇌는 끊임없이 환경의 변화에 적응하면서 운동신경을 발달시켜왔다. 그렇기 때문에 유전적으로도 운동을 하면서 뇌에 적절한 자극이 주어지게 될 때 우리의 마음과 몸이 조화를 이루어 최적의 상태를 유지할 수 있다.

운동은 적절한 부하를 받으며 신체를 지속적으로 움직이게 되는데 그 과정에서 움직임과 조화될 수 있는 생리적, 심리적인 변화가 동시에 수반되며 관련된 뇌신경회로도 활성화된다.

그래서 운동의 효과는 근육을 키우고 건강한 심폐지구력과 유연성을 기르는 신체적인 효과뿐만 아니라 혈압조절과 당조절, 소화기능 촉진 등의 생리적 효과와 자신감과 성취동기, 집중력, 스트레스 해소 등의 심리적인 효과까지 제공한다. 그뿐만 아니라 여러 사람들과 함께 운동에 참여하며 협력과 선의의 경쟁을 하는 가운데 사회성을 발달시켜 의사소통과 인간관계 능력까지도 발달시키게 된다.

특히 운동은 다양한 신체적인 감각을 뇌에서 지속적으로 피드백 받으며 균형 있는 전체성을 완성하여 자신을 건강하게 회복하는 과정이다. 이렇게 회복된 건강한 자기 자신으로 다른 사람들과의 만남이 이루어지기 때문에 인간관계 능력이 향상되는 것이다.

단체종목의 경우에는 단단한 팀 응집력을 가지게 되고 팀 구성원끼리 서로 협력하며 이타심을 배우게 된다. 팀 내에서의 다양한 인간관계와 유연한 의사소통 과정에서 긍정적인 라포형성을 통해 동료들과의 친밀감도 함께 높아진다.

운동선수들은 힘들고 고통스러운 훈련과정을 이겨내고 새로운 동작과 기술을 배우며 다양한 전략을 구사하는 과정에서 뇌신경회로의 연결이 확장되기 때문에 멘탈이 유연하게 강화되고 다양한 학습과 경험이 축적되면서 삶의 지혜까지 배우게 해준다. 이와 같이 운동을 통해 학습한 긍정적인 효과가 맥락 연결을 통해 생활 속에 융합되면서 삶의 수준까지 함께 높아지게 되는 것이다.

신체적인 운동이 미치는 긍정적인 영향을 극대화하고 수행을 향상시키기 위해 필요한 것이 바로 스포츠 멘탈 훈련이다. 스포츠 멘탈 훈련은 현장 중심의 실용적인 기법이기 때문에 맥락 연결을 통해 운동의 긍정적인 효과가 운동 참가자와 선수들의 삶과 일상생활 속에서 더 많이 나타나 긍정적인 성과를 창조하게 해준다.

# 운동과 일상생활

운동은 일상적 실재인 CR의 신체와 비일상적 실재인 NCR의 정신이 상보적 관계 속에서 전체성으로 통합되어 뇌에 전용신경회로를 구축하여 마음과 몸을 최상의 상태로 만들어준다.

예를 들어 대표적인 멘탈 스포츠 골프는 힘든 훈련과정과 실제 경기에서 자신의 모든 자원과 에너지를 수행에 최적의 상태로 만들어 상상을 초월하는 능력을 발휘하여 원하는 경기 결과를 얻을 수 있게 된다. 골프 훈련과 경기과정에서 터득한 심리적 안정감과 멘탈 상태, 신체조절, 강인한 체력, 수행능력을 일상생활 속에서 활용할 수만 있다면 우리의 삶에 매우 유익한 결과를 얻을 수 있다.

특히 경기상황에서 다양한 환경에 적응하고 상황 판단과 각성 조절, 평상심 유지, 멘탈 통제 등을 통한 심리적 경험들이 실제 생활 속에서도 동일하게 적용되는 사례들이 너무나 많다. 골프뿐만 아니라 야구나 양궁, 축구, 마라톤 등 다른 종목들도 마찬가지로 훈련이나 경기상황에서 습득한 전략이나 심리기술, 피드백 등의 경험과 관련된 전용신경회로가 활성화되면 일상생활 속에서도 자연스럽게 활용할 수 있는 삶의 소중한 자원이 된다.

## 알아차림과 접촉

운동학습은 1단계 무의식-무능력, 2단계 의식-무능력, 3단계 의식-능력, 4단계 무의식-능력의 학습단계를 거치게 된다.

1단계 무의식-무능력 상태에서 4단계 무의식-능력 상태까지 넘어가기 위해서 끊임없는 반복 훈련을 통해 전용신경회로를 구축하는 작업이 운동학습이다. 아무것도 모르는 상태에서 아무런 의식적 개입 없이도 자연스럽게 할 수 있는 자동화 상태의 전용신경회로를 구축하기 위해서는 알아차림과 접촉이 일어나야 한다.

운동학습과 수행과정에서 끊임없는 도전과 실험을 통해 다양한 감각을 체험하며 자신을 더 알아가고 접촉하는 기회를 갖게 되면서 완전히 자동화된 내현기억이 만들어지게 된다. 다양한 운동기술과 동작, 전략을 반복적으로 훈련하고 습득해가는 과정에서 내현기억화되기 때문에 자기 자신을 더 많이 이해하고 접촉할 수 있게 되는 것이다.

운동 과정에서 자기 자신을 더 알아차리고 접촉할 수 있는 긍정적인 변화가 일상생활 속에 융합되어 자기 자신을 객관적으로 더 알아차리고 접촉할 수 있는 능력을 가지게 될 때 전체성을 가진 자신의 존재와 정체성을 확립하여 다른 사람과 세상을 알아차리고 접촉할 수 있는 더 넓은 세상모형을 가질 수 있게 된다.

## 자기효능감 고취

자기효능감은 운동학습과 훈련과정에서 특정 과제를 성공적으로 잘할 수 있다는 자기 자신에 대한 믿음이 형성된 것이다.

운동 과정에서 직접적인 성공 경험과 간접적인 성공 경험, 언어적인 설득과 피드백을 반복적으로 제공받으며 최상의 신체감각과 각성을 느낄 때 자기효능감이 쌓이게 된다.

이러한 자기효능감이 일상생활 속에 융합되어 자기 자신을 더 믿을 수 있게 될 때 더 많은 기회를 만날 수 있다. 운동 과정에서 형성된 자기효능감이 일상생활 속에 융합될 때 원하는 삶의 방향을 결정하고 초점을 일치시켜 숨겨진 자원과 긍정적인 에너지를 더 많이 동원할 수 있는 상태를 만들어주게 되는 것이다.

## 자기통제능력

　운동은 특정 과제나 목표를 설정하고 그것을 성취하기 위해 자기 자신의 정신적, 신체적인 자원과 에너지를 활용할 수 있는 능력을 극대화하여 원하는 성과를 얻는 것이다. 운동은 반복적인 훈련을 통해 기술과 체력, 수행능력을 높이는 것도 중요하지만 자기 자신의 정신과 신체를 얼마나 조절하고 통제할 수 있는가가 더 중요하다.

　운동을 통해 다른 사람의 간섭이나 도움 없이도 스스로를 조절, 통제하고 최상의 상태를 유지할 수 있는 능력을 자기 안에 만들게 된다.
그것을 일상생활 속에서 활용할 수 있는 능력을 가지게 될 때 자결성과 자기통제능력을 가질 수 있게 되는 것이다.

## 합리적 관점 갖기

　정상급 수준에 올라와 있는 엘리트 운동선수들의 체력과 기술, 수행능력은 큰 차이가 없다. 중요한 것은 비슷한 신체적인 조건의 선수들이라도 멘탈 상태에 따라 경기력의 차이가 나타난다는 사실이다.
그것은 선수들의 멘탈 상태에 따라 자신감과 집중력, 각성과 불안, 스트레스 수준이 모두 다르기 때문이다.

만약 운동선수가 인지적 불안 수준이 높으면 생리적, 신체적 불안 수준이 함께 높아진다. 이렇게 높아진 생리적, 신체적 불안 수준이 또다시 인지적 불안 수준을 높이는 악순환의 고리를 만들게 된다. 그래서 선수가 어떤 상황에서도 긍정적인 사고와 감정을 유지할 수 있는 합리적인 관점을 가지는 것이 중요한 것이다.

이러한 긍정적인 멘탈 상태를 유지하는 합리적인 관점과 관련된 전용 신경회로를 구축한 후 일상생활 속에서 융합하여 활용할 수 있는 능력을 가지게 될 때 폭넓은 인간관계를 바탕으로 발전하고 성취하는 삶을 살아가는데 도움을 받을 수 있게 된다.

## 실수 불안과 스트레스

사람은 누구나 실수를 할 수 있다. 운동선수도 마찬가지로 훈련과 경기 중에 실수를 할 수 있다. 중요한 것은 누구나 할 수 있는 실수를 했을 때 어떤 피드백을 받느냐에 따라 실수에 대한 불안을 학습할 수도 있고 실수를 더 나은 발전을 위한 디딤돌로 만들기도 하는 것이다. 선수가 훈련과정에서 하는 실수는 미래의 목표로 가기 위해 겪어야 할 과정에 불과하다는 것을 알아야 한다.

그래서 실수에 대해 일반화시키는 것이 도움이 된다.

실수는 누구나 하는 것이고 앞으로도 실수는 계속 할 수 있으며 실수를 많이 할수록 실수를 통해 더 많이 배우게 된다는 사실을 깨닫는 것이 실수에 대한 일반화이다.

이렇게 실수에 대한 긍정적인 피드백을 하는 좋은 습관이 일상생활 속에서 융합되어 활용할 수 있게 되면 일상생활에서 실수를 했을 때도 긍정적인 피드백을 통해 마음의 쿠션을 강화시켜주게 된다.

마음의 쿠션이 강화되면 부정적인 자극과 피드백이 주어져도 그것을 긍정적으로 해석하여 더 큰 성취를 이룰 수 있는 자원으로 활용할 수 있다. 그래서 실수는 무조건 나쁜 것이 아니다.


## 대인관계


스포츠에서 개인운동이든 단체운동이든 먼저 자기 자신과의 처절한 싸움 과정에서 스스로를 극복할 수 있을 때 다른 선수들과의 경쟁에서도 원하는 성과를 얻을 수 있게 된다. 자기 자신과의 싸움에서 이긴 당당한 자신감으로 다른 팀 선수들과 치열하게 경쟁을 하고 동료와는 원만한 소통과 협력을 하며 통합된 전체성을 완성시키게 되는 것이다.

이렇게 완성된 전체성을 형성하게 되면 일상생활 속에서도 운동에서 배운 자기조절과 통제, 인내심, 극기심, 배려와 존중, 협력, 경쟁하는 방법 등을 융합하여 다른 사람들과 소통하고 관계하는 능력을 향상시키는 소중한 자원으로 활용할 수 있게 된다.

## 반복과 학습

인생에서 배움은 끝이 없다. 태어나서 죽음에 이르기까지 끊임없는 배움의 연속이 인생이기 때문이다. 운동도 마찬가지로 처음 배운 기술과 수행을 향상시키기 위해 끊임없는 반복 훈련과 결과에 대한 피드백을 통해 계속 발전해가는 과정이다.

자신이 흘린 땀만큼만 보상을 받을 수 있는 정직함을 배우는 것이 운동이다. 반복을 통해 정직한 전용신경회로를 구축한 긍정적인 습관과 건전한 신념체계가 일상의 삶 속으로 녹아들 수 있을 때 성공신념을 가지고 성실한 태도로 살아갈 수 있게 되며 자신이 원하는 삶을 살아가는데도 도움이 된다. 목표에 초점을 일치시키고 그 목표를 이루기 위해 노력을 하게 되면 목표는 어느덧 현실이 되기 때문이다.

# 스포츠 멘탈 훈련

성공한 선수가 되기 위해서는 운동수행과 경기력을 향상시키기 위한 스포츠심리기술을 익히는 것이 필요하다. 스포츠에서 최상의 심리상태를 유지하기 위해서는 자신감 향상, 이완훈련, 불안 조절, 집중력 등의 개별적인 스포츠심리기술을 학습한 후에 훈련과 경기상황에서 종합적으로 활용할 수 있어야 한다.

예를 들어 태권도 겨루기를 잘하기 위해서는 기본 기술인 발차기, 스텝, 막기, 찌르기 등을 반복 훈련하는 과정에서 전용신경회로를 구축하고 경기상황에 효율적으로 활용할 수 있는 능력이 요구된다.
마찬가지로 완전한 심리기술을 사용하기 위해서는 비국소성으로 연결된 개별적인 심리기술을 먼저 익히는 것이 중요하다.

헵의 이론에 의해 함께 활성화된 뉴런은 연결이 강화되고 연결이 강화된 뉴런은 함께 활성화된다. 그렇기 때문에 개별적인 심리기술들이 비국소성에 의해 전체성을 만들어 경기상황에 가장 알맞은 심리상태를 유지시킬 수 있게 해야 한다.

선수들 중에는 일반적인 훈련과정이나 작은 대회에서는 성적이 잘 나오지만 큰 대회에서 심리적 부담을 이겨내지 못하고 쉽게 무너지는 경우가 있다. 이러한 현상은 멘탈적인 문제로 인하여 나타나는 것이기 때문에 중요한 대회에서 좋은 성적을 거두기 위해서는 멘탈 훈련을 통해 심리적인 문제를 극복할 수 있어야 한다.

멘탈 훈련방법은 멘탈 호흡, 이완, 심상, 자신감, 집중력, 목표설정, 동기부여, 멘탈언어, 트랜스, 관점 바꾸기, 앵커링, 불안 퇴치법 등이 있으며 각 훈련기술들은 비국성으로 상호 유기적인 관계를 맺고 있다.


## 멘탈 호흡


호흡은 심리적인 안정감과 각성뿐만 아니라 신체적인 이완이나 각성과도 관계가 깊다. 숨을 들이마실 때는 교감신경이 활성화되기 때문에 신체적 각성이 일어나며 이때 신체적 각성 정보가 중추신경으로 전달되어 심리적 각성상태를 만들고 기존의 심리적 각성과 짝짓기를 한다.

숨을 내쉴 때는 부교감신경이 활성화되기 때문에 신체적 이완이 일어나며 이때 신체적 이완 정보가 중추신경으로 전달되면서 심리적 이완 상태를 만들어 기존의 심리적 이완과 짝짓기를 한다. 그래서 스포츠에서 호흡훈련이 중요한 것이다.

중요한 경기상황에서 각성과 긴장상태를 유지하는 자율신경계를 직접 통제할 수 없지만 반복적인 멘탈 호흡훈련을 통해 기저선 상태를 안정시켜놓으면 간접적인 통제가 가능하다. 반복적인 멘탈 호흡을 통해 편안함, 안정감과 관련된 전용신경회로를 구축하여 조건형성시켜두면 이후에 호흡만으로 자신의 상태를 조절할 수 있게 된다.


## 이완


스포츠에서 이완은 신체적 긴장과 심리적 각성이 감소된 상태를 의미한다. 마음과 몸은 구분을 할 수는 있지만 분리는 할 수 없는 심신상관성을 가지고 있기 때문에 심리상태에 따라 신체적인 변화가 일어나고 신체적인 상태에 따라 심리적인 변화가 일어난다.

스포츠에서 이완훈련은 신체 근육의 긴장을 해소하여 심리적 각성을 해소할 수도 있고 심리적 이완을 통해 신체적 이완을 할 수도 있다.

이완훈련을 통해 경기상황에서 찾아오는 지나친 각성과 불안감에서 벗어날 수 있기 위해서는 가끔 한 번씩 하는 이완훈련으로 효과를 얻기 어렵다. 시간과 공간에 구애받지 않고 필요할 때 언제든지 이완된 상태를 만들 수 있도록 이완훈련을 반복하는 것이 필요하다. 이러한 반복적인 이완훈련을 통해 심리적, 신체적으로 안정된 기저선 상태를 유지할 수 있게 되는 것이다.

## 심상

뇌는 두꺼운 두개골 안에 자리 잡고 있어 바깥세상을 직접 만날 수 없기 때문에 모든 자극과 정보를 다섯 가지 감각을 통해서 받아들이고 반응한다. 그래서 뇌는 오감적으로 선명하게 상상한 것과 현실에서의 실제 경험을 구분하는 기능이 없기 때문에 반복적인 자극을 믿게 된다. 그래서 우리 뇌가 가진 별명이 착각의 챔피언인 것이다.

스포츠에서 심상은 선수 자신이 하고자 하는 동작이나 기술, 과거의 수행 기억을 실제처럼 상상하여 뇌에 프로그래밍시키는 심리기술이다. 심상은 시간과 공간의 제약이 없기 때문에 과거기억뿐만 아니라 미래에 대한 상상까지도 뇌에 프로그래밍시킬 수 있다.

심상훈련을 통해 자신이 수행해야 할 경기 장면을 실제처럼 생생하게 상상하게 되면 실제 경기상황에서 일어날 수 있는 상황의 변화를 관찰하고 피드백하며 통제할 수 있는 멘탈 능력을 기르는데 큰 도움이 된다. 심상훈련은 오감을 동원하여 동작이나 기술, 수행과정을 뇌에 프로그래밍시키기 때문에 실제 훈련과정과 비슷한 훈련 효과가 있을 뿐만 아니라 완벽한 수행에 도움을 준다.

## 자신감

스포츠에서 자신감은 운동수행과 경기력을 향상시키기 위한 가장 중요한 멘탈 능력이다. 스포츠 상황에서 선수가 자신감이 높아지면 성공 신념이 강화되어 자신의 능력을 충분히 발휘할 수 있게 되지만 반대로 자신감이 낮아지면 자신이 가진 능력의 일부분만 사용하는 자기 제한 신념을 가지게 된다.

스포츠에서 자신감은 운동수행을 잘할 수 있다는 자기 자신의 능력에 대한 믿음이다. 비슷한 신체적인 능력을 가진 선수들이 자신감의 차이 때문에 성공한 선수와 평범한 선수로 나누어지게 될 수도 있다. 자신감이 강한 선수는 상황이 어렵거나 불리해도 경기가 끝날 때까지 결코 포기하지 않는다. 할 수 있다는 긍정적인 생각을 하며 원하는 것에 초점을 일치시키고 끝까지 집중력을 유지하기 때문이다.

자신감은 선수가 코치의 긍정적인 격려와 믿음, 피드백을 바탕으로 반복적인 성공체험을 통해 형성할 수 있는 멘탈 능력이다.

즉 자아개념과 자기존중감, 유능감을 통해 자신의 가치와 능력을 확인할 수 있을 때 자신감은 더 높아진다.

## 집중력

스포츠에서 집중력은 목표와 과제에 초점을 일치시키고 불필요한 심리적 간섭을 차단시켜 운동수행과 경기력을 향상시켜주는 중요한 요인이다. 집중력은 훈련과정과 경기상황에 적절한 주의 초점을 선별하여 유지하는 능력이기 때문에 집중력이 훈련 성과와 경기 결과를 결정짓는다고 볼 수도 있다. 집중력을 향상시키기 위해 감각훈련과 반복적인 훈련, 호흡훈련, 심상훈련, 자율훈련, 연상훈련 등을 실시한다.

## 목표

목표가 나를 이끌어주는 원리는 자동차의 내비게이션과 같이 에너지의 초점을 일치시켜주기 때문이다. 그래서 구체적이고 선명한 목표를 설정하게 되면 선수를 그 목표로 이동하게 만든다. 목표설정이란 선수 자신이 달성하고자 하는 구체적인 목표를 계획하여 뇌에 구체적이고 선명하게 시각화시키는 중요한 심리기술이다.

훈련과정에서 과제에 대한 목표를 설정하면 그 목표에 초점이 일치되어 과제에 집중할 수 있으며 목표달성을 위해 자신의 모든 자원과 에너지를 사용할 수 있게 된다. 선수가 자신의 구체적이고 선명한 목표에 생각과 느낌, 말, 행동을 반복하게 되면 뇌에 전용신경회로가 구축되어 신념체계를 형성하기 때문에 목표가 현실적 성취로 실현될 수 있게 해준다. 이 상태에서 사용하는 능력을 초능력이라고 한다.

## 동기부여

동기란 행동을 선택하여 지속적으로 계속하게 하는 노력의 방향과 강도로 정의된다. 노력의 방향은 과제를 수행하기 위해 어떤 활동을 추구하거나 회피하는 것이며 노력의 강도는 과제를 수행하기 위해 노력을 많이 하거나 적게 하는 것을 말한다. 동기는 내적동기와 외적동기가 있으며 스포츠에서는 이 두 가지 동기가 모두 중요하게 활용된다.

스포츠에서 동기부여는 선수가 구체적인 목표를 지향할 수 있도록 행동을 유발시키는 멘탈코칭의 과정이다. 코치의 입장에서는 동기유발이 되는 것이고 선수의 입장에서는 동기부여가 된다. 즉 선수의 입장에서는 동기에 의해 유발된 심리적인 긴장상태를 일컫는 것이며 목적의식이 결부되어 있는 욕구가 활성화된 상태를 지속하는 것이다.

## 멘탈언어

말은 입에서 나는 단순한 소리가 아니라 뇌신경회로의 다양한 조합에 의해 생성되는 의미어이기 때문에 말은 그 사람의 심리상태를 반영하고 있다. 말이 뇌신경회로와 연결되어 있기 때문에 긍정적인 말을 반복하면 긍정적인 신경회로가 활성화되고 부정적인 말을 반복하게 되면 부정적인 신경회로가 활성화된다.

그래서 코치와 선수는 부정적인 말을 삼가고 긍정적인 말을 반복해야 한다. 말은 신경회로에 걸쳐져 있는 기억에서 만들어지고 그 기억에는 감정이 덧입혀져 있기 때문에 말을 바꾼다는 것은 뇌신경회로를 바꾸는 것과 같은 것이다. 훈련과 경기상황에서뿐만 아니라 일상생활 속에서도 긍정적인 말을 루틴화해야 한다.

# 멘탈과 운동수행

스포츠에서 운동수행과 경기력은 선수가 평소 훈련과정에서 자신의 체력과 운동기술, 멘탈을 얼마나 안정적으로 강화시켜두었는가에 의해 결정된다. 양자적 관점에서 접근하면 선수의 체력과 운동기술은 말초 신경계인 CR적 자원이며 멘탈은 중추신경계인 NCR적 자원이라고 할 수 있다. 즉 CR은 일상적 실재로서 현실적이고 물질적이며 눈으로 직접 확인이 가능한 상태로 존재하는 자원이고 NCR은 비일상적 실재로서 가상적이고 비물질적이며 눈으로 직접 확인할 수 없지만 분명히 사실로 존재하는 자원이다.

선수의 CR과 NCR적인 자원이 운동수행과 경기력 향상을 위해 완전한 하나의 체계와 시스템으로 작동될 수 있도록 디자인하고 코칭하는 것이 훌륭한 코치의 역할이다. 스포츠는 일상적 실재인 CR의 체력과 운동기술을 향상시키기 위해 끊임없는 반복적인 학습과 훈련을 통해 비일상적 실재인 NCR의 멘탈을 강화하는 과정이다.

반대로 반복적인 멘탈 기술훈련을 통해 NCR적으로 뇌에 전용신경회로를 구축하여 CR적인 체력과 운동기술을 향상시키는데 도움을 주는 과정으로 볼 수도 있다. 이것이 바로 심신상관성에 의한 CR과 NCR이 가진 비국소성이며 이 두 가지는 서로를 돕는 상보성을 가진 다른 형태를 띤 하나의 체계이다. CR을 바꾸면 NCR이 함께 바뀌게 되고 NCR을 바꾸어도 CR이 함께 바뀌게 되기 때문에 어느 하나를 바꾼다는 것은 모두를 바꾸는 것과 같은 것이다.

스포츠는 끊임없는 반복 훈련을 통해 CR과 NCR이 완전한 하나의 시스템으로 작동될 수 있도록 하는 것이며 이 단계가 될 때 선수 자신이 가진 한계에 도전할 수 있게 된다. 일반적으로 스포츠는 선수가 자신의 신체적인 한계에 도전하는 것이라고 정의를 하지만 좀 더 정확하게 정의를 한다면 선수가 자신의 신체적인 한계뿐만 아니라 멘탈적인 한계에도 도전하는 것이다.

CR과 NCR이 완전한 하나가 되어 그 한계에 도전할 때 선수가 사용하는 힘이 바로 초능력이다. 선수가 자신의 목표에 초점을 일치시키고 잠재된 CR과 NCR의 자원과 에너지를 총동원하여 운동수행과 경기력을 향상시키는데 사용할 수 있을 때 초능력은 NCR이 아닌 CR에서 현실적인 성취를 실현시켜주는 역할을 하게 된다.

체력과 운동기술이 아무리 뛰어난 선수도 멘탈적인 문제로 중요한 경기에서 고배를 마시는 경우가 있는가 하면 체력이나 운동기술 수준이 상대적으로 부족함에도 불구하고 강한 멘탈로 경기에서 뛰어난 경기력을 발휘하는 경우도 있다. 그렇기 때문에 선수가 원하는 수준의 운동수행과 경기력을 완벽하게 발휘하기 위해서는 탁월한 수준의 강한 체력을 바탕으로 전문적인 운동기술의 완전한 숙달과 더불어 유연하고도 강한 멘탈 능력을 갖추어야 한다.

그중에서도 멘탈 능력은 체력과 기술, 전술 등을 통합하여 전체성을 갖추어 최상의 수행을 할 수 있게 하는 가장 중요한 요인이다.

훌륭한 코치는 멘탈의 중요성을 잘 알고 있기 때문에 선수의 CR과 NCR의 자원과 에너지를 통합하여 원하는 목표를 성취할 수 있도록 차별화된 코칭능력을 가지고 있다. 어떤 선수도 성공을 위한 성취자원을 가지지 못한 선수는 없다. 다만 그 성취자원과 에너지를 알아차리지 못하고 사용하지 못하는 일시적인 상태에 놓여있을 뿐이다.

훌륭한 코치는 선수가 자신의 숨겨진 자원과 에너지를 알아차리고 사용할 수 있도록 유도해주는 길잡이와 같은 역할을 한다.

누군가 할 수 있다면 다른 누군가도 할 수 있다. 다른 선수가 성공했다면 어떤 선수든 성공할 수 있다. 이것이 멘탈의 성공법칙을 사용할 줄 아는 훌륭한 코치의 성공신념이다.

# 스포츠 멘탈 기법의 적용

스포츠에서 기술과 체력, 전략이 갖추어져도 경기장에서 이 모든 것을 전체성으로 통합하고 서로 협업하여 최상의 수행과 경기력을 유지시켜주는 역할을 하는 것은 멘탈적인 상태이다. 그래서 선수는 체계적이고 과학적인 훈련을 통해 고도의 스포츠 기술과 체력의 수준, 전략을 갖추어야 하며 스포츠 멘탈 훈련프로그램을 접목하여 최상의 수행을 할 수 있는 상태를 만들어야 하는 것이다.

원하는 성과를 얻기 위해서는 구체적이고 선명한 목표설정, 기술과 훈련, 전략에 관한 심상, 인지적 차원의 사고 조절, 항상성 유지를 위한 루틴 등의 멘탈 훈련 기법을 선수의 수준과 상태에 맞추어 체계적이고 과학적으로 진행해야 한다.

## 목표설정

'목표가 나를 이끈다'라는 말처럼 구체적이고 선명한 목표가 선수의 성취를 앞당겨준다. 목표설정이란 선수 자신이 달성하고자 하는 목표를 선명하게 계획하는 것이다.

성공한 운동선수들은 자신만의 분명한 목표를 가지고 있으며 목표가 있을 때 성취동기가 높아진다. 그래서 목표가 설정되면 초점이 모아지기 때문에 목표달성을 위해 보다 많은 노력을 이끌어내게 된다. 목표달성을 위한 노력의 방향과 강도가 일치되어 운동수행을 향상시키게 되면 훈련이나 경기과정에서 실패했을 때도 회피하거나 도피하지 않고 직면하여 극복할 수 있는 심리적 내성과 응집력이 강해진다.


## 각성 조절 및 이완

운동선수가 최상의 운동수행과 경기력을 얻기 위해서는 적정 수준의 각성이 필요하다. 스포츠에서 각성이란 운동수행을 효율적으로 할 수 있는 생리적, 심리적 활성화 또는 자율반응성으로써 깊은 이완이나 수면에서 극도의 흥분상태까지 연속선상에서의 한 지점을 말하며 각성

상태는 상황과 자극에 따라 계속 변화한다.

중요한 경기상황에서 선수들은 결과지향성과 주변의 자극으로 인하여 과도한 각성을 하게 되는 심리적 문제가 발생하는 경우가 많으므로 멘탈 호흡훈련이나 이완훈련 등을 통해 적정 각성 수준을 맞출 수 있어야 한다. 이러한 각성 수준의 조절과 이완을 통해 경기장에서 긍정적인 효과를 얻기 위해서는 평소 훈련과정에서 완전한 편안함과 안정감을 느낄 수 있는 루틴을 조건형성시켜두어야 한다.


## 심상


뇌는 두개골 안에 안전하게 자리 잡고 있기 때문에 오감을 통해서 모든 알아차림과 접촉을 한다. 그래서 오감적으로 선명하게 시각화한 것에 대해서는 현실적인 경험으로 착각한다.

우리 뇌는 착각의 챔피언이기 때문에 현실에서의 실제 경험과 선명하게 떠올리는 가상적인 상상을 구분할 수 있는 기능이 없다. 그래서 선명하게 마음으로 상상한 것에 대해서도 그것을 실제 경험한 것으로 착각하여 신체적인 변화까지 만들어내게 된다. 이처럼 심상이란 어떤 동작을 실제로 하지 않고도 마음속으로 어떤 경험을 떠올리거나 새로 만들어내어 뇌에 전용신경회로를 구축하는 것이다.

그래서 심상을 하는 것만으로도 실제 운동한 것과 비슷한 체력증진과 기술발전 등의 수행 향상 효과를 얻을 수 있게 된다.

그뿐만 아니라 심상은 심리적인 불안을 감소시키고 자신감을 길러주며 집중력을 향상시켜준다. 그리고 새로운 기술과 전략을 개발하는데 많은 도움을 주기 때문에 스포츠에서 심상은 매우 중요하다.


## 사고 조절


환경적인 자극과 정보를 어떻게 해석하는가에 따라 그것을 안전한 것으로 받아들이기도 하고 불안한 것으로 받아들이기도 한다. 실제로 그것이 안전하거나 불안한 것이 아니라 선수 자신의 마음상태에 따라 다르게 해석하고 반응하는 것이다.

만약에 선수가 과거의 트라우마 경험에 의해 미해결된 과제가 있거나 억압된 부정적인 감정이 누적되어 있다면 불안과 스트레스 수준이 높아지게 된다. 불안과 스트레스 수준이 높아지면 부정적인 생각과 정서가 올라오기 때문에 정상적인 운동수행을 하지 못하고 현실에 대한 회피나 얼어붙기 반응을 보일 수도 있다.

이러한 부정적인 생각과 정서가 올라오게 되면 즉시 패턴 깨기나 초점 전환하기, 멘탈 호흡, 인지 재구성 등을 통해 더 이상 부정적인 생각이나 정서가 확산되지 않게 해야 한다. 부정적인 생각이나 정서가 반복되거나 오래 지속되면 나쁜 순환고리가 만들어져 통제 불가능한 상태가 될 수도 있기 때문에 빠르게 통제해야 한다.

## 루틴

루틴은 훈련과정에서 최상의 운동수행을 할 수 있는 심리적, 생리적, 신체적인 상태를 불러내는 반복적인 조건형성이다. 즉 루틴이란 선수들이 최상의 운동수행을 발휘하는데 필요한 이상적인 심리상태를 갖추기 위한 자신만의 고유한 동작이나 절차를 말한다.

의식적 개입이 아닌 잠재의식적 차원에서 특정한 심리적 상태를 끌어내는 조건형성이기 때문에 반복 훈련이 필요하다. 정확한 루틴을 통해 훈련과정에서 좋은 수행을 짝짓기 해두면 경기장에서 생길 수 있는 불안감을 극복하고 경기 중 발생하는 심리적 간섭을 차단하여 운동과제에만 집중할 수 있게 도움을 준다. 좀 더 넓은 관점에서 접근하면 경기나 훈련과정에서뿐만 아니라 일상생활 속에서 특정한 패턴을 만드는 것도 모두 루틴이라고 볼 수 있다.

# 건강한 멘탈 상태

　선수가 훈련장에서 강도 높은 체력훈련과 기술훈련을 할 때 어떤 마음가짐으로 수행하느냐에 따라 이후의 훈련이나 실제 경기에서 멘탈과 정서상태에 영향을 미치게 된다. 그래서 훈련과정에서 안정적인 멘탈 상태를 유지하고 긍정적인 심리적, 생리적, 신체적인 상태를 조건화시키는 루틴이 중요한 것이다.

　루틴이 중요한 이유는 훈련과정에서의 심리나 정서상태가 실제 경기에서도 그대로 발현되기 때문이다. 심지어는 일상생활 속에서의 작은 습관까지도 실제 경기력과 운동수행에 영향을 미치게 된다.

평소의 언어습관, 식사습관, 수면습관, 기상습관 등이 선수의 잠재의식에 누적되기 때문에 생활 속에서의 작은 습관들도 중요한 것이다.

그렇기 때문에 선수가 최상의 경기력을 발휘할 수 있는 심리상태를 만들기 위해 긍정적인 생활습관을 만드는 것이 중요하다.

　그리고 훈련과정에서의 안정된 루틴을 반복 형성하게 되면 실제 경기 상황에서 최상의 수행을 통해 최고의 경기력을 발휘할 수 있게 된다. 훈련과정에서 긍정적이고 이상적인 루틴이 만들어지면 실제 경기장에서도 안정적인 멘탈과 정서를 유지할 수 있게 되어 과제수행에 가장 적합한 적정 각성 수준의 상태를 유지할 수 있기 때문이다.

　이러한 멘탈적인 안정을 바탕으로 성공적인 운동수행에 도움이 되는 전용신경회로를 활성화시키게 되면 수행에 완전히 몰입할 수 있을 뿐만 아니라 다양한 자극에 의한 상황 변화에 대해서도 고도의 집중력을 발휘할 수 있게 된다. 이렇게 루틴이 조건형성되면 인위적이고 의식적이 아닌 자연스럽게 잠재의식 차원에서 최상의 운동수행과 경기력을 유지할 수 있게 되는 것이다.

## 유쾌한 감정

　인간의 뇌는 본능적으로 고통을 회피하고 즐거움을 추구하기 때문에 운동수행과 과제에 대한 즐거운 정서를 연합시키는 것이 도움이 된다. 운동 종목이나 수행, 과제에 대한 도전 등에 흥미와 즐거움을 느끼는 긍정적인 심리상태로 훈련과 경기에 임하게 되면 과제 자체에 몰입할 수 있게 될 뿐만 아니라 수행능력이 향상된다.

평소 훈련과정에서의 긍정적인 정서가 운동수행과 경기 자체에 몰입하게 만들고 이러한 몰입 상태가 안정된 심리상태를 더 강화시켜준다. 이처럼 선수의 탁월한 몰입 능력은 반복된 훈련과 경기상황에서 최상의 수행 경험이 누적되어 뇌에 전용신경회로가 구축된 우수한 선수에게서 나타나는 것이다.

이런 몰입의 결과는 선수의 감정상태와 경험에 따라 정신적인 평온함, 적정 불안 수준, 낙관적인 태도 등에 긍정적인 영향을 미치게 된다. 반대로 정신적인 평온함, 적정 불안 수준, 낙관적인 태도 등의 반복적인 멘탈 훈련이 선수의 감정상태를 안정시켜준다.

## 적정 각성 수준

'과유불급'은 무엇이든 너무 부족한 것도 문제가 되지만 너무 지나친 것도 문제가 된다는 뜻이다. 그래서 지나침은 부족함보다 못하다고 하는 것이다. 경기에서 최고의 결과를 얻기 위해서는 선수가 가진 능력을 충분히 사용할 수 있는 심리적, 생리적, 신체적인 최적의 각성 수준을 유지할 수 있어야 한다.

선수가 적정 각성 수준으로 훈련과 경기에 임할 때 최상의 수행을 할 수 있으며 과다하거나 부족한 각성상태에 있을 경우 수행 저하를 보이게 된다. 따라서 운동 종목과 기술에 적합한 선수 개인의 적정 각성 수준을 파악하는 것이 중요하다.


## 긍정적 정서


인간은 표면적으로는 이성적 존재인 것처럼 보이지만 실제로는 감정적 존재에 가깝다. 특별한 멘탈 교육이나 훈련을 통해 의식적 통제능력이 탁월한 경우가 아니라면 이성적인 뇌와 정서적인 뇌가 서로 다툴 때 일반적으로 이성적인 뇌가 정서적인 뇌를 이기는 것이 쉽지 않다.

왜냐하면 정서적인 뇌는 자신의 안전과 생명을 지키는 것이 가장 중요한 임무이기 때문이다.

정서적인 뇌는 위협 상황에서 자신의 안전과 생명을 지켜주는 각성과 긴장, 불안을 일으켜 효과적으로 싸움-도주 반응을 할 수 있게 만들어야 하기 때문에 우선순위가 앞설 수밖에 없는 것이다.

그렇기 때문에 선수가 훈련과정에서 반복적으로 안정적인 정서를 연합할 수 있는 경험을 제공해주어야 한다. 모든 기억에는 경험 당시의 감정이 함께 묻어 있기 때문에 안정적인 정서 경험이 중요한 것이다.

선수가 이러한 안정적인 정서를 바탕으로 경기에서 모든 것이 잘될 것이라는 긍정적인 태도를 갖는 것이 경기력에 좋은 영향을 미치게 된다. 안정적이고 긍정적인 정서는 자기 확신과 낙천적인 생각, 상황 대처 능력, 유능감과 관련이 있다.

## 집중력

돋보기가 초점을 일치시키게 되면 두꺼운 종이나 나무를 태울 수 있을 정도로 강한 에너지를 만들어내지만 초점을 일치시키지 못할 때는 아무런 에너지도 만들어내지 못하는 유리에 불과하다. 스포츠에서 선수의 집중력은 돋보기가 초점을 일치시켜 물체를 태울 수 있는 강한 에너지가 동원된 것과 같은 상태를 말한다.

집중력은 특별한 목표나 과제에 주의를 모으고 유지하는 능력으로 집중이 잘되려면 정신적으로 평온한 상태를 유지하는 것이 중요하며 긍정적인 정서에서 비롯된 활력이 수반될 때 더 효과를 얻을 수 있다. 집중은 강력한 에너지를 동원할 수 있는 상태를 만들기 때문에 운동수행과 관련 없는 주변의 불필요한 심리적 간섭을 모두 차단하게 된다. 운동수행에 중요한 집중력은 수많은 반복 훈련을 통해 형성된 최상의 멘탈 상태가 될 때 자연스럽게 완성될 수 있다.

# 멘탈 훈련의 유의점

모든 스포츠는 멘탈 스포츠이기 때문에 멘탈의 영향을 받지 않는 스포츠는 존재하지 않는다. 스포츠가 과학화되고 체력과 기술이 발전되면서 멘탈이 차지하는 비중이 점점 더 높아지고 있다. 운동선수의 체력과 기술을 향상시킬 수 있는 다양한 방법과 기술들이 발전되면서 신체적인 능력과 기술 수준은 어느 정도 평준화되고 있기 때문에 멘탈이 차지하는 비중이 더 강조되고 있는 것이다.

체력과 기술, 전술 등을 종합적으로 통합하여 완벽한 수행을 할 수 있게 조절, 통제하는 것은 결국 멘탈 상태에 영향을 받을 수밖에 없기 때문에 체계적인 멘탈 훈련이 중요하다. 멘탈 훈련이 선수의 운동수행과 경기력 향상에 도움이 된다는 사실을 모르는 코치와 선수는 없다. 하지만 스포츠 현장에서 코치와 선수가 멘탈 훈련을 체계적으로 실시할 수 있는 여건이 충분히 갖추어져 있지 못한 경우가 많다.

또한 코치와 선수가 멘탈 훈련의 중요성과 필요성을 알고 있다고 해도 멘탈 훈련에 대한 전문적인 이론이나 기법을 효율적으로 활용할 수 있는 구체적인 방법을 모를 경우 멘탈 훈련을 외면하기 쉽다. 그럼에도 불구하고 운동수행과 경기력을 향상시키기 위해 체계적인 멘탈 훈련을 실시하는 것은 코치와 선수의 선택이 아니라 의무이다. 멘탈 훈련의 효과를 극대화하여 선수의 운동수행과 경기력을 향상시키기 위해서는 몇 가지 유의사항을 알아야 한다.

첫째, 멘탈 훈련의 효과에 대한 코치와 선수의 확신이 우선되어야 한다. 멘탈 훈련에 대한 코치와 선수의 확신이 없으면 형식적인 흉내만 내다가 중도에 포기하는 경우가 많아지기 때문에 멘탈 훈련을 지속할 수 있는 확신이 필요한 것이다.

일반적으로 코치와 선수는 오랫동안 지속해온 기존의 훈련 방식을 새롭게 변화시키는 것에 대해 심리적으로 저항하거나 두려움을 가지고 있는 경우가 많다. 이처럼 코치와 선수가 멘탈 훈련에 대한 저항이 강한 이유는 기존의 중독된 훈련습관을 무너뜨리는 새로운 멘탈 훈련에 대한 불신을 갖고 있기 때문이다. 그래서 운동수행과 경기력을 향상시키기 위해 멘탈 훈련이 꼭 필요하다는 인식을 가지는 것이 우선되어야 하는 것이다.

먼저 코치가 솔선수범하여 성공한 스포츠 선수들이 자신들만의 멘탈 훈련을 통해 원하는 목표를 성취한 사례를 수집하여 들려주게 되면 선수가 멘탈 훈련에 대한 절대적인 믿음을 가질 수 있게 된다.

이처럼 멘탈 훈련에 대한 코치와 선수의 강한 믿음이 현실적인 실천의 지를 가질 때 성공신념으로 굳어져 원하는 목표를 성취할 수 있는 초점을 일치시킬 수 있게 되는 것이다.

둘째, 멘탈 훈련에 대한 전문적인 지식과 훈련방법에 대해 코치가 확실히 알고 있어야 한다. 코치가 멘탈 훈련에 대한 확신이 있다 하더라도 멘탈 훈련을 체계적으로 코칭할 수 있는 전문능력이 없다면 수박 겉핥기식의 껍데기 훈련으로 끝나기 쉽다. 그래서 코치가 먼저 멘탈 훈련을 직접 경험한 후 선수에게 체계적으로 코칭하는 것이 바람직하다. 만약 코치가 직접 멘탈 훈련을 할 수 없다면 전문 멘탈 코치를 초빙해서라도 체계적인 멘탈 훈련을 할 수 있게 해주는 것이 선수의 운동수행과 경기력을 향상시켜준다.

셋째, 인간은 망각의 동물이기 때문에 체계적이고 일관성 있는 멘탈 훈련을 하기 위해서는 기록을 남기는 것이 도움이 된다.

선수는 멘탈 훈련에 대한 목표를 설정하고 체계적인 훈련계획을 작성하여 훈련내용과 결과를 훈련일지에 기록해야 한다. 멘탈 훈련의 일일, 주간, 월간, 목표를 설정하고 일지를 기록하는 것만으로도 이미 멘탈 훈련의 효과가 생긴다. 멘탈 훈련일지는 피드백되기 때문에 선수의 모든 자원과 에너지를 운동수행과 경기력을 향상시키는데 도움이 되도록 초점을 모으는 효과를 가져올 수 있다.

넷째, 성공한 선수들은 경기를 할 때뿐만 아니라 일상생활 속에서도 멘탈 훈련을 계속한다. 멘탈 훈련을 통해 자기통제능력을 더 향상시키기 위해서는 정규적인 훈련시간 외에도 수시로 멘탈 훈련을 할 수 있도록 선수에게 미션을 제공해주는 것이 필요하다. 자율훈련과 이완훈련, 자기암시, 트랜스 훈련, 심상훈련 등은 훈련시간 외에도 집이나 쉬는 시간에 수시로 훈련이 가능하다.

사람의 뇌는 그 무엇이든 반복하면 그것을 사실로 받아들이고 그것에 대한 강력한 믿음을 만들어 스스로를 통제하게 된다. 선수가 반복적인 멘탈 훈련을 통해 뇌에 전용신경회로를 구축하게 되면 운동수행에 불필요한 정보간섭을 배제하여 최상의 운동수행을 통해 최고의 경기력을 발휘할 수 있다.

다섯째, 멘탈 훈련의 진행상황과 변화, 효과에 대해 긍정적인 피드백을 제공해주어야 한다. 선수는 코치의 피드백을 통해 멘탈 훈련의 중요성과 효과에 대한 확신을 가지게 된다. 신체적인 훈련을 통한 상향식 훈련과 멘탈 훈련을 통한 하향식 훈련이 선수 개인의 목표성취를 위해 완전한 하나의 시스템으로 작동될 때 선수의 숨겨진 능력이 꽃을 피울 수 있다. 성공한 선수는 태어나는 것이 아니라 훈련과 코칭을 통해 만들어지는 것이기 때문에 긍정적인 피드백이 중요한 것이다.
반복된 긍정적인 피드백에 의해 전용신경회로가 구축되면 성공신념이 만들어져 훈련과 경기상황에서 수행능력이 훨씬 더 향상될 수 있다.

# 개인적 심리요인

## 성취동기

성취동기의 사전적 의미는 어떤 목적이나 중요한 과제를 달성하기 위하여 결심을 하게 만드는 내적 의욕이다. 성취동기가 강한 사람은 어려운 장애물을 극복하고 목적과 과제를 이루기 위한 노력을 지속하는 강한 욕망을 가지고 있기 때문에 현실적인 성취를 이룰 수 있는 가능성이 그만큼 높아진다. 그뿐만 아니라 성취동기가 강한 사람은 원하는 목표를 이루기 위한 지향적 동기가 강하며 더불어 현재의 고통을 벗어나기 위한 회피적 동기도 아주 강하다.

이러한 지향적 동기와 회피적 동기가 높은 사람은 목표와 과제에 대한 내적동기가 강하기 때문에 자신의 자원과 에너지를 한 곳에 일치시키는 초점 맞추기와 노력의 강도가 높아진다. 그리고 성취동기가 높은 사람은 자신의 목적을 달성할 수 있도록 매일의 생활을 조직화하고 효율적으로 관리한다. 그래서 자신의 목표와 과제를 달성하기 위해 세심한 훈련계획과 철저한 시간관리, 훈련일지 작성, 효율적 우선순위 선정 등 이상적 행동전략을 일상적인 일처럼 세워 실천하게 된다.

## 자각

자각의 사전적 의미는 자신의 형편이나 처지, 본분 따위를 스스로 알아차리는 것을 말한다. 즉 자각이란 자신의 생각, 느낌, 말, 행동을 완전히 이해하기 위하여 자기반성을 하고 자신을 전체적으로 되돌아보는 기술이라고 할 수 있다.

스스로를 되돌아보고 평가하는 능력은 자신을 효율적으로 조절, 통제하여 합리적인 피드백을 해주기 때문에 스포츠에서 원하는 성공을 이루는데 매우 중요한 심리기술이다. 사람은 누구도 완벽하지가 않다. 그렇기 때문에 완벽하지 않는 자기 자신을 반성하며 전체성을 완결시켜가는 과정에서 최고의 수행과 결과를 얻을 수 있게 된다.

선수가 온전한 자기 자신으로 경기에 임할 때 가장 좋은 성적을 낼 수 있다. 온전한 자기 자신으로 경기에 임할 수 있게 해주는 것이 바로 스스로를 알아차리고 자기반성을 통해 전체성을 완결하는 것이다.

자각을 통해 진정한 자기를 완성할 수 있는 선수는 상대 선수와 상황, 환경을 제대로 알아차리고 접촉할 수 있는 상태에서 최상의 운동수행을 할 수 있게 된다.


## 생산적 사고


인간은 기억의 존재이다. 과거의 학습과 경험에 의해 뇌에 기억된 정보를 활용해서 생각과 느낌, 말, 행동을 하기 때문에 기억의 존재라고 하는 것이다. 즉 과거의 학습과 경험과정에서 축적된 정보를 활용하여 새로운 문제를 해결하거나 인식을 이끌어내는 사고를 생산적 사고라고 한다. 좀 더 쉽게 설명하면 생산적 사고는 개인적인 성공을 달성하기 위하여 일상생활의 여러 가지 일들을 효과적으로 준비하고 대응하려는 사고로서 생각을 관리하는 능력이다.

한 개인의 생각은 뇌에 형성된 신경회로의 조합과 배열에 의해 만들어지는 것이고 이러한 생각을 만들어내는 신경회로에서 느낌과 말, 행동이 연동되기 때문에 생각에 느낌과 말, 행동이 수반된다고 볼 수 있다. 그래서 생각은 에너지를 갖고 있는 것이며 어떤 생각을 반복하느냐에 따라 정서와 행동이 달라지기 때문에 생각이 곧 운동수행과 경기력에 영향을 미치는 것이다.


## 유능감

자기 자신에 대해 어떻게 생각하느냐에 따라 믿음과 자신감 수준이 달라지고 그 수준에 따라 신념체계가 만들어진다. 자신의 신념체계에 따라 모든 성취결과가 주어지기 때문에 운동선수가 어떠한 신념을 갖고 있느냐가 중요한 것이다. 유능감은 성공신념을 만들어주는 중요한 심리적 요인이다.

유능감의 사전적 의미는 어떤 일을 남들보다 잘하는 능력이 있다는 느낌이다. 즉 유능감은 자신의 노력으로 환경적응능력과 더불어 자신의 긍정적인 발전과 성취를 위해 변화를 주도적으로 할 수 있다는 자신감이라고 할 수 있다.

스포츠에서 지각된 유능감은 호기심과 실험정신, 도전정신을 높여주어 새로운 과제를 잘 수행할 수 있도록 자신의 자원과 에너지를 동원하는데 기여한다. 그뿐만 아니라 성취동기를 높여주어 과제에 대한 지속성과 과제 선택, 집중력, 연습의 강도와 빈도, 시간 등의 선택에 긍정적인 영향을 미친다.

# 긍정의 멘탈

인간은 상황과 상태에 통제당하는 존재이면서 자신의 멘탈을 어떻게 사용하느냐에 따라 상황과 상태를 통제할 수 있는 능력을 가진 이중적인 존재이다. 평범한 멘탈 수준을 가진 선수는 대부분 상황과 상태에 통제당하게 되지만 전문적이고 체계적인 멘탈 훈련을 통해 성공신념을 강화한 선수는 어떠한 악조건에서도 상황과 상태를 자신의 자유의지로 통제할 수 있다.

2018년 평창 동계올림픽에서 세계 최강의 실력을 가진 대한민국 여자 쇼트트랙 대표팀은 3000m 계주 경기에서 24바퀴를 남겨두고 넘어져 반바퀴 이상 뒤처지는 악재 속에서도 다시 일어나 선두로 나서며 올림픽 신기록을 세웠다. 우리 선수들은 넘어지고 뒤처진 자신의 부정적인 상태에 초점을 맞춘 것이 아니라 할 수 있다는 절대 긍정의 멘탈에 초점을 맞추어 기적을 만들었던 것이다. 기적은 결코 우연히 일어나지 않는다. 기적은 '할 수 있다'는 성공신념과 긍정의 멘탈로 최선을 다할 때 만들어지는 것이기 때문이다.

어떤 생각을 반복적으로 떠올리는 것만으로도 우리의 뇌는 특정 화학물질을 분비시켜 신경회로를 활성화시키게 된다. 찰나의 짧은 순간에 번쩍이는 섬광처럼 생각과 관련된 과거의 기억이 떠올려지고 생각과 관련된 마음과 신체의 변화가 일어난다. 어떤 생각이나 상상을 하는 것만으로 뇌에는 특정한 기억의 흔적을 남기게 되고 그것이 반복되어 특정 화학물질을 다량으로 분비시켜 전용신경회로를 구축하게 되면서 개인의 신념체계를 형성하게 되는 것이다.

뇌는 신체를 사용한 실제 운동과 상상을 통해 가상으로 하는 멘탈훈련의 차이를 구분할 수 있는 기능이 없다. 그래서 뇌는 착각의 챔피언이라는 멋진 별명을 가지고 있는 것이다. 마음으로 간절히 바라는 생각을 반복하고 그 생각에 느낌과 말, 행동을 완전히 일치시켜 초점을 맞추게 되면 뇌에 그와 관련된 굵은 전용신경회로를 구축하여 자신의 존재와 정체성을 결정짓는다.

우리가 잘 아는 골프의 황제 타이거 우즈는 역대 골프선수 중 가장 많은 우승과 상금을 기록한 최고의 선수로 기록되고 있다.
그의 성공 비결은 다른 사람과 차별되는 긍정적이고 강한 멘탈에서 비롯되었다고 해도 지나치지 않는다. 그는 처음 국제대회에 출전했을 때 걱정하는 아버지에게 "공은 내가 원하는 곳으로 갈 거야"라고 말하며 오히려 아버지를 안심시켰다.

그가 멘탈 스포츠인 골프를 잘할 수밖에 없었던 이유는 다른 선수들과 차별화된 자신만의 멘탈 능력을 가지고 있었기 때문이다.

타이거 우즈는 성인이 된 이후에도 전문 멘탈 트레이너에게 지속적인 멘탈 훈련을 받았으며 자신의 생각과 몸을 통제하고 조절하는 자신만의 뛰어난 멘탈 능력을 가지고 있었다.

성공한 운동선수들의 공통점은 우수한 멘탈 능력을 가지고 있었고 자신만의 성공전략을 수립하여 그 전략에 최선을 다했다는 사실이다. 그에 반해 일반 선수들의 공통점은 성공한 선수들이 가진 탁월한 멘탈 능력과 자신만의 차별화된 성공전략을 갖고 있지 못했다는 사실이다. 운동선수의 우수한 멘탈 능력은 운동기술을 학습하고 수행하는데도 긍정적인 영향을 미치지만 일관성을 강화하여 경기력을 안정적으로 유지하는데도 큰 영향을 미친다.

따라서 성공하는 선수로 성장하기 위해서는 자신만의 우수한 멘탈 능력과 성공전략을 가지고 있어야 한다. 여기서 말하는 우수한 멘탈 능력은 운동학습과 수행에 최적인 심리상태를 의미하며 좀 더 넓은 의미로는 목적을 달성하기 위해 자신의 모든 자원을 일치시켜 최상의 성과를 창조할 수 있는 능력이라고 할 수 있다.

# 상태 조절

운동수행과 경기력을 최상의 상태로 끌어올리기 위해서는 스포츠 종목과 상황에 따라 선수에게 가장 적합한 심리적, 생리적 상태가 요구된다. 흔히 선수의 상태가 좋다거나 좋지 않다고 할 때 상태라는 말의 뜻은 멘탈의 상태, 생리적 상태, 신체적 상태 등과 같이 운동수행에 적합한 특정한 조건을 의미한다.

선수 개인의 능력과 기술이 아무리 탁월해도 경기상황에서 선수의 상태가 좋지 않다면 원하는 성취결과를 얻을 수 없게 된다.

경기상황에서 선수가 원하는 성취결과를 일관성 있게 유지하기 위해서는 평소 훈련과정에서 자신의 상태를 임의로 조절할 수 있는 멘탈 능력을 가지는 것이 중요하다.

선수는 경기상황에서 상대 선수나 상황의 자극과 정보에 반응하면서 때로는 지나친 긴장이나 불안을 느끼기도 하고 적절한 흥분과 설렘을 느끼기도 한다. 중요한 것은 선수가 자신의 능력과 기술을 충분히 발휘할 수 있게 해주는 자신감과 유능감, 마음의 안정감, 집중력, 일치시키기 등의 긍정적인 상태가 만들어지면 원하는 목표를 성취할 수 있는 가능성이 더 높아진다는 사실이다.

반대로 걱정, 긴장, 산만함, 질투, 두려움, 피로함 등의 부정적인 상태가 만들어지면 원하는 목표를 성취할 수 있는 가능성이 더 낮아진다는 사실이다. 경기상황에서 선수의 현재 상태를 결정짓는 것은 훈련과정에서 어떠한 정서적 경험이 구성되어 있느냐에 따라 달라진다.

훈련과정에서 학습과 경험, 피드백이 반복되면서 선수의 잠재의식에 어떠한 정서적 연합이 뿌리내리고 있는가에 따라 경기상황에서의 상태가 긍정적이 되기도 하고 부정적이 되기도 하는 것이다. 선수의 현재 상태가 운동수행능력과 경기력에 미치는 영향이 절대적이라면 훈련과정에서 긍정적인 상태를 유지할 수 있는 성공 경험과 긍정적인 격려, 피드백을 반복적으로 제공하는 것이 중요하다.

## 정서와 각성

중요한 경기에 출전을 준비하고 있는 선수가 수많은 관중과 TV 생중계, 실력이 뛰어난 경쟁 선수들을 보며 긴장되고 불안한 마음이 일어나는 것은 자연스러운 현상이다. 이때 마음속으로 '긴장하지 말자', '불안해하지 말자'라고 되뇌며 마음을 안정시키려 해보지만 그럴수록 긴장과 불안이 더 증폭된다.

이러한 현상은 표면적으로는 선수가 자신의 이성과 의식에 의해 자기조절과 통제가 되는 것처럼 보이지만 실제로는 감정과 잠재의식에 의해 직접적인 영향과 통제를 받고 있기 때문이다. 감정과 잠재의식은 스포츠에서 긍정적 에너지가 되어 활력을 불어넣기도 하지만 지나친 각성과 불안상태를 오랫동안 유지하게 되면 심리적 정보간섭을 일으켜 정상적인 운동수행에 지장을 받게 된다. 선수의 지나친 긴장과 불안 등의 부정적인 상태는 대부분 조건형성된 상태에서 어떤 자극에 의해 특정 감정이 활성화되면서 생기는 것이다.

감정은 심리적 상태뿐만 아니라 신체적 각성과 반응을 포함한다. 예를 들어 골프처럼 멘탈의 비중이 높은 스포츠는 심리적, 신체적 각성을 너무 높은 상태로 유지하게 되면 좋은 성적을 기대하기 어렵다. 반면 역도는 높은 각성을 요구한다. 각성상태가 종목과 기술에 적응적 기능을 하여 성과를 얻게 만드는 것이다.

각성은 자율신경계에서 통제하고 있으며 교감신경과 부교감신경이 우리 몸의 적절한 각성상태와 항등성을 유지시키는 기능을 맡고 있다. 만약에 심리적, 생리적 요인에 의해 교감신경이 지나치게 활성화되면 각성이 높아진다. 과도한 각성상태는 감정의 불안정을 초래하게 되어 주의집중력이 흐트러지거나 주의의 폭이 좁아져 중요한 단서나 정보까지도 놓치게 되는 부작용이 나타난다.

이러한 지나친 각성상태가 오랫동안 유지되거나 자주 반복되면 분비된 화학물질에 의해 전용신경회로가 구축되면서 불안에 중독된 패턴을 만들 수도 있다. 이렇게 과도한 각성상태에서 벗어나 정상적인 안정상태를 회복하기 위해서는 초점을 전환하기 위한 패턴 깨기나 관점 바꾸기를 활용하여야 한다.

이때 부교감신경은 높아진 각성을 다시 안정적인 기저선 상태로 끌어내리기 위해 작용하여 몸을 정상적인 상태로 돌려놓는다. 물론 너무 낮은 상태가 되면 다시 각성시켜 신체의 건강과 안정을 유지하기 위한 적절한 항등성을 되찾게 된다.

일상생활에서는 몸 자체에서 항등성을 가지고 상태를 조절하기 때문에 큰 문제없이 환경적 상황에 안전하게 적응할 수 있다. 하지만 스포츠에서는 특정한 환경이나 상황에서 특정한 시간에 요구되는 각성상태가 적합하지 못하면 선수가 가진 능력과 기술을 제대로 활용하지 못하게 되어 큰 문제가 된다. 그래서 선수가 임의적으로 자신의 심리적 상태를 조절할 수 있는 멘탈 통제능력을 가져야 하는 것이다.

예를 들어 경기상황에서 긴장된 각성을 조절하기 위한 멘탈 호흡법, 이완법, 자기암시, 패턴 깨기, 앵커링, 자율훈련법, 불안 퇴치법 등을 효율적으로 활용하기 위해서는 평소 훈련과정에서 반복적으로 트레이닝하여 원하는 상태를 임의로 조절이 가능하게 만들어야 한다.

| 교감신경<br>(각성) | 상태 | | 상태 | 부교감신경<br>(이완) |
|---|---|---|---|---|
| 동공확대 | + | 눈 | − | 동공축소 |
| 감소 | − | 침분비 | + | 증가 |
| 축축함 | + | 피부 | − | 건조함 |
| 증가 | + | 땀분비 | − | 감소 |
| 빠르게 | + | 심장 | − | 느리게 |
| 활성 | + | 소화 | − | 부진 |
| 증대 | + | 부신 | − | 감소 |

## 생리적 상태와 정서

인간의 마음과 몸은 완벽하게 상호 협력하는 상보성을 가지고 하나의 시스템으로 가동되고 있다. 몸을 변화시키면 마음이 변화되고 마음을 변화시키면 몸이 변화된다. 마음과 몸은 비국소성을 가지고 하나의 시스템으로 가동되기 때문에 하나의 패턴이 잘못되면 나머지 하나도 부정적인 영향을 받을 수밖에 없다.

어떤 경험이 뇌에 저장될 때는 특정한 신경적 반응을 일으키도록 정서가 함께 프로그래밍된다. 이렇게 정서가 함께 프로그래밍되면 지금 현재의 상황에 관계없이 과거의 경험에 의한 기억의 영향으로 지금 현재의 마음과 몸 상태가 통제당한다.

그래서 과거에 성취경험과 격려, 긍정적인 피드백이 반복되었다면 현재의 상태가 자신감이 넘치고 호기심이 풍부한 마음상태가 되며 심신 상관성에 의해 신체적으로도 활력상태가 된다. 즉 과거의 기억을 회상하는 것만으로도 자신감이 넘치고 신체적인 활력이 넘치게 되는 것은 마음이 바뀌면 몸도 함께 바뀌기 때문이다.

그리고 규칙적인 운동을 통해 몸 상태를 건강하게 만들어 운동기술이 향상된다면 신체적 유능감이 일반화되어 무엇이든 잘할 수 있다는 정신적 자신감까지 함께 충만해질 수 있다. 몸이 바뀌면 마음도 함께 바뀌게 된다. 그렇기 때문에 몸과 마음은 서로 다른 형태의 하나라고 할 수 있는 것이다. 생리적 상태와 정서는 상관성을 갖고 있기 때문에 하나를 바꾸면 나머지도 함께 바뀌게 된다.


## 상태의 종류와 선택


우리의 존재는 지금 현재에서 자신의 생각과 느낌, 말, 행동의 초점이 일치된 상태가 지속되는 것이라고 할 수 있다. 즉 생각과 느낌, 말, 행동에 의해 만들어진 현재 상태가 자신의 존재를 결정짓는 것이다.

동물은 자신의 생명을 안전하게 지키기 위하여 보호색을 갖거나 환경에 알맞게 적응하기 위해 자신의 상태를 변화시키며 진화한다.

사람도 마찬가지로 환경과 상황에 맞는 반복적인 훈련에 의해 가장 적합한 자신의 상태를 만들어 계속 진화하게 된다.

선수가 반복적인 훈련과정에서 어떤 코치를 만나 어떠한 코칭을 받느냐에 따라 선수 자신의 상태가 조건형성되어 변화한다. 특정한 경험이나 피드백에 의해 선수 자신의 감각을 외부적으로 맞추는 '외부집중상태'일 수도 있고 마음속으로 보고 느끼며 내면으로 깊이 들어가 생각에 잠기는 '내면집중상태'일 수도 있다.

운동상황에서 선수가 어느 한 가지 집중상태에 절대적으로 머물러있는 경우는 거의 없다. 그것은 의식이 내면에 대한 지각과 외부에 대한 지각이 부분적으로 혼합되어 있기 때문이며 긍정과 부정의 정서도 완전한 구분이 된 상태는 존재하기 어렵다. 어느 상태가 더 비중을 많이 차지하느냐의 차이를 가질 뿐이며 가장 적합한 자신의 상태를 만들기 위해 선택하는 것이다. 그래서 선수의 현재 상태는 상황에 따라 변화하는 가변성을 가지게 된다.

마음의 상태를 어떻게 선택하고 사용하는가에 따라 운동상황에서 전혀 다른 결과를 얻게 되는 경우를 많이 볼 수 있다.

예를 들어 자전거 타기나 축구 등을 할 때는 외부집중상태가 수행에 도움이 되고 명상이나 멘탈트레이닝 등을 할 때는 내면집중상태가 더 도움이 된다. 만약 자전거 타기를 할 때 자신의 상태를 내면집중상태로 만든다면 도로의 수많은 다양한 상황 변화에 대한 합리적인 판단과 행동을 제대로 하지 못해 사고의 위험성이 높아진다.

반대로 명상을 하면서 외부집중상태를 만들게 되면 수많은 자극과 정보가 심리적 간섭이 되어 자신과의 만남이 힘들어진다. 스포츠에서 집중상태는 완벽하게 어느 한 가지 상태에 있는 경우보다 두 가지 집중상태를 상황에 따라 가변적으로 활용한다.

비슷한 예로 훈련이 중요하지 않다는 왜곡된 믿음을 가지고 자만심에 빠져있는 선수에게는 부정적인 마음상태를 활용하여 위기감과 각성을 일으키는 것이 도움이 되고 자신감이 낮거나 불안한 심리를 갖고 있는 선수에게는 긍정적인 격려와 피드백으로 마음의 안정과 여유를 갖게 하는 것이 도움이 된다. 중요한 것은 우리의 마음상태는 언제든지 변화할 수 있는 가변성을 가지고 있다는 것이다. 외부 자극이나 정보가 가변성을 갖게 만들기도 하지만 내면의 인지상태에 따라 가변성을 갖게 되기도 한다.

선수가 자신의 상태변화를 통해 원하는 성과를 얻기 위해서는 코치의 멘탈코칭 역할이 중요하다. 멘탈코칭을 반복하게 되면 선수 스스로 자신의 상태를 임의로 만들 수도 있고 원하는 상태로 변화시킬 수도 있다. 그래서 자원이 없는 선수는 없다고 하는 것이다. 다만 자원이 없는 상태가 있을 뿐이다.

중요한 것은 선수의 현재 집중상태가 최상의 수행에 적합하지 않다면 지금 현재에서 상태를 바꾸어야 한다는 것이다. 현재 상태를 지금 여기에서 바꿀 수 있다면 상황에 가장 적합한 잠재된 자원을 찾을 수 있다. 운동수행과 경기력에 도움이 되는 선수의 상태는 훈련을 통해 선택하는 것이고 선택된 것을 반복하여 자신의 상태를 일관성 있게 유지하는 것이다. 선수의 모든 행동은 지금 현재의 상태에서 나타나기 때문에 지금 현재에서 선수의 상태를 최상의 수행을 할 수 있도록 바꾸면 원하는 성취결과를 얻을 수 있게 된다.


## 상태 이끌어내기


최상의 운동수행 상태에서 최고의 경기력을 발휘할 수 있는 우수한 선수를 만들기 위해서는 전문적인 멘탈언어 코칭기술이 필요하다.
그것은 코치의 멘탈언어 코칭능력에 따라 코치가 원하는대로 선수의 상태를 바꿀 수 있기 때문이다.

선수가 자신감이 부족하거나 신념이 약할 때 과거의 성취경험이나 자신감이 충만했던 기억을 떠올리게 되면 과거의 긍정적인 상태가 현재 상태를 변화시켜 자신감이 넘치고 활력 있는 상태로 변화한다.
지금 현재 상태에서 자신감이 넘치는 상태로 자원을 이끌어내고 싶다면 과거의 긍정적인 기억이나 성공 경험을 지금 현재에서 선명하고 생생하게 떠올리면 되는 것이다.

만약 선수가 과거의 성공 경험이 없다면 오감적 상상훈련을 통해 미래의 성공 이미지를 만들어낼 수도 있다. 미래기억 만들기를 통해 미래에 선수가 원하는 목표가 달성된 가상의 성취경험을 반복적으로 생생하게 떠올리게 되면 뇌에 미래기억이 만들어져 현재의 상태를 긍정적으로 바꿀 수가 있게 된다. 이 모든 변화를 유도할 수 있는 마중물 역할을 하는 것이 코치의 멘탈언어능력이다.

코치는 선수와의 상담과 코칭 과정에서 선수의 긍정적인 상태를 이끌어내기 위해 다양한 기법들을 활용할 수 있으며 선수에 대한 관심 갖기, 경청, 공감, 질문하기 등을 통해서 내면에 숨겨져 있는 자원을 끄집어내어 선수의 상태를 긍정적으로 바꿀 수 있다. 예를 들어 '과거에 승리했던 순간을 떠올렸을 때 마음과 몸 상태가 어떻게 변하는지 느낄 수 있다면 그것을 말로 표현할 수 있을까'와 같은 간단한 질문만으로도 선수의 상태가 바뀌게 된다. 몇 마디의 언어만으로 선수의 상태를 긍정적으로 바꿀 수 있는 것이다.

코치는 더 나은 운동수행과 경기력을 향상시키기 위해 선수를 최상의 상태로 만들어야 한다. 호흡훈련, 이완훈련, 앵커링, 자율훈련, 루틴 등의 멘탈 기법을 활용할 수 있어야 하며 특히 멘탈언어를 활용하여 선수의 상태를 긍정적으로 변화시키는 코칭능력을 가져야 한다. 코치는 현재의 선수 상태를 긍정적으로 이끌어내는 능력뿐만 아니라 선수의 미래 상태까지 긍정적으로 조건형성시킬 수 있는 멘탈코칭능력을 가져야 하는 것이다.

# PART 2
# 신념

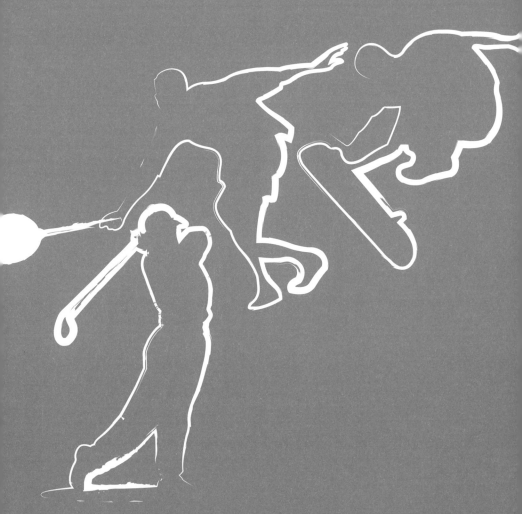

# 신념이 결과를 창조

운동선수는 성공신념과 활력신념을 가져야 한다. 그 이유는 선수가 어떤 신념을 가지고 있느냐에 따라 훈련과 경기에 임하는 자신의 상태가 달라지기 때문이다. 선수는 자신의 목표가 반드시 성취된다는 성공신념을 가지게 될 때 목표에 더 가까이 다가가게 된다.

스포츠는 특정한 목표를 성취하기 위해 자신이 가진 자원뿐만 아니라 동료나 코치, 상대 선수, 환경적 자원까지 활용할 수 있는 능력을 가지고 있어야 한다. 이러한 통합된 자원을 충분히 활용하기 위해서는 선수가 자기 자신에 대한 라포를 바탕으로 '할 수 있다'는 성공신념을 갖는 것이 가장 중요하다.

인간의 뇌는 그 무엇이든 반복해서 생각과 느낌, 말, 행동을 하게 되면 그것을 사실로 받아들이고 믿음을 만들어 스스로 그 믿음에 통제당하며 믿음을 현실로 실현하려는 의지를 갖게 된다. 이러한 의지가 작동되면서 신념체계가 강화되는 것이다.

그래서 선수가 자신의 목표가 성취될 수 있다는 긍정적인 생각과 느낌, 말, 행동을 선명하게 반복하여 일치시키게 되면 성공신념이 형성되어 현실적인 결과가 창조된다. 착각의 챔피언인 뇌는 그 무엇이든 반복하게 되면 신념을 형성하는 전용신경회로를 구축하여 신념체계에 따른 현실적인 결과를 만들게 되는 것이다.

ABC 이론으로 보면 시간에 대한 인식과 해석의 준거가 되는 신념이 왜 삶의 결과를 창조하게 되는지를 알 수 있다. 대부분의 경험은 표면적으로는 A=C라는 해석이 가능하지만 실제로는 A가 C를 만드는 것이 아니라 A+B=C라는 공식이 성립된다. 사건 A에 대한 신념 B가 결과 C를 만든다는 이론이다. 결과 C가 긍정이든 부정이든 그것은 사건 A에 대한 인식과 해석의 준거가 되는 신념 B에 의한 것일 뿐이라는 것이다.

선수가 갖고 있는 대부분의 심리적인 문제는 과거에 선수의 잘못된 학습과 경험이 반복되어 형성된 부정적인 제한 신념이 만든 결과라고 볼 때 사건을 긍정적으로 인식하고 해석할 수 있는 성공신념을 가지게 되면 성공적인 결과를 얻게 된다는 결론을 얻을 수 있다.

신념 B가 창조의 힘과 파괴의 힘을 함께 갖고 있기 때문에 선수가 어떤 신념을 가지느냐에 따라 자신의 성취가 달라지게 되는 것이다.

# 선수의 성공신념

스포츠에서의 모든 성취결과는 코치와 선수가 어떤 목표를 설정하고 그 목표에 대해 어떠한 신념을 가지고 훈련과 경기에 최선을 다하느냐에 따라 달라진다. 즉 선수가 반복적인 운동학습과 훈련과정에서 뇌에 어떤 전용신경회로를 구축하여 성공신념을 강화하는가에 따라 성취결과가 달라지는 것이다.

우리 뇌는 그 무엇이든 반복하면 그것을 사실로 받아들이고 믿음을 만들어 스스로 그 믿음에 통제당하는 착각의 챔피언이다.

스포츠에서 코치와 선수가 비일상적 실재인 NCR의 신념을 일상적 실재인 CR의 현실로 바꾸기 위해서는 반복적인 학습과 훈련이 일관성과 지속성을 유지할 수 있어야 한다.

스포츠에서 성취결과를 결정짓는 성공신념은 운동학습과 훈련과정에서 선수의 반복적인 느낌이 축적된 것이라고 할 수 있으며 신념이 선수의 세상모형에 관여하기 때문에 가치와 준거를 포함하고 있다.

그래서 선수가 반복적인 운동학습과 훈련을 통하여 뇌에 어떤 전용신경회로를 구축하는가에 따라 형성된 신념체계가 선수의 상태를 통제하는 핵심적인 열쇠가 되는 것이다.

신념을 신경생리학적 관점에서 해석하면 강하게 입력되었거나 반복해서 입력된 정보에 의해서 활성화된 뉴런의 연결이 강화되어 다른 신경회로보다 우선해서 활성화되는 전용신경회로가 형성된 것으로 이해할 수 있다. 뉴런은 직접적으로 다른 뉴런과 연결되어 있는 것이 아니라 액체로 채워진 시냅스라는 틈을 통해 신경전달물질이 전달되면서 전기화학적인 연결을 짓는다.

그래서 강한 자극이나 반복적으로 입력되어 상호 연결된 뉴런은 신경전달물질에 의해 광케이블처럼 굵은 전용신경회로가 만들어지게 되고 이렇게 연결된 신경회로는 이후에 외부 자극과 정보에 의해 동시에 활성화된다. 헵의 학습모델에 따라 함께 활성화된 뉴런은 연결이 강화되고 연결이 강화된 뉴런은 더 쉽게 활성화되어 전용신경회로를 구축하여 신념체계를 형성하게 되는 것이다.

예를 들어 선수가 테니스 서브 동작을 반복적으로 많이 연습하면 할수록 테니스 서브를 하는데 필요한 전용신경회로들이 더 많이 활성화되고 강화된다. 이렇게 강화된 전용신경회로는 이후에 테니스 서브를 할 때 의식적 관여 없이도 자동적으로 함께 활성화되어 테니스 서브를 더 잘할 수 있는 실력을 갖게 해준다.

마찬가지로 할 수 있다는 멘탈적 프로세스를 많이 사용하게 되면 그 프로세스와 관련된 전용신경회로가 만들어지면서 강한 믿음이 생기고 그 믿음을 현실화시키려는 일관된 실천의지를 갖게 되면서 성취를 위한 강한 성공신념이 형성되는 것이다.

어떠한 신념이든 자신의 강한 신념이 만들어지고 나면 모든 생각과 느낌, 말, 행동의 초점이 자신의 신념체계 안에서 작동된다.

똑똑한 뇌는 그 무엇이든 반복하면 사실로 받아들이고 강한 믿음을 만들기 때문에 선수가 자신의 목표에 생각과 느낌, 말, 행동을 일치시키고 반복하게 되면 신념체계를 강화시킬 수 있다. 그래서 스포츠에서의 모든 성취결과는 코치와 선수가 어떤 신념체계를 형성하고 있는가에 의해 결정되는 것이다.

신념이 없는 선수는 없다. 다만 선수가 어떠한 신념을 갖고 있느냐의 차이가 있을 뿐 모든 선수는 저마다의 다른 신념을 가지고 다른 학습과 훈련을 하며 다른 성취결과를 얻게 되는 것일 뿐이다.

어떤 선수는 할 수 있다는 성공신념을 가지고 현실에서 원하는 성취를 이루게 되고 어떤 선수는 할 수 없다는 자기 제한 신념을 가지고 현실에서 무기력한 자신의 상태를 만들게 되는 것일 뿐 어느 누구도 신념을 갖고 있지 않는 선수는 없다. 성공한 선수가 되느냐 실패한 선수가 되느냐의 선택은 어떤 신념을 갖고 있느냐에 의해 결정되는 것이다.

# [ 긍정적 사고 ]

　우리의 존재는 지금−여기에서 무엇을, 어디에, 어떻게 초점을 일치시키고 생각을 반복하느냐에 따라 언제든지 변화할 수 있는 가소성을 가지고 있다. 초점과 생각이 오랫동안 지속되어 다량의 화학물질이 분비되면 뇌에 광케이블처럼 굵은 전용신경회로를 구축하여 우리의 존재와 정체성을 강화시키기 때문이다.

　결국 우리의 존재와 정체성은 지금−여기에서 무엇을, 어디에, 어떻게 생각의 초점을 일치시키고 반복하며 오랫동안 지속하는가에 의해 가변적으로 결정되는 것으로 볼 수 있는 것이다. 그 대상이 무엇이든 생각의 초점이 모아진 곳에 느낌이 일어나고 느낌이 다시 생각을 강화하기 때문에 그 생각과 관련된 느낌을 주는 화학물질을 분비시켜 생각의 초점을 현실화시키기 위한 신념체계가 만들어진다.

우리 삶의 모든 성취결과는 우리가 어떤 신념체계를 가지고 살아가는가에 따라 얻게 된다. 그래서 우리의 존재를 '초점'이라고 정의할 수도 있고 '생각'이라고 정의할 수도 있으며 '신념'이라고 정의할 수도 있는 것이다. 성공한 선수와 일반 선수의 차이점이 있다면 그들의 초점이 다르고 생각과 느낌, 신념이 다르다는 사실이다. 성공한 선수의 신체적인 기량이 일반 선수가 가진 기량과 큰 차이를 가지고 있지는 않았지만 그들의 초점과 생각하는 방법의 차이가 성공한 선수와 일반 선수로 구분 짓게 만드는 것이다.

스포츠에서 초점은 선수의 반복적인 생각에 의해 모아지기 때문에 어떤 생각을 하는가에 따라 평소 훈련과정에서의 자세와 태도가 달라지고 경기장에서의 상태와 성과가 달라지게 된다. 중요한 것은 긍정적인 생각을 가진 선수는 긍정적인 자신의 자원과 에너지에 초점이 모아지기 때문에 최고의 실력을 갖추기 위한 기술을 습득하고 훈련하는 자세와 태도를 갖게 된다는 사실이다.

긍정적인 사고는 운동과 과제수행에 가장 적합한 자신의 자원과 에너지를 동원하기 위해 필요한 최상의 사고 패턴을 활용하는 것이다.
자신이 원하는 목표나 과제에 초점을 일치시키고 생각과 느낌, 말, 행동을 조절하게 될 때 최선의 상태에서 최고의 수행을 할 수 있게 된다.
결국 성공한 선수와 일반 선수를 결정짓게 만드는 것은 선천적으로 타고난 재능이 아니라 긍정적인 사고와 초점 일치시키기에 있는 것이다.
긍정적 사고에는 목적적 사고와 생산적 사고, 가능적 사고가 있다.

# 목적적 사고

'생각은 에너지를 갖고 있다'는 말처럼 우리가 그 무엇을 이루기 위해서는 먼저 그것을 이루기 위한 생각을 선명하게 반복해야 한다.

생각은 에너지를 갖고 있다는 말이 추상적으로 들릴 수도 있지만 그 말이 과학적으로 증명된 것은 이미 오래전의 일이다.

우리가 어떤 목표나 과제에 초점을 일치시키고 반복적으로 생각하게 되면 그 생각과 관련된 뇌신경회로가 활성화되고 화학물질이 분비되면서 특정한 전용신경회로를 구축한다. 뇌에 전용신경회로가 구축되면 강한 신념체계가 형성되고 반복적인 생각과 관련된 세상모형을 만드는 데 영향을 미치게 된다. 즉 반복적인 생각이 주관적이고 자기중심적인 자신만의 세상모형을 만들어 그 세상모형에 의해 현실에서의 알아차림과 접촉이 일어나기 때문에 반복적인 생각이 에너지를 갖고 있다는 것은 이미 과학적으로 충분히 증명되는 것이다.

　뇌는 착각의 챔피언이라는 별명에 어울리게 처음의 생각이 긍정적인 것이든 부정적인 것이든 가리지 않고 반복적으로 일어나는 생각과 관련된 전용신경회로를 구축하여 개인의 세상모형을 만들게 된다. 그렇기 때문에 반복적인 생각이 믿음을 만들어 그 믿음에 스스로 통제 당하게 되면 뇌가 일으킨 착각이 단순한 착각으로 끝나는 것이 아니라 현실에서의 성취를 실현시켜주는 힘을 갖게 되는 것이다.

　생각이 긍정적인 것이면 긍정적인 결과를 얻게 되고 부정적인 것이면 부정적인 결과를 얻게 될 가능성이 높아진다. 이처럼 일회성의 생각은 단순히 생각으로만 그칠 수 있지만 반복적인 생각은 그냥 스쳐 지나가는 것이 아니라 뇌신경회로에 선명하게 흔적을 남기게 되어 선수의 세상모형을 만드는데 영향을 미치게 된다.

　특히 초점이 일치된 반복적인 생각은 고차원적인 뇌기능에 직접적인 영향을 미치기 때문에 구체적이고 선명한 목적이 있는 목적적 사고가 중요한 의미를 가진다. 그래서 멘탈코칭에서는 원하는 그 무엇을 이루기 위해서는 먼저 우리 마음속에 그 무엇을 선명하게 그려야 한다고 강조하는 것이다. 반복적인 목적적 사고에 의해 마음에 선명하게 새겨진 이미지는 현실적인 성취를 이룰 수 있는 힘을 갖고 있으며 그 성취의 시간과 크기가 다를 뿐 반드시 결과를 얻게 해준다.

　특히 구체적인 목표가 있고 분명한 성과를 내야 하는 경쟁적인 스포츠에서의 목적적 사고는 매우 중요한 의미가 있다. 선수가 목적적 사고를 하기 위해서는 운동수행능력과 경기력을 향상시키는데 도움이 되는 생각들을 체계적이고 계획적으로 반복하여 훈련을 하는 준비상태가 필요하다. 이렇게 되면 뇌에 광케이블처럼 굵은 전용신경회로가 구축되어 다양한 상황에 알맞은 적절한 생각이 자동적으로 활성화될 수 있게 된다.

목적적 사고의 반대는 무작위적 사고를 반복하는 것인데 이렇게 되면 정보간섭이 생겨 불필요한 초점이 만들어지고 분산된 생각들을 행동으로 옮기는 잘못된 반응이 나타난다. 어두운 밤길을 운전할 때 자동차 전조등이 자동차가 가는 방향과 일치하지 않는 곳을 비춘다면 원하는 속도로 달릴 수 없을 뿐만 아니라 사고의 위험이 높아지는 것과 같은 이치이다. 그렇기 때문에 선수가 자신이 원하는 목표를 이루기 위해서는 목적적 사고가 중요한 것이다.

선수가 목적적 사고를 하기 위해서는 운동수행과 경기력을 향상시키는데 도움이 되는 초점을 일치시키고 그 초점과 관련된 생각을 반복하는 멘탈트레이닝을 해야 한다. 골프선수가 단지 300야드 이상을 쳐야겠다는 막연한 마음을 먹는다고 해서 저절로 그만큼의 장타를 칠 수 있는 것이 아니다. 먼저 자신이 어떻게 해야 효율적으로 장타력을 키울 수 있을지 목적적 사고를 반복하고 계획하여 그에 따라 행동으로 옮기는 전략이 필요한 것이다.

이처럼 선수가 목적적 사고를 하기 위해서는 사고하는 것을 구체적으로 계획하고 반복적인 멘탈 훈련을 통해 전용신경회로를 구축하여 강력한 신념체계를 형성하여야 한다.

# 생산적 사고

반복적인 생각만으로도 뇌의 전용신경회로를 구축하여 몸 상태를 마음대로 조절하고 통제할 수 있다. 어떤 생각을 반복하는 것만으로도 그 생각과 관련된 시냅스 연결이 활성화되고 신경화학물질이 순식간에 분비되면서 우리의 상태를 바꾸어버리기 때문이다.

우리의 존재와 상태를 결정짓는 뇌세포는 하나의 뇌세포가 수만 개 이상의 다른 뇌세포와 시냅스 연결을 짓고 있으며 이 연결은 반복적인 생각에 의해 끊임없이 재구성된다. 그래서 우리의 존재는 언제든지 변화할 수 있는 가소성을 가지고 있으며 의식적이든 무의식적이든 반복적인 생각이 우리 자신을 만들게 되는 것이다.

운동선수가 자신의 목표와 과제를 성공적으로 수행하기 위해서는 목표와 과제를 이루기 위해 필요한 부분에 생각의 초점을 일치시키는 것이 그 무엇보다 중요하다. 또한 선수가 목표를 이루기 위해 자신의 자원과 에너지를 충분히 활용할 수 있도록 목적적 사고와 더불어 생산적 사고를 반복하는 훈련을 해야 한다.

생산적 사고를 할 때 선수는 어떤 상황에서도 생각의 초점이 긍정적인 부분에 일치되어 있기 때문에 심리적으로 안정적이고 합리적이며 촉진적이 된다. 이것은 자극−반응시스템에 의해 외부 자극이나 상황 변화에 따라 일어나는 단순한 반사적 사고와는 수준이 다르다. 대부분의 선수들이 흔히 보이는 반사적 사고는 충동적인 생각들이나 감정에 의한 행동으로 인해 운동수행에 도움이 되지 않는 결과를 이끌어내는 경우가 많다.

특히 성장과정에서 감정조절능력이나 통제력이 약해져 있는 선수의 경우 부정적인 자극에 대한 반사적 사고로 인해 일순간에 자신의 패턴이 무너질 수도 있다. 이러한 상태가 되면 정서적인 뇌를 과잉활성화시켜 선수가 자신의 목표와 과제를 달성하기 위해 필요한 긍정적인 자원과 에너지를 엉뚱한 곳에 사용하게 만들어버린다.

반면 생산적 사고는 이성적인 뇌에서 그 상황에 가장 효율적이고 합리적인 신념을 통해 원하는 목표와 과제를 이룰 수 있게 해준다. 따라서 이러한 생산적 사고는 선수가 어떤 상황에서도 안정적이고 침착하며 사려 깊게 생각하고 반응할 수 있게 한다. 선수들이 반사적 사고를 하는 이유는 결과지향성이 높거나 경쟁적인 상황과 자극이 심리적인 압박으로 작용하여 스트레스 반응상태를 만들기 때문이다.

이러한 결과지향목표와 심리적 압박을 받게 되면 선수들은 작은 상황 변화와 사건에도 정서적 뇌가 과잉활성화되어 감정적이며 충동적인 생각을 하게 되면서 멘탈이 무너져 어이없는 실수를 유발하게 될 수도 있다. 따라서 선수는 경기상황에서 결과에 대한 왜곡된 통제력과 경쟁 과정에서의 심리적 압박감을 극복하고 자신에게 무슨 일이 일어나든 그것에 대해 반사적으로 사고하고 행동하기보다 이성적이고 합리적인 사고를 하여야 한다.

그렇게 하기 위해서는 평소에 선수 자신의 심리적 내성과 응집력을 키워 마음의 쿠션을 강화시킬 수 있는 멘탈 훈련과정이 필요하다. 마음의 쿠션을 강화시키기 위한 멘탈 훈련을 반복적으로 실시한다면 어떤 위급한 상황에서도 이성적인 뇌가 정서적인 뇌를 통제하여 생산적 사고와 합리적 신념으로 반응을 할 수 있다. 생산적 사고와 합리적 신념을 만들기 위한 방법을 알기 위해 먼저 생산적 사고의 특징을 이해하는 것이 필요하다.

첫째, 생산적 생각은 현재에 온전히 집중할 수 있을 때 일어난다. 과거는 이미 지나간 기억이고 미래는 아직 예상일뿐이기 때문에 현재를 통제할 수 없다는 사실을 깨달아야 한다. 과거와 현재, 미래는 같은 시간선에 걸쳐져 구분은 할 수 있지만 서로 비국소성으로 연결되어 있어 완전히 분리될 수는 없기 때문에 현재에 영향을 미친다.

그래서 선수들은 현재에 초점을 일치시킬 수 있는 멘탈 훈련을 통해 정보간섭을 일으키는 과거나 미래의 생각에 머무르지 않도록 전용신경회로를 굵게 구축하여야 한다. 선수 자신이 통제할 수 없는 불필요한 근심, 과도한 긴장, 자만심 등과 같은 생산적이지 못한 사고는 운동수행상황에서 선수가 현재에 집중하지 못하고 과거와 미래에 대하여 생각할 때 주로 일어난다. 즉 현재에 대해 온전히 알아차리고 초점을 일치시킬 수 있을 때 수행에 방해가 되는 불필요한 정보간섭을 차단할 수 있게 되는 것이다.

둘째, 생산적 사고는 선수 자신이 스스로 조절이 가능하다.

선수는 자신이 통제할 수 있는 것과 통제할 수 없는 것에 대해 합리적 신념으로 반응해야 한다. 경기에서 우승이라는 결과목표보다 훈련과정에서 자신의 실력 향상에 초점이 일치된 수행목표에 집중해야 한다.

그 이유는 결과목표는 선수가 통제할 수 없는 것이고 수행목표는 선수가 통제할 수 있는 것이기 때문이다.

예를 들어 김연아 선수는 경기 중에 자신이 현재에서 통제 불가능한 목표인 그랑프리 우승보다 자신이 현재에서 통제 가능한 트리플 악셀 점프에 집중한다. 그리고 점프 후에는 곧바로 이어질 스파이럴 시퀀스에 집중한다. 각 동작을 자신이 조절할 수 있고 각 동작에 집중하여 자신의 프로그램을 성공적으로 연기한다면 현재에서 통제 불가능한 그랑프리 우승은 자연스럽게 따라오게 되는 것이다.

셋째, 생산적 사고는 선수 자신의 목표와 특정 수행과제에 연관되어 있어야 한다. 우리가 그 무엇을 이루기 위해서는 먼저 우리 마음속에 그 무엇을 선명하게 그려야 한다고 했다. 뇌에 선명하게 새겨진 이미지는 전용신경회로를 구축하여 신념체계를 강화시키기 때문에 현실적인 성취를 이룰 수 있는 강력한 힘을 갖게 해준다.

선수의 좋은 수행을 유발하는 최상의 사고는 자화 혹은 정확한 이미지의 창조 그리고 수행하기에 적당한 감정적 확신 등과 같은 간단한 지시들을 통해 이루어진다. 이런 지시들은 짧고 간결해야 한다.

넷째, 생산적 사고는 개인적이며 각 선수의 개성과 관련되어 나타난다. 사람들은 모두가 다르다. 그들의 유전자가 다르고 살아온 과정이 다르기 때문에 완전히 같은 존재는 없는 것이다.

만약 어떤 선수가 경기 전 준비운동에서 동료들이 자신을 얼마나 의지할지, 동료들을 실망시키지 않으려면 어떻게 해야 할지를 걱정한다면 그것은 근본적으로 좋은 생각이 아니다. 그러나 그러한 생각이 자신에게 에너지를 주고 준비운동에 집중하게 해준다면 그것은 생산적인 것이다. 그 선수는 팀을 위해 경기를 잘해야 한다는 책임감을 느끼는 것을 선호하기 때문이다.

이처럼 생산적 사고는 개인의 성향에 따라 다양하게 나타날 수 있는 것이다. 생산적 사고는 감정적 사고와는 반대로 합리적 신념과 함께 반응한다. 이러한 생산적 사고를 하기 위해서는 먼저 자기 자신의 잘못된 사고가 반복되면서 형성된 비합리적 신념에 대해 알아차릴 수 있어야 한다. 왜냐하면 선수들은 비합리적 신념 때문에 정서적인 뇌가 과잉활성화되어 부정적인 사고와 감정상태에 빠지기 때문이다.

심지어 자신이 부정적인 생각과 감정에 빠져있다는 사실조차 깨닫지 못한 채 그것들을 습관화시키고 그런 생각에 계속 연연하면서 점점 중독되어간다. 따라서 선수들이 더 나은 생각을 하기 위해서는 자기 자신이 가지고 있는 신념과 다른 사람들의 신념을 관조적 입장에서 보며 자신의 합리적 신념을 회복할 수 있어야 한다.

# 비합리적 신념

- 나는 항상 완벽한 수행을 해야 하고 주변의 기대에 실망을 주어서는 안된다.
- 코치, 동료, 상대 선수들뿐만 아니라 관중들도 언제나 나에게 호의적으로 대하고 응원해주어야 한다.
- 훈련과 경쟁상황은 언제나 나에게 완벽하고 유리해야 한다.
- 나는 반드시 이겨야 하고 우승은 오로지 나의 인생 목표이다.
- 나는 특별한 존재이기 때문에 특별한 대우를 받아야만 한다.
- 절대로 실수해서는 안된다.

절대, 항상과 같은 포괄적인 생각과 말은 강한 구속력을 갖고 있기 때문에 비합리적 신념을 합리적 신념인 것처럼 왜곡시킨다.

스포츠에서 심판의 판정은 공정하고 코치는 합리적이며 환경이나 조건이 자신에게 유리하게 작용할 것이라고 생각하는 전제 자체는 긍정적이지만 그 정도가 심해지면 비합리적 신념이 된다. 그렇기 때문에 훌륭한 선수가 되기 위해서는 합리적 신념으로 자신이 조절하고 통제할 수 있는 부분만 집중해야 한다. 왜냐하면 심판과 코치는 선수 자신이 통제할 수 있는 대상이 아니기 때문이다.

# [ 가능적 사고 ]

우리는 저마다의 유전적 요인을 바탕으로 반복적인 학습과 경험에 의해 활성화된 전용신경회로에 따라 주관적이고 자기중심적인 세상모형을 만들어 독특한 존재와 정체성을 형성하게 된다. 주관적이고 자기중심적인 세상모형에 따라 생략, 왜곡, 일반화된 필터를 사용하기 때문에 사람들은 똑같은 세상을 서로 다르게 보며 다른 세상 속에서 다른 삶을 살아가게 되는 것이다.

각자의 세상모형을 구성하고 있는 전용신경회로가 어떻게 구축되어 있는가에 따라 삶의 모든 성취결과가 달라진다. 긍정적인 생각과 느낌, 말, 행동을 반복하게 되면 긍정적인 삶의 결과를 창조하게 될 가능성이 높아진다. 반대로 부정적인 생각과 느낌, 말, 행동을 반복하게 되면 부정적인 삶의 결과를 창조하게 될 가능성이 높아진다.

중요한 것은 우리의 생각과 느낌, 말, 행동은 뇌의 전용신경회로에 같은 뿌리를 두고 있기 때문에 어느 하나를 바꾸게 되면 나머지도 함께 바뀌게 되는 비국소성을 가지고 있다는 사실이다.

운동선수에게 생각은 자신의 자원과 에너지의 형태를 결정하는 힘을 가지고 있기 때문에 어떤 생각을 하는가가 중요한 의미를 가진다. 생각은 뇌의 전용신경회로에서 만들어지기 때문에 반복적인 생각의 형태와 방향에 따라 뇌의 전용신경회로를 바꿀 수 있을 뿐만 아니라 느낌과 말, 행동이 함께 바뀔 수 있다. 그래서 평소에 부정적인 생각보다는 긍정적인 생각을 할 수 있도록 해야 한다.

그중에서 가능적 사고는 긍정적인 사고로써 할 수 있다는 가능성을 전제한 사고이며 현재의 부정적인 상태에 의해서 생각이 제한되지 않는 사고 또는 일반적인 생각에 의해 제한되지 않는 열린 사고를 말한다. 우리의 존재는 지금 현재에서 초점을 어디에 어떻게 일치시키는가에 따라 결정되기 때문에 반복적인 생각의 초점이 곧 자기 자신의 존재와 정체성을 만들게 된다.

역사적으로 위대한 성취를 이룬 위인들과 훌륭한 생각을 가진 사람들은 비슷한 일반적인 맥락을 보여 왔는데 그것은 현재 상태에 안주하는 것보다 혁신적인 가능성의 생각을 더 많이 받아들였다는 것이다. 그 생각이 반복되고 지속되면서 구축된 전용신경회로에 의해 믿음이 만들어지고 신념체계를 형성하기 때문에 처음의 생각은 현실적인 성과를 창조하게 된다.

결국 가능적 사고는 자신의 초점을 문제 상태나 상황에 맞추는 것이 아니라 미래의 가능성에 맞춘 후 자신이 무엇을 원하는지 정확하게 이해하고 그 가능성을 현실로 이루기 위해 마음을 여는 것이라고 말할 수 있다. 생각의 초점이 일치되는 것에 우리의 모든 자원과 에너지가 동원되기 때문에 가능성에 초점을 일치시키게 되면 그것이 현실적으로 이루어질 가능성이 훨씬 높아지게 된다.

가능적 사고에 반대되는 사고는 제한적 사고이다. 제한적 사고는 지금 당장의 현실에 맞추기 위해 스스로의 생각을 제한하고 억제하며 자신의 능력과 가능성을 한정시키는 부정적 사고를 말한다. 이것은 현재의 상황에 생각의 초점이 모아지는 것이며 당시 처한 상황에서는 지극히 당연하고 상식적이며 일반적인 사고로 볼 수 있다.

그렇기 때문에 부정적이거나 상식적인 사고를 넘어서 가능적인 것에 초점을 일치시키기 위해서는 유연한 사고를 할 수 있는 멘탈 상태를 만드는 노력이 필요하다. 가능적 사고는 긍정적 사고의 중요한 요소가 되는데 이는 목적적 사고와 생산적 사고에 무엇이 가능한지를 판단할 수 있도록 해주기 때문이다.

만약 선수들이 목적적이고 생산적인 사고를 할지라도 자신의 수행과 잠재력의 가능성에 마음을 열지 못한다면 긍정적 사고는 결국 실패하게 될 것이다. 예를 들어 목표를 달성하는데 아무런 희망이 보이지 않는다면 그 목표는 행동을 이끄는데 더 이상 아무런 도움이 되지 못한다. 그러나 만약 선수가 목적이 있고 생산적인 사고를 연습하며 목표성취의 가능성이 있는 생각의 동기를 설정하여 전용신경회로를 구축한다면 현실적이고 제한적인 목표보다는 훨씬 큰 성취를 이룰 수 있다.

선수는 가능적 목표를 설정하고 신념체계를 형성하게 되면 미래에 자신이 무엇을 이룰 수 있는지에 대한 성취 범위를 스스로 넓혀갈 수 있는 넓은 경계를 만들게 된다. 목적적, 생산적 사고와 마찬가지로 가능적 사고도 습관이 되어야 한다. 그러기 위해서는 멘탈에 대한 공부와 훈련을 반복하며 가능적 사고가 자동화될 수 있는 전용신경회로를 구축하는 과정이 필요하다. 가능적 사고는 선수에게 매우 중요한 심리기술 중 하나이므로 전략을 통해 발전시킬 수 있다. 우선은 불가능함에 맞추어진 초점을 바꾸어 가능성을 찾는 것이다.

우리가 일상생활 속에서 사용하는 생각이나 말의 80%가 부정적이라는 사실에서도 잘 알 수 있지만 뇌는 근본적으로 새로움이나 낯섦을 싫어한다. 그래서 대부분의 자원과 에너지를 새로운 미래를 위해 사용하기보다 현재 상태를 유지하기 위해 사용하는 것이다. 이처럼 현재 상태를 유지하기 위해 변화의 불가능함에 초점을 맞추는 일관성 있는 태도가 일시적으로는 안정감을 주기도 하지만 가능성을 차단하는 부작용이 생기게 된다. 이것은 매우 중요한 의미가 있다. 우리 삶의 태도에 따라 모든 것이 달라지기 때문이다.

태도란 오랜 시간에 걸쳐 지속적으로 생각하고 느끼며 말하고 행동하는 일관성 있는 패턴을 말한다. 그러므로 태도는 그 사람의 생각과 정서, 습관을 보여주는 것이다. 즉 어떤 선수가 나쁜 태도를 가지고 있다면 그 선수는 비합리적인 사고와 정서, 습관을 갖고 있다고 볼 수 있다. 이렇게 나쁜 태도를 가진 선수는 생각과 기분에 따라 매일 일어나는 사건들을 부정적으로 대하기 때문에 가능성의 자원과 멀어지는 나

뿐 결과를 얻게 될 가능성이 높아진다.

 따라서 선수들은 먼저 자신이 훈련과정에서 뿐만 아니라 일상생활 속에서도 모든 일에 부정적인 태도로 임하고 있지는 않는지 생각해보아야 한다. 만약 자신의 부정적인 태도를 발견하게 된다면 초점과 관점을 전환하여 그것을 가능적 사고로 접근하면서 어떻게 태도를 바꿀지 고민하는 노력이 필요하다.

 중요한 것은 가능적인 태도를 만들어내기 위해서는 가능적 사고를 훈련해야 하는데 구체적인 한 가지 방법으로 긍정적인 언어를 이용할 수 있다. 긍정적인 언어를 일상생활 속에서 반복적으로 사용하게 되면 선수들의 뇌에 긍정적인 언어와 관련된 전용신경회로를 구축하기 때문에 잠재의식에 긍정적인 영향을 미치게 된다.

 긍정적인 언어를 훈련할 때 선수 자신이 의도하는 대로 선명하게 그려지게 하기 위해서는 개인적인 문구를 활용하여 간단하고 활동적이면서 감동적이고 긍정적이어야 한다. 그리고 절대적 사실로 굳어지게 만들기 위해 현재 시제를 사용하는 것이 효율적이다. 예를 들어 '나는 멘탈이 강하며 에너지가 넘치고 있다', '나는 무엇이든 할 수 있는 사람이다', '나는 언제나 긍정적으로 생각한다', '나는 지금보다 더 큰 성취를 이룰 수 있다' 등의 단어를 반복적으로 사용한다.

 가능적 사고는 사고의 확장에 도움이 되는 주변 사람들과 있거나 환경에 노출될 때 더 자동적으로 이루어진다. 따라서 가능적인 생각을 하는 사람을 더 많이 만나고 함께 시간을 보내는 일이 중요하다. 왜냐하면 나쁜 영향과 마찬가지로 좋은 영향도 전염이 되기 때문이다.

반면에 지금의 현상에서 안정을 유지하도록 부여하는 회피적 동기가 강한 사람들과 시간을 보내는 것은 피하는 것이 좋다. 이러한 사람들은 무언가를 새롭게 배우거나 이전과는 다르게 생각함으로써 생기는 불편함을 원치 않기 때문에 도전을 싫어한다.

큰 성취를 이룬 성공한 선수들의 스토리나 비범한 선수들의 전기, 기사들을 읽음으로써 모델링을 통해 가능적인 사고의 영감을 찾도록 동기를 부여하는 것도 좋은 방법이다. 편안하게 지금의 현상을 유지하는 것이 아니라 새로운 가능성을 찾고 그것들을 시도하는 과정에서 오는 불편한 느낌을 즐기는 법을 배우도록 노력한다면 스스로의 잠재능력을 최상으로 이끌어낼 수 있다.

우리의 삶은 물질계의 현실적인 CR적 사고도 필요하지만 정신계의 가상적인 NCR적 사고가 더 중요하다. 왜냐하면 모든 성취결과의 시작에는 NCR적인 우리의 마음이 있기 때문이다. 우리가 그 무엇을 이루기 위해서는 먼저 우리 마음속에 그 무엇을 만들어야 한다.
마음속에 할 수 있다는 가능성의 사고가 만들어지게 되면 현실에서의 원하는 성취를 실현시켜주게 되는 것이다.

# [ 긍정적 사고의 훈련 ]

　생각은 에너지를 가지고 있다.

생각은 뇌신경회로에서 만들어지며 신경회로에서 만들어진 특정한 생각에 초점을 모으고 반복하게 되면 뇌에 굵은 전용신경회로를 구축하게 된다. 원하는 목표나 상태에 생각의 초점을 모으는 순간 우리 뇌가 그 생각과 관련된 화학물질을 분비하고 신경회로를 활성화시켜 생각을 현실화시킬 수 있는 에너지를 동원한다.

　원하는 목표에 초점을 일치시켜 목표가 성취된다는 긍정적인 생각을 반복하게 되면 그 생각은 더 이상 생각으로 멈추어 있지 않고 현실적인 성취를 위한 조건을 만들게 된다. 단지 목표가 성취될 수 있다는 긍정적인 생각을 반복하는 것만으로도 뇌에 구축된 전용신경회로가 활성화되어 현실적인 성취를 실현시켜주게 되는 것이다.

선수가 목적적, 생산적, 가능적 사고를 통해 긍정적인 사고를 할 수 있는 유능한 선수로 성장하기 위해서는 선수 개인에게 맞는 맞춤 멘탈 훈련을 할 수 있도록 전략을 수립하는 것이 필요하다. 긍정적 사고는 반복적인 학습과 경험에 의해 구축된 뇌의 전용신경회로에 뿌리를 두고 있기 때문에 긍정적 사고가 중독된 습관으로 자리 잡게 되면 선수의 느낌과 말, 행동까지도 긍정적으로 변화하게 된다.

이와 같이 멘탈 훈련을 통해 운동수행에 도움이 되는 긍정적인 심리 기술을 습득하는 전략은 대략 세 가지 단계로 나눌 수 있다.

## 1단계

생각은 긍정적인 생각이든 부정적인 생각이든 선수 자신이 선택할 수 있다는 사실을 받아들이는 것이 중요하다. 기존의 반복적인 중독된 생각의 패턴에서 자신의 자유의지로 자유롭게 원하는 긍정적 사고를 할 수 있는 뇌의 선택 기능을 이해하고 그에 대한 믿음을 갖도록 한다.

그러기 위해서는 부정적인 생각이 일어나려고 할 때 즉시 패턴 깨기를 한 후 일시적으로 공백이 생긴 뇌에 원하는 생각을 떠올리게 되면 상태가 바뀌게 되는 원리와 메커니즘을 이해할 수 있도록 반복적인 학습과 훈련을 실시하는 것이 필요하다.

## 2단계

자신의 부정적 사고를 무조건 부정하기보다 그 생각의 뿌리를 이해하고 부정적인 사고가 무엇에 의해 어떻게 유발되는지 알게 함으로써 객관적인 관점에서 부정적 사고를 관조할 수 있게 한다. 관조를 통해 부정적 사고에 융합되지 않고 분리되는 순간 더 이상 부정적 사고에 중독된 패턴을 보이지 않게 된다.

## 3단계

인간의 존재는 생각과 느낌, 말, 행동의 초점과 지속이라고 정의할 수 있다. 초점을 보내는 순간 초점과 관련된 뇌의 전용신경회로가 활성화되고 화학물질이 분비되면서 순식간에 뇌는 초점을 현실로 만들어버리기 때문이다. 그래서 문제를 일으키게 되는 현재의 부정적 사고에 대한 초점을 긍정적 사고로 전환하여 긍정적 상태를 만들어야 하는 것이다.

뇌는 한순간에 한 가지 작업밖에 하지 못한다.

그렇기 때문에 지금 현재의 초점을 원하는 목표가 성취될 수 있다는 긍정적인 생각에 일치시켜야 하는 것이다. 간절히 원하는 목표의 성취

가능성에 대해 반복적으로 생각하게 되면 목표는 어느덧 현실이 된다.


## 훈련전략


코치는 선수들이 어떻게 긍정적인 사고를 가질 수 있도록 코칭할 것인가에 대한 구체적인 전략을 수립하고 실행해야 한다.


### 【모델링 기법을 활용하라】


모델링은 가속 학습의 전략이다. 선수 자신이 닮고 싶은 모델을 만들어 모델링할 수 있도록 멘탈코칭을 반복하게 되면 성공 가능성이 훨씬 높아지게 된다. 선수 자신이 닮고 싶은 모델을 모델링하고 모델과 함께 있으면 자연스럽게 모델이 가지고 있는 좋은 생각과 느낌, 말, 행동을 그대로 닮아가게 될 가능성이 높아진다.

그뿐만 아니라 우리 뇌는 현실과 상상을 구분할 수 있는 기능이 없기 때문에 현실에서 모델과 함께 지낼 수 없다면 모델을 모델링하는 반복적인 심상훈련만으로도 모델을 닮아갈 수 있다. 그러므로 선수가 모델의 긍정적인 사고를 모델링하는 선명한 시각화를 통해 그들의 사고와 태도를 배우는 것이 중요하다.

특히 운동선수들은 코치와 많은 시간을 함께 보내기 때문에 대부분 코치가 선수들의 모델이 되기 쉽다. 코치의 가치관이나 철학, 신념, 목표가 선수들의 거울뉴런에 스캔되어 코치를 그대로 닮아가게 될 가능성이 높아지기 때문이다.

이렇게 중요한 모델 역할을 하는 코치가 만약 모델로서의 모범적인 역할을 제대로 하지 못하고 감정적인 반응을 자주 드러내거나 부정적인 자기 제한 신념에 갇혀있는 경우라면 선수의 미래를 망칠 수도 있다. 이런 경우 선수의 미래를 위해서 다른 모델을 찾아 긍정적인 사고를 받아들이고 변화시킬 수 있게 도와주어야 한다.

## 【조직문화를 확립하라】

대부분 코치들은 선수의 올바른 태도 확립을 위해 예절, 시간 엄수, 복장 규정 같은 지침이나 규칙을 정하고 선수가 지킬 수 있도록 코칭한다. 단체생활에서의 이러한 규칙들이 선수의 바른생활태도 형성과 운동수행 향상에 대부분 도움이 된다. 그래서 규칙을 정할 때 선수의 의견을 반영하거나 함께 동참시키게 되면 규칙에 대한 자발적 준수와 책임감, 의무감이 더 높아진다.

이렇게 코치들이 선수에게 확실한 규칙을 정하는 것과 마찬가지로 선수가 긍정적인 사고를 할 수 있도록 효과적인 생각을 위한 지침이나 규칙 또한 팀 안에 확립하는 것이 중요하다. 그러기 위해서는 정기적인 멘탈코칭을 통해 선수가 긍정적인 조직문화를 수용하고 주도적으로 실천할 수 있게 코칭해주어야 한다.


## 【부정적인 생각을 보편화시켜라】


부정적인 생각이 반복되면 나중에는 부정적인 생각에 대한 또 다른 생각이 꼬리에 꼬리를 물고 일어나게 되면서 부정에 중독된 상태가 된다. 이렇게 위험한 부정적인 생각을 자기 자신만의 문제로 인식하게 되면 그 문제가 더 큰 문제를 일으키게 될 수도 있다. 부정적인 생각은 누구나 할 수 있는 것이며 선수 자신도 예외가 아니라는 사실을 깨닫고 부정적인 생각이 특별하지 않는 것으로 여기게 만들어야 한다.

운동수행능력이 탁월한 세계적인 수준의 선수도 결정적인 순간에 부정적인 생각이 떠오를 수 있다는 사실을 이해하고 자신의 부정적인 생각을 받아들일 수 있는 마음의 쿠션이 필요하다.

멘탈적으로 강한 세계적인 선수들 중에도 일반 선수들과 마찬가지로 경기장에서 부정적인 생각을 떠올리는 경우가 있다는 사실을 알고 자신의 부정적인 생각을 일반화시켜 보편적인 것으로 받아들이게 되면 객관적으로 관조할 수 있게 된다.

관조가 되면 부정적인 생각으로부터 파생되어 생기는 긴장이나 불안, 스트레스 등의 부정적인 반응에서 자유로울 수 있다. 부정적인 사고에 대한 보편화는 선수가 그것을 당연한 것으로 받아들일 수 있도록 도와주어 별것 아닌 것으로 만들고 재빨리 긍정적 사고로 다시 집중할 수 있게 도움을 주게 된다.

## 【생각의 초점에 대한 계획표를 만들어라】

생각의 초점과 관점에 따라 비추어지는 상황이나 상태가 긍정적인 것이 될 수도 있고 부정적인 것이 될 수도 있다. 생각이라는 레이저 빛의 초점이 어떻게 비추느냐에 따라 보이는 모든 것이 달라지기 때문이다. 생각의 선택에 의해 초점이 어디로 향하는가에 따라 부정적인 생각이 주도권을 행사하게 될 수도 있고 반대로 긍정적인 생각이 주도권을 행사하게 될 수도 있는 것이다.

그래서 선수들은 스스로에게 던지는 질문을 통해 자신의 생각이 어떻게 반복되는지 조심스럽게 관조해보아야 한다. 이러한 조심스러운 관조와 질문은 선수가 성공적인 수행의 확신에 초점을 일치시키고 어떤 문제에 직면했을 때 그 문제를 감당할 수 있도록 자신의 생각을 분별

할 수 있으며 합리적 사고를 할 수 있는 능력을 만들 수 있게 된다.

따라서 부정적이거나 반사적이고 제한적인 생각을 걸러낼 수 있게 하기 위해서는 선수 스스로 부정적인 사고와 긍정적인 사고를 구분할 수 있는 능력을 갖게 해야 하는 것이다.

또한 선수들이 부정적인 사고를 하도록 만드는 근본적인 원인에 대해서 정확하고 객관적인 식별을 할 수 있는 합리적 사고가 가능하도록 하는 것이 중요하다. 만약 잘못된 생각이 계속적으로 반복되는 과정에서 부정적 사고에 중독된 패턴을 만들게 되면 그것이 자신의 긍정적인 자원과 에너지를 운동수행에 동원하지 못하게 만들어 부족한 수행으로 이끄는 전형적인 원인이 될 수도 있다.

따라서 긍정적인 사고를 위한 멘탈적인 코칭도 중요하지만 긍정과 부정을 구분할 수 있는 계획표를 만들어 비교함으로써 그것을 합리적으로 식별할 수 있는 능력을 가질 수 있도록 하는 것이 꼭 필요하다.

이러한 긍정과 부정을 비교할 수 있는 계획표를 통해 선수들은 자신의 부정적인 생각을 구분할 수 있게 될 뿐만 아니라 자멸적인 생각이 들게 하는 상황을 식별할 수 있게 되어 문제가 되는 상황을 바꿀 수 있는 적절한 긍정적 생각을 발달시킬 수 있게 된다.

## 【비합리적인 사고를 체크하라】

선수는 자신이 가지고 있는 비합리적 신념이나 부정적인 생각, 감정 등을 식별할 수 있도록 운동 훈련일지나 메모지에 문장 형태로 작성한다. 처음에는 부정적인 생각에 대해 문장 형태로 작성하는 것이 어색하거나 저항심리가 생길 수도 있지만 반복하는 과정에서 부정적인 생각이 둔감해지는 것을 느낄 수 있게 된다. 이 과정이 중요한 이유는 부정적인 생각을 계속 마음에 담아두고 미해결 과제로 남기게 되면 선수 자신을 끊임없이 괴롭히게 될 뿐만 아니라 나중에는 멀쩡한 신경회로까지 오염을 시키기 때문이다.

선수는 자신이 가진 비합리적이고 부정적인 신념을 문장 형태로 체크하여 읽으며 부정적인 생각을 외부로 표출하는 과정에서 불합리한 생각에서 벗어날 수 있게 된다. 이러한 긍정적인 효과가 나타나게 되는 이유는 기억을 외부로 표출하는 과정에서 활성화된 시냅스 연결이 다시 기억화될 때 기존의 배열과 조합을 바꾸어 새로운 기억시스템으로 저장하기 때문이다.

이 과정에서 긍정적인 생각의 필요성을 깨닫게 되면서 초점이 바뀌게 되는 것이다. 이러한 멘탈 훈련을 반복하게 되면 긍정적 사고를 하기 위해 선수들이 어떻게 생각을 해야 하는지 확실히 각인시켜준다.

## 【선택의 필요성을 강조하라】

선수들은 반복적인 훈련을 통해 어느 시기가 되면 체력과 기술, 동작
이 유사성을 가지게 된다. 실제로 올림픽에 출전하는 선수들의 실력은
종이 한 장 차이도 안될 정도로 큰 차이가 없다. 다만 그들이 가진 멘
탈 상태에 따라 운동수행능력과 경기력이 크게 영향을 받아 실제 경기
에서의 실력 차이를 만드는 경우가 많다. 운동선수들의 멘탈 능력은 긍
정적 사고의 중요한 부분으로 경기 현장에서 가장 필요한 생각들의 우
선순위를 매기는 것이다.

예를 들어 생각의 초점을 일치시킬 때 결과목표에 초점을 일치시키기
보다 수행목표에 관한 사고에 초점을 일치시켜야 안정적인 경기를 할
수 있게 된다. 결과목표는 선수가 통제할 수 없는 것이고 수행목표는
선수가 통제할 수 있는 것이기 때문에 두 가지 목표에 대한 우선순위
를 매기는 것이 운동수행과 경기력에 영향을 미치게 되는 것이다.

이처럼 선수가 목표에 대한 생각의 우선순위를 어떻게 매기느냐에 따
라 동원되는 자원과 에너지가 달라지고 현재의 상태도 달라진다.
수행목표에 초점을 일치시키는 생각의 우선순위를 매김으로써 선수들
의 주의집중상태와 에너지 동원상태를 최상으로 세팅할 수 있게 해준
다. 선수들은 훈련과 경기 중에 운동수행과 직접적으로 관련되지 않은
모든 심리적 간섭과 관련된 생각을 완벽하게 차단해야 하기 때문에 우
선순위를 매기는 것이 중요하다.

## 【부정적 사고를 없애라】

운동기술 동작을 정확하게 수행하기 위해서는 수행에 가장 이상적인 사고와 정서상태를 일관성 있게 유지할 수 있어야 한다.

선수가 훈련과 경기 중에 부정적인 사고가 일어나게 되면 즉시 패턴 깨기를 통해 부정적 사고를 멈추고 긍정적 사고로 옮겨가는 유연한 전략을 사용해야 한다.

패턴 깨기는 부정적 사고의 자연적 발화를 진압하는 효과적인 방법이다. 선수가 부정적 사고에 대해 패턴 깨기를 통하여 초점을 전환할 수 있게 되면 이후의 사고가 달라질 수밖에 없다. 그것은 생각의 초점을 보내는 순간 이미 관련된 신경회로가 활성화되면서 화학물질을 분비시키기 때문이다.

## 【긍정적인 언어를 만들어라】

언어는 뇌신경회로와 연결되어 있기 때문에 반복적으로 긍정적인 언어를 사용하게 되면 전용신경회로가 구축되어 생각과 느낌, 행동까지도 모두 바뀌게 만드는 힘을 가지고 있다. 그렇기 때문에 선수들의 전용신경회로에 긍정적 사고를 뿌리내릴 수 있도록 최소한 하나 이상의 긍정적인 언어를 만들어 반복적으로 사용함으로써 긍정적인 사고를 할 수 있게 해주어야 한다.

일반적인 상태에서 선수들은 대개 개인적인 의미를 갖는 언어를 식별 하는데 얼마간의 시간이 걸릴 수도 있다. 그래서 언어가 긍정적 사고에 어떻게 효과가 있는지 선수에게 구체적으로 설명해주고 모델링 기법을 통해 긍정적인 문장을 사용하여 효과를 본 선수들의 예시를 들어주는 것이 도움이 된다.

- 나는 무엇이든 할 수 있다.
- 나는 성공하기 위해 항상 긍정적인 생각을 선택한다.
- 나는 성공을 위해 비판적인 말도 기분 좋게 수용한다.
- 나는 다른 누구보다도 정신력이 강한 사람이다.
- 나는 어떤 시련도 견디어낼 수 있는 강한 멘탈을 가지고 있다.
- 나는 날마다 모든 면에서 점점 더 발전하고 있다.
- 나는 이 경기장에서 최고의 선수이다.

이상과 같은 긍정적인 언어의 예시를 제공해주고 선수 개인에게 필요 한 것을 새롭게 창조하도록 하는 것이 좋다.

# 유능감과 자기개념

운동선수가 자기 자신의 능력이나 존재에 대해 어떻게 생각하고 느끼는가에 따라 유능감과 자기개념이 만들어진다. 유능감은 선수가 자신에 대한 평가 혹은 지각인 통합적 자기개념으로 자신의 능력과 수행에 대한 자신감이며 선수의 긍정적인 신념체계를 형성하여 모든 성취결과를 창조하는 시작이 된다.

에드워드 데시와 리차드 라이언이 1970년대에 제시한 '자기결정이론'은 인간의 가장 기본적인 욕구는 자율성이며 외적동기보다는 스스로 결정한 자발적 선택이 더 큰 힘을 발휘한다는 이론이다. 즉 내적동기에 의해 스스로 동기가 유발된 선수가 주어진 일이나 과제, 기술, 동작, 운동수행에 더 몰입하고 만족감을 얻으며 그것을 잘 수행할 가능성이 높아진다는 것이다.

자기결정이론의 핵심은 인간의 동기를 뒷받침하는 세 가지 중요한 욕구가 있는데 자율성과 유능감, 관계성에 대한 욕구이다.

자기결정이론이 전해주고자 하는 가장 중요한 메시지는 심리적 유능감에 목표를 부여할 때 욕구도 제대로 파악해야 한다는 것이다. 만약 선수의 욕구를 제대로 파악하지 못하게 된다면 선수의 목적지향적 행동이 감소하게 되고 운동수행과 관련된 목표성취와 심리적 발달과 같은 근본적인 주제가 흐려져 선수의 긍정적인 변화와 성장을 기대하기 어렵게 될 수도 있다.

에드워드 데시와 리처드 플레스트는 '마음의 작동법 : 무엇이 당신을 움직이는가'에서 수많은 자기계발서가 외치는 것과는 달리 '동기부여 기법이나 자율성 확보 기법 따위는 없다'고 단언했다. 그들의 주장은 동기부여는 기법이 아니라 내면에서 생기는 것이며 자신을 스스로 책임지고 관리하겠다는 결심에서 동기가 부여된다고 주장한 것이다.

인간은 근본적으로 다른 사람의 지시나 통제에 저항하는 심리를 가지고 있기 때문에 자신의 운명에 대해서도 스스로 결정하고 싶어하는 속성을 가지고 있다. 그 이유는 다른 사람에게 통제받는 존재가 되었을 때 자기결정능력을 상실하게 되어 수동적으로 변하게 되고 유능감과 자존감이 떨어지기 때문이다.

자존감은 사회적 수용과 유능감이라는 두 가지 차원에 기반하고 있기 때문에 유능감이 자신감, 자존감, 동기부여, 사회적 관계능력 등에 중요한 기반이 된다는 것을 알 수 있다. 간단히 정리하자면 유능감은 선수가 어떤 과제를 남들보다 더 잘 할 수 있는 능력을 가지고 있다는 느낌이라고 할 수 있기 때문에 선수의 긍정적인 세상모형을 만드는데 중요한 요인이 된다.

유능감과 관련된 자기개념은 선수가 자기 자신에 대해 스스로 어떻게 평가하는지 자기가 알고 있는 자기 자신을 말한다. 자기 자신에 대해서 느끼고 생각하는 내용이 자기개념이기 때문에 자기개념의 상태에 따라 자신의 생각과 느낌, 말, 행동을 조직하는 독특한 전용신경회로를 구축하게 되는 것이다.

운동학습과 훈련은 끊임없는 반복을 통해 뇌에 전용신경회로를 구축하는 과정이다. 자기개념은 수많은 신경회로 중에서 구축된 전용신경회로에 의해 만들어지기 때문에 '자기 참조 효과'를 일으킨다. 즉 선수가 운동학습과 경험을 할 때 자신과 관련하여 연결을 짓고 무언가를 생각할 때 더 잘 기억되는 경험을 하게 되는 것이다.

예를 들어 '열등감'이라는 단어에 대해 지식적인 개념인 의미기억시스템으로 학습하는 것보다 자기 자신이 가지고 있는 현재의 열등감에 대한 느낌을 떠올리며 자신의 기억에 대입시켜 해석하고 느끼게 되면 연합된 일화기억시스템으로 저장되어 더 잘 기억되는 것이다. 그렇기 때문에 선수의 현재 상태가 긍정적인 전용신경회로를 구축하고 있다면 이후의 모든 학습과 훈련과정이 자기 참조 효과에 의해 긍정적으로 저장되어 더 발전할 수 있게 된다.

운동학습과 훈련과정에서 긍정적인 멘탈 상태를 만들면 여러 가지 환경적 자극과 정보를 긍정적으로 처리하여 자기개념을 더 긍정적으로 달라지게 만들고 세상모형도 긍정적으로 만들게 되는 것이다.

이렇게 반복적인 학습과 경험이 누적되어 만들어진 선수의 세상모형은 근본적으로 생략, 왜곡, 일반화되어 주관적이고 자기중심성을 가지고 있기 때문에 현재의 자신과 관련된 자극과 정보를 우선적으로 찾게 되고 반응하게 된다.

이러한 자기개념에는 현재의 자신뿐만 아니라 과거의 모든 학습과 경험까지 함께 내재되어 있으며 더 넓게는 현재와 과거뿐만 아니라 미래의 상상 가능한 자기까지 포함하고 있다. 이렇게 자기개념에는 현재를 기반으로 과거와 미래까지 자기 안에 포함되어 있기 때문에 그 안에는 자신감과 자존감, 희망, 열정, 행복뿐만 아니라 부정적 정서, 두려움, 불안, 절망, 공포까지 포함하게 된다. 그래서 선수가 자기 자신에 대해 어떻게 평가하는가가 자기 자신의 경험을 결정짓고 미래의 운명까지도 창조하게 되는 것이다.

먼저 자기개념이 긍정적인 선수들이 일반적으로 가지고 있는 공통적인 특징이 있다.

첫째, 자기개념이 긍정적인 선수는 환경 변화에 잘 적응하는 유연성을 가지고 있기 때문에 더 많은 기회를 만나게 되고 성공 가능성도 높아지게 된다. 왜냐하면 긍정적인 세상모형과 자기개념에 부합하는 사람들과 환경적 자원들을 더 많이 만나기 때문이다.

둘째, 동료와 협동하거나 타인의 평가를 받아야 하는 중요한 경기상황에서 과제수행능력이 탁월하다. 특히 단체경기 종목의 경우 팀 동료들과의 라포나 협동, 긍정적인 피드백이 운동수행 향상과 경기력을 높이는 중요한 요인이 된다.

셋째, 정서적으로 안정되어 있어 자신의 실력을 안정적으로 수행할 수 있으며 팀 동료들에게도 우호적으로 행동한다.

반대로 자기개념이 부정적인 선수들이 일반적으로 가지고 있는 공통적인 특징이 있다.

첫째, 팀 동료 및 환경과의 신뢰가 약하기 때문에 사소한 일로 갈등을 겪게 되고 호기심과 실험정신이 부족해지기 쉬워 새로운 도전을 회피하기 쉽다. 자기 자신에 대한 믿음도 약하기 때문에 성공신념이 약화되고 팀 동료들과 코치와의 교류도 제한적이다. 이처럼 자신과의 라포가 약해지게 되면 외부적으로 팀 동료들과 코치와의 라포도 약해질 수밖에 없게 되는 것이다.

둘째, 중요한 과제나 새로운 도전에 대해 부정적인 예상을 하고 실패에 대한 두려움으로 도피와 회피적인 행동을 보이며 실패에 대한 책임을 주변으로 돌린다.

셋째, 정서적으로 불안정하고 자신의 감정조절이 잘 안되기 때문에 과도한 스트레스와 불안 등을 겪게 되면서 음주나 게임, 도박, 약물중독에 노출될 위험성이 높아지게 된다.

# PART 3
# 신경회로 만들기

# 신경계의 구성

흔히 운동을 잘하는 선수에게 운동신경이 좋다는 말을 한다.

여기서 말하는 운동신경은 일반적으로 근육을 지배하고 조절하는 말초신경으로 감각신경에 반대되는 신경이다. 운동신경은 척추동물에서는 뇌척수신경계에 속하며 신체운동을 관장하고 혈관운동신경과 같은 자율신경계의 말초신경으로 볼 수 있다.

인간의 신경계는 중추신경계와 말초신경계로 분류한다.

신체운동은 매우 복잡한 신경계통의 작용과 유기적인 지각 및 동작의 상호작용 속에서 이루어지며 크게 지각시스템과 동작시스템으로 이해할 수 있다. 그리고 운동 과정에서의 모든 정보처리는 위계적 또는 병렬적으로 이루어지고 있으며 지각시스템은 구심성을 가진다.

상위의 신경구조체들은 하위의 신경구조체들이 구심성으로 전해주는 감각정보들을 통합하여 해석하게 되는 것이다. 동작시스템은 원심성으로 상위의 신경구조체들은 하위의 신경구조체들이 운동수행을 할 수 있도록 운동 명령을 계획하고 조직화한다.

중추신경계에 속하는 뇌는 전체 혈류량의 20% 정도를 계속 공급받아야 정상적으로 기능할 수 있을 정도로 신체의 모든 움직임을 통제하고 조종하는 매우 중요한 핵심 기능을 하고 있다. 뇌신경계를 구성하고 있는 신경세포는 정보처리와 정보전달을 담당하는 신경계의 가장 기본적인 단위이다.

뇌의 뉴런에는 유전적인 정보뿐만 아니라 학습과 경험, 피드백 받은 모든 자극과 정보가 들어있으며 그 숫자가 무려 천억 개가 넘는다. 헤아릴 수 없을 정도로 많은 뉴런은 이웃 뉴런들과 시냅스 통로를 통해 병렬적인 조합을 만들어 정보를 교환한다. 하나의 뉴런이 수만, 수십만 개의 다른 뉴런들과 병렬적인 연결을 짓고 전체성을 이루고 있기 때문에 인간의 뇌를 하나의 부분 속에 전체의 정보가 들어있는 홀로그램적으로 보는 것이다.

이와 같이 하나의 뉴런이 이웃 뉴런들과 다양한 연결을 만들게 되는데 이것을 신경회로라고 부르며 신경회로가 뇌 전체의 넓은 네트워크를 형성하는 것을 신경망이라고 한다. 이러한 신경망이 통합된 전체성으로 운동에 관여하게 되는 것이다.

# 뇌의 신경가소성

신경가소성은 어떤 유전자형의 발현이 특정한 환경적 요인에 따라 특정 방향으로 변화하는 성질을 가리킨다. 인간의 뇌가 새로운 학습과 경험, 기억 등에 의해 신경세포 및 뉴런들이 환경에 적응하고 변화하는 능력으로써 시냅스 가소성으로 이해할 수도 있다.

인간의 뇌에는 약 천억 개가 넘는 뉴런이 있다. 뉴런은 하나의 축색돌기와 수만 개의 수상돌기를 갖고 있으며 가느다란 실과 같은 섬유를 통해 다른 뉴런들과 서로 정보를 교환하는데 그 연결을 신경회로라고 한다. 신경전달물질에 의해 하나의 뉴런이 다른 수만 개 이상의 뉴런들과 병렬적으로 신호를 주고받으며 이웃 뉴런들과 비국소성으로 연결되어 정보가 공유된다.

이처럼 하나의 뉴런이 뇌 전체의 다른 뉴런들과 병렬적으로 복잡하게 연결되어 있기 때문에 모든 정보가 연합기억으로 존재한다. 그리고 그 연합기억은 새로운 자극과 정보에 의해 언제든지 새로운 연결을 만드는 가소성을 갖고 있다.

특정한 생각을 떠올리는 것만으로도 우리 뇌는 관련된 신경회로를 활성화시키고 특정한 화학물질을 분비하여 몸 상태를 바꾸게 된다. 생각만으로도 뇌에 엄청난 전류가 흐르고 몸을 생각과 관련된 상태로 통제한다. 그 생각이 의식적이든 잠재의식적이든 상관없이 우리의 몸은 생각에 의해 반응하고 통제당하게 되는 것이다.

이처럼 생각이 신경회로를 강화시키고 화학물질을 분비하여 몸 상태를 바꾸는 강력한 힘을 갖고 있다면 어떤 반복적인 생각을 하느냐에 따라 우리의 마음과 몸 상태, 행동이 직접적인 영향을 받고 통제당하게 된다는 것을 알 수 있다.

만약 부정적인 생각을 반복하면 부정적인 정보가 저장된 뉴런의 연결이 더 많이 활성화되고 그와 관련된 나쁜 화학물질이 분비되면서 순식간에 뇌를 장악해버린다. 그리고 그것을 정상적인 상태로 착각하여 자신의 기저선이 부정적이고 병적인 상태에 고정되어 지속성을 가지게 되면서 부정에 중독된 상태가 된다. 똑똑한 뇌는 생각뿐만 아니라 지각하고 행동하는 모든 것에 반응하며 새롭게 제공되는 자극과 정보에 의해 매 순간 연결패턴을 바꾸는 탁월한 신경가소성을 가지고 있다.

사람들은 모두가 저마다 다른 유전형질을 가지고 태어났기 때문에 유전적인 요인이 초기 뇌의 발달에 영향을 미칠 수밖에 없지만 유전이 절대적인 결정력을 가지고 있는 것은 아니다. 특정한 유전적인 기질과 성향을 가지고 있지만 인간이 가진 자유의지에 의해 얼마든지 더 나은 선택이 가능하기 때문이다. 생각뿐만 아니라 어떤 말을 자주하고 어떤 행동을 반복하는가에 따라 특정한 유전적인 기질을 선택하여 타고난 유전자를 그대로 발현시킬 수도 있고 바꿀 수도 있다.

뇌의 발달과정은 과거에는 대부분 태아 또는 아기 때 결정된다고 보았지만 최근에는 유년기, 청소년기, 성인기, 노년기에 상관없이 어떠한 학습과 경험을 반복하고 다른 사람들과의 관계를 맺는가에 따라 뇌의 발달은 평생 계속되는 과정이라고 본다.

뇌는 현재 상태를 유지하게 하는 일관성을 가지고 있으면서도 변화를 위한 신경가소성과 유연성을 동시에 가지고 있다. 이처럼 우리의 존재는 변화하지 않으려는 일관성과 더불어 상황과 환경에 따라 변화하는 가변성을 함께 가지고 있기 때문에 의식적인 자유의지에 의해 원하는 변화와 성취를 이룰 수 있는 것이다.

우리는 자신이 무엇이 될지를 선택할 수 있는 자유의지를 가진 훌륭한 뇌를 가지고 있으면서 탁월한 선택에 따른 반복을 통해 특정한 영역의 뇌기능을 발달시킬 수도 있다. 새로운 자극과 정보에 반응하는 뇌는 축색돌기와 수상돌기의 연결을 수시로 바꾸는 가소성으로 새로운 신경회로를 생성시키거나 기존의 필요한 회로를 강화할 수 있는 것이다. 반복적인 생각과 느낌, 말, 행동은 선택과 연결에 의해 새로운 신경회로를 생성시키거나 강화하여 자신의 정체성을 만드는 과정이다.

스포츠에서 멘탈 훈련은 뇌에 긍정적인 자극과 정보를 반복적으로 제공하여 원하는 목표를 달성할 수 있는 우수한 뇌로 만드는 과정으로 볼 수 있다. 효율적으로 뇌를 트레이닝시키기 위해서는 생각과 느낌, 말, 행동 등 다양한 방법들을 활용할 수 있으며 이 과정을 통해 반복적으로 사용된 신경회로가 더 강화되고 함께 활성화된다.

예를 들어 골프를 배우거나 훈련을 할 때 고차원적인 기술이나 특정한 동작을 반복적으로 더 많이 훈련할수록 그와 관련된 신경회로가 더 굵게 강화되는 것이다. 이러한 반복적인 훈련과정에서 코치의 언어코칭 및 기술코칭의 내용과 수준에 따라 선수의 경기력 수준을 결정짓는 신경회로의 발달이 더 강화된다.

초기에는 의식적인 긴장과 주의집중이 필요하지만 반복을 통해 신경회로가 광케이블처럼 굵어지게 되면 완전히 자동화되어 의식적 개입 없이도 그 동작이 완벽하게 이루어진다. 훈련과정에서 반복적으로 입력하거나 인출하게 되면 뇌에서는 그와 관련된 특정 신경회로를 강화하여 전체적인 변화를 일으키고 그것을 사실로 받아들여 강한 믿음을 만들어 스스로를 통제하게 되는 것이다.

그렇기 때문에 훈련과정에서 선수의 안정적인 심리상태와 기저선 상태를 유지하는 것이 매우 중요하다. 왜냐하면 훈련과정에서 연합된 정서와 심리상태가 경기에서의 수행에 그대로 반영되기 때문이다.
스포츠는 신체적 움직임을 통해 특정한 뇌신경회로를 활성화시켜 원하는 목표를 이루게 하는 선택과 반복과정이라고 할 수 있다.

# [ 신경의 진화 ]

인간은 끊임없는 진화과정을 거치며 동물과 구분되는 탁월한 능력을 갖게 되는데 그중에서도 뇌의 발달이 진화에 미치는 가장 큰 요인으로 볼 수 있다. 인간의 외형적인 모습은 거의 비슷하지만 뇌의 시냅스 연결 형태는 모두가 다르기 때문에 저마다 다른 존재가 된다.

이처럼 외형상 인간의 두뇌는 거의 비슷한 모양을 띠고 있지만 개인의 타고난 유전적 기질과 성장과정에서의 학습과 경험에 따라 서로 다른 뇌신경회로를 복잡하게 형성하기 때문에 구조가 다른 뇌를 가지게 되는 것이다. 신경진화론은 인간 두뇌의 가소성을 설명해주는 이론으로써 환경이나 상황에 따라 저마다의 학습과 경험이 달라지면서 뇌의 구조도 서로 달라진다고 주장한다.

모든 운동학습과정은 반복 훈련을 통해 특정 신경회로를 활성화하여 함께 발화한 뉴런들의 연결을 강화시켜 전용신경회로를 구축한다.

예를 들어 골프를 처음 배우는 초보자가 정확한 스윙 동작을 수없이 반복하게 되면 스윙과 관련된 특정 뉴런의 연결을 더욱 촉진하게 되어 완벽하게 스윙을 할 수 있게 해주는 자동화된 전용신경회로가 더 굵게 강화되는 것이다.

서로 연결된 회로는 함께 활성화되며 이렇게 활성화된 뉴런은 서로의 연결이 더 굵게 강화되어 의식적 개입 없이도 실행될 수 있도록 자동화된다. 훈련을 얼마나 많이 반복하느냐가 경기력을 결정짓는 요인이 되는 이유가 신경회로의 연결 상태는 많이 사용한 만큼 굵게 강화되어 일관성을 유지하며 자동화되기 때문이다.

굵게 형성된 전용신경회로는 정보간섭 없이 언제 어디서나 일관된 형태로 나타나게 되어 경기력을 높여주게 된다. 훈련은 실전처럼 실전은 훈련처럼 하라는 말에는 평소 훈련과정에서 안정된 수행을 지속할 수 있는 본인의 신경회로를 최상의 상태로 연결하여 강화시키라는 의미가 있다. 이렇게 훈련과정에서 강화된 신경회로가 경기상황에서 일관성 있게 발현될 수 있도록 활성화시켜주는 것이다.

반대로 자주 사용하지 않는 신경회로는 자연적으로 소멸된다.

신경회로는 사용하지 않거나 훈련하지 않으면 연결을 약화시키거나 단절시키기 때문이다. 자주 사용하지 않거나 훈련받지 못한 신경회로는 연결을 축소시키거나 영역을 좁혀 유기적인 운동기술과 수행을 원활하게 하지 못하는 상태로 남게 된다. 그렇기 때문에 잘못된 운동기술이나 멘탈 상태를 긍정적으로 바꾸고 싶다면 새로운 자극과 정보를 반복적으로 제공해주어야 한다. 뉴런의 연결을 반복해서 바꾸어주게 되면 기존의 고착상태를 얼마든지 깨트릴 수가 있기 때문이다.

　탁월한 가소성을 가진 뇌는 새로운 자극과 정보를 제공하고 특정 행동에 대해 반복적인 피드백을 받게 되면 기존의 고착화된 신경회로의 배열을 바꾸는 선택을 하게 된다. 그렇기 때문에 선수가 낯설고 익숙하지 않은 새로운 기술이나 동작을 받아들일 수 있는 수용성과 유연성을 가질 수 있도록 하기 위해서 과제에 초점을 일치시키고 몰입한 상태에서 반복적인 훈련을 해야 한다.

　뇌는 비국소성에 의해 연합기억으로 작동되기 때문에 감각통합능력을 가지고 있다. 즉 하나의 특정 기술이나 동작을 완전히 이해하고 신경회로를 강화시키게 되면 비국소성에 의해 다른 기술과 동작을 하는데도 긍정적인 영향을 미치게 된다.

　운동학습과정에서 한 가지 동작을 완전히 습득하게 되면 신경회로의 강도와 숫자를 확대하여 전체적인 운동수행이 향상되는 것이다.

공부를 할 때 한 가지 지혜를 깨닫게 되면 비국소적인 연합기억에 의해 다른 지식의 체계까지 함께 업그레이드되는 것과 같은 원리이다.

그렇기 때문에 선수의 반복적인 학습과 경험에 의한 부분의 학습이 전체성에 영향을 미쳐 운동실력이 향상되는 것이다.

　예를 들어 골프를 배울 때 새로운 각각의 기술을 반복해서 훈련하게 되면 전체성을 갖게 되어 고차원적인 기술이나 인지능력이 함께 향상된다. 운동학습과정에서 처음에는 반복적인 활동에 필요한 정신적 긴장과 확장, 다양한 시냅스의 생성, 이웃 뉴런들과의 연결 때문에 운동수행을 위한 완전한 전체성을 가지지 못한다.

이 단계는 아직 의식적 개입이 필요하기 때문에 완벽한 기술이나 동작이 안된다. 하지만 반복 훈련을 통해 숙달되면 불필요한 정보간섭을 차단한 상태에서 완전한 전체성을 가지게 되어 자동화된 기억이 만들어진다. 반복적인 훈련을 통해 운동 목표와 수행을 위한 전체성을 가진 내현기억시스템이 만들어지면 몸이 먼저 반응하는 수준까지 되기 때문에 의식적 개입 없이도 원하는 스윙이 자연스럽게 이루어지면서 골프 실력이 향상되는 것이다.

반복적인 운동수행과정은 기존의 신경회로를 강화시키거나 더 많은 연결을 만들뿐만 아니라 새로운 신경회로를 생성시켜 차원이 다른 연결을 확장하기도 한다. 운동기술과 난이도에 맞는 새로운 신경회로를 형성하거나 생성시키는 신경의 진화능력은 누구나 갖고 있는 선천적인 능력이다. 우리는 누구나 선택과 반복 훈련을 통해 원하는 수행 상태를 만들 수 있으며 반복을 통해 진화까지 할 수 있다. 운동학습에서 신경이 진화능력을 갖기 위해서는 반복적인 훈련을 통해 관련된 신경회로를 활성화시켜야 한다. 그래서 반복 훈련이 중요한 것이다.

# 헵의 학습

1970년대에 캐나다의 신경심리학자인 도널드 헵(Donald Hebb) 박사는 중추신경계의 시냅스 연결의 원리에 기반을 둔 기억과 학습이론을 제시했는데 "함께 활성화된 뉴런은 서로의 연결이 강화되며 강화된 연결은 계속 함께 활성화된다"는 헵의 이론이다.

운동학습과정에서 새로운 기술과 전략을 습득한 후 반복 훈련을 통해 그것을 뇌에 어떻게 저장하여 기억하는가에 따라 운동수행이나 경기상황에서 복합적인 신경회로의 연결이 동시에 활성화될 수 있는 통합적인 반응이 달라진다.

헵의 학습이론은 강자가 약자를 돕는 것이다. 새로운 학습과정은 뇌에 저장된 기존의 기억시스템을 활용하는 것이기 때문에 새롭게 입력된 정보는 기존의 기억과 연결되어 강화되고 강화된 연결은 다음에 비숫한 자극과 단서가 주어지면 함께 활성화된다.

예를 들어 배드민턴 선수가 새롭게 테니스를 배운다고 가정해보면 배드민턴을 배웠을 때의 자세와 동작과 관련된 특정 신경회로가 만들어져 있을 것이다. 신체의 균형과 동작, 자세와 관련된 배드민턴 운동신경회로가 테니스를 배우는 과정에서 활성화될 준비를 이미 갖추고 있다. 그 덕분에 배드민턴을 전혀 배우지 않은 선수보다 테니스를 배우는 것이 쉽고 빠를 수가 있는 것이다.

배드민턴을 잘하는 것은 강자이고 테니스를 배우는 것은 약자이다. 이것이 강자가 약자를 도와 새로운 학습을 쉽고 빠르게 해주는 원리이다. 연결이 강화되면 동시에 활성화되고 동시에 활성화되면 서로 연결이 강화된다는 원칙은 새로운 기술을 배울 때도 그대로 적용이 된다. 그렇기 때문에 새로운 것을 학습하기 위해서는 기존의 알고 있는 기억 시스템이 존재해야만 한다.

이처럼 하나의 동작이나 기술에 대한 정확한 신경회로를 형성하는 운동학습은 이후 다른 동작과 기술을 배우는데도 그대로 사용될 수 있는 것이다. 그 이유는 새로운 학습은 이미 존재하는 기존의 신경회로를 활용하기 때문이다. 새로운 것을 배울 때나 익숙하지 않은 것을 배우기 위해서는 기존의 익숙함을 주는 신경회로가 존재해야 한다.

기존의 신경회로가 유전적인 것이든 반복에 의해 학습된 것이든 이미 존재하는 회로가 있어야 새로운 연결을 만들 수가 있게 된다. 결국 기존의 이미 형성된 신경회로가 새로운 운동학습의 성질과 형태를 결정하게 되는 것이다. 한 가지 종목에서 운동신경이 좋은 선수가 다른 운동 종목을 쉽고 빠르게 배우는 것은 기존의 익숙한 운동신경 회로를 활용하여 새로운 학습을 하기 때문이다.

하지만 기존에 존재하지 않는 신경회로라고 하더라도 반복해서 새로운 학습을 하게 되면 신경회로를 굵게 생성시켜 관계있는 신경회로와의 새로운 연결을 강화하여 함께 활성화된다. 그래서 반복 훈련이 중요한 것이다. 뇌는 무엇이든 반복하면 그것을 사실로 받아들여 믿음을 만든다. 믿음이 만들어졌다는 것은 뇌에 그와 관련된 전용신경회로가 만들어진 것이라고 볼 수 있다.

인간의 뇌는 비국소성에 의한 연합기억으로 구성되어 있기 때문에 함께 활성화된 뉴런은 서로 연결이 강화되며 연결이 강화된 뉴런은 다시 함께 활성화되어 완전한 전용신경회로를 구축하여 최상의 운동수행을 위한 상태를 유지시켜준다. 이때 반복적인 훈련과정에서 어떠한 정서적 경험과 심리상태를 반복하는가에 따라 실제 경기상황에서의 경기력으로 나타난다. 그것이 자신감이든 불안이든 경기상황에서의 멘탈 상태는 훈련과정에서 이미 학습된 것에 불과하다.

비국소성에 의해 운동기술과 동작뿐만 아니라 긍정적인 멘탈 상태까지도 반복적으로 연합되어 굵은 신경회로가 형성되면 실제 경기상황에서 긍정적인 성과를 얻을 수 있게 된다. 그렇기 때문에 훈련과정에서 코치의 긍정적인 멘탈코칭능력이 중요한 것이다.

# 선택과 훈련

선택은 가능한 여러 가지 중에서 하나를 택하여 행위를 하거나 반대로 행위 자체를 완전히 거부하는 능력을 뜻한다. 운동수행과정에서도 여러 가지 자극과 정보에 대한 선택뿐만 아니라 특정 자세나 기술, 전술 등의 훈련 강도와 빈도, 시간까지 모두 선택하게 된다.

선택이란 유전적인 것일 수도 있고 반복된 훈련을 통해 이미 존재하는 것일 수도 있지만 여러 가지 신경회로 중에서 특정 신경회로를 활성화하는 것이다. 그것이 선수의 유전적인 것이든 학습과 경험에 의한 것이든 이미 기억되고 있는 고정된 패턴 중에서 운동수행과 경기상황에 가장 적합한 신경회로를 선택하게 된다.

선택이 이미 존재하는 특정 신경회로를 활용하는 것이라면 훈련은 선택된 신경회로를 반복을 통해 굵게 강화시키거나 자동화된 굵은 전용신경회로를 생성시키는 과정이다. 훈련은 운동수행과 경기상황에 가장 효율적이고 적합한 자신의 신경회로를 구성하여 반복을 통해 의식적 관여가 필요없을 때까지 자동화시키는 것이다.

착각의 챔피언인 뇌는 그 무엇이든 반복하면 사실로 받아들이고 그것에 관한 강력한 믿음을 만들어 신경회로까지도 바꿀 수 있는 위대한 가소성을 가지고 있다. 그렇기 때문에 선수는 수행에 긍정적인 영향을 미치는 생각이나 느낌, 말, 행동 등을 반복적으로 해야 한다. 이러한 반복에 의해 운동상황에 가장 알맞은 선택과 훈련을 하는 과정에서 전용신경회로를 형성하여 목표성취에 도움이 되는 일관성 있는 자신의 존재와 상태를 만들게 되는 것이다.

운동은 선택과 반복을 통해 뇌에 새로운 프로그램을 만들게 된다. 신체적인 신경의 발달뿐만 아니라 정서적 경험도 함께 피드백되어 뇌신경회로를 활성화하여 강한 흔적을 남긴다. 이 과정에서 코치의 긍정적인 생각과 말, 행동, 태도 등이 선수에게 직접적인 영향을 미친다. 선택과 반복으로 뇌에 긍정이 프로그래밍되면 원심성에 의해 신체발달을 돕고 그렇게 신체발달이 일어나면 구심성에 의해 뇌에 새로운 기억 시스템을 강화해주는 상보성을 갖게 된다. 그래서 운동수행 향상과 경기력을 높이기 위해서는 선택과 반복이 중요한 것이다.

운동학습은 그것이 유전적이든 환경적이든 특정한 신경회로를 선택하거나 생성시키는 것이며 반복적인 멘탈트레이닝과 신체적인 훈련을 통해 선택한 동작이나 기술을 더욱더 정교하게 프로그래밍시키는 과정이다. 그렇기 때문에 정확한 기술이나 동작이 요구되는 운동 종목과 특정 상황에서 최상의 수행과 성적을 위해 어떤 신경회로를 선택할 것인지와 그것을 어떻게 반복하여 자동화시키는가에 따라 선수의 실력과 경기력이 결정된다.

운동학습과 발전과정은 최상의 선택과 훈련을 통해 더 좋은 결과를 얻는 것이다. 신경과학자들은 유전과 환경이 미치는 영향도 중요하지만 특정 신경회로를 선택하고 훈련하는 과정이 선수의 운동 수준과 실력을 결정하는데 더 중요한 요인이 된다고 주장한다. 과거에는 많은 사람들이 뇌와 신체적인 발달은 유전적으로 결정된다고 믿거나 나이가 들면 발달이 멈추거나 퇴화하게 된다고 믿었다. 하지만 최근 뇌과학과 컴퓨터 기술의 발달로 그 이전에 알지 못했던 뇌와 신체의 가소성과 발달 기능을 알 수 있게 되었다.

뇌의 신경가소성은 유전적 요인과 나이의 영향을 받기는 하지만 선택과 반복에 의해 새로운 신경회로를 만들거나 활성화시킬 수 있다는 것이 밝혀졌다. 뇌와 신체는 선택과 반복에 의해 얼마든지 자신이 원하는 신경회로를 발달시켜서 원하는 운동수행과 경기력 향상이라는 결과를 얻을 수 있다는 것이다.

중요한 것은 어떤 선택과 훈련을 반복하게 하는가의 결정이 코치에게 있다는 사실이다. 선수가 아무리 재능이 뛰어나더라도 잘못된 선택과 반복 훈련을 하게 된다면 자신의 재능을 꽃피울 수가 없기 때문이다.

# 운동과 뇌의 기억

외부의 어떤 자극이 주어지면 감각신경에 의해 감각뉴런으로 정보가 전달되고 뇌의 운동뉴런에서 운동신경에 지시가 내려져 특정한 반응 동작이 일어난다. 모든 운동학습과 기억은 뇌에 통합된 전체성으로 네트워크를 형성하여 유기적인 협업을 통해 활성화 여부를 결정하고 반응하기 때문에 학습한 것은 상황에 따라 원하는 대로 인출하여 반응할 수 있게 된다.

만약 뇌에 학습한 내용이 수용되어 저장되지 않았다면 그것은 학습이 아니라 단순히 스쳐 지나가는 자극과 정보일 뿐이며 그러한 자극과 정보는 전용신경회로에 전혀 영향을 미치지 못한다. 글자를 익히거나 단어를 암기하고 다른 사람의 얼굴을 기억하거나 시간과 공간을 지각할 수 있는 것도 모두 뇌에 과거의 기억시스템과 관련된 전용신경회로가 존재하고 있기 때문에 가능한 것이다.

운동도 마찬가지로 모든 운동기술과 동작, 순서, 기법, 전략 등이 뇌 속에 통합된 전체성으로 기억되어 있기 때문에 필요에 따라 언제든지 인출이 가능하다. 반복 훈련을 통해 뇌에 전용신경회로를 구축하여 관련된 회로 이외에는 차단시켜 최상의 운동수행에 도움이 되는 기억시스템을 만드는 과정이 운동학습이고 훈련이다.

낯설고 새로운 운동기술이나 동작, 연결된 순서를 처음 배울 때 다소 어렵고 생소하게 느껴지는 것은 그러한 것들이 기존의 기억시스템 안에 존재하지 않기 때문이다. 그래서 골프기술과 같은 인체 동작을 처음 학습하여 뇌 속에 기억시킬 때 힘이 드는 것이다.

새로운 운동기술과 동작을 초기에 학습하는 과정에서 다소 이질적이고 생소하게 느껴지게 되어 학습과 기억이 지체되는 것은 지극히 정상적인 반응이다. 왜냐하면 기존의 기억시스템에 없는 새로운 학습과 경험은 뇌에서 많은 에너지를 동원해야 하기 때문이다. 그래서 기존의 기억에 존재하지 않는 새로운 운동학습은 더 많은 시간과 반복 훈련이 필요하다. 새롭게 무엇인가를 배운다는 것은 뇌의 기억시스템과 신경계통의 작용에 의해 이루어지기 때문에 관련된 기억이 존재하지 않는다면 새로운 학습과 기억이 쉽지 않은 것이다.

어떤 운동기술이나 동작을 익히기 위해서 우리는 뇌에 저장되어 있는 기존의 기억시스템을 활용하여야 한다. 그래서 과거의 운동기술이나 동작과 유사한 기억시스템이 뇌에 존재하게 되면 새로운 운동학습과 경험을 하는데 도움을 받을 수 있게 되는 것이다.

신체적 움직임을 수반하는 새로운 운동기술과 동작들은 모두 뇌의 기억시스템과 신경계통의 작용에 의해 이루어지고 그 결과가 통합된 전체성으로 새롭게 저장된다. 이와 같이 우리가 무엇을 알고 있고 할 수 있다는 것은 그것을 학습하여 뇌에 관련된 전용신경회로를 구축하여 기억화시켰다는 것이다.

이렇게 몸으로 익히는 기억시스템을 움직임의 순서로 기억한다고 해서 '절차적 기억'이라고 부르며 정서가 연합되어 강한 전용신경회로를 구축하여 장기기억에 저장시키기 때문에 '일화기억'이라고도 부른다. 반복적인 운동학습을 통해 뇌에 기억되어 있는 기술이나 동작은 특정 신경회로를 재배열시키고 조합하여 전용신경회로를 구축하기 때문에 빠르게 반응하고 실행하는 완벽한 시스템을 구축한다.

우리의 감각기관인 시각이나 청각을 통하여 받아들인 모든 외부적인 자극과 정보는 감각신경을 통해 뇌에 전달되고 뇌는 통합된 전체성으로 이를 분석한다. 물론 이때 먼저 구축된 전용신경회로가 우선적으로 발화되어 다른 신경회로의 발화를 억누르거나 차단시키게 된다. 그래서 이 자극과 정보가 전용신경회로의 기억시스템에 저장되어 있는 것이라면 뇌는 이를 빠르게 인지하고 반응의 내용을 결정하여 운동신경을 통해 근육에 명령을 내린다. 전용신경회로가 얼마나 빠르게 반응하느냐에 따라 운동신경이 좋고 나쁨을 평가받게 되는 것이다.

이렇게 뇌의 명령을 받은 근육은 수축 또는 이완되어 필요한 동작을 만들고 기술을 완성할 수 있게 된다. 이때 만약 뇌에 저장되어 있지 않은 생소한 자극이 주어지는 경우에 뇌는 비교의 근거가 없기 때문에 일시적으로 긴장하거나 당황하게 되어 자극에 필요한 효율적인 기술과 동작을 정확하게 결정하고 반응하지 못하게 될 수도 있다.

물론 새로운 자극과 유사한 기존의 기억시스템이 존재한다면 그 기억을 활용하여 새로운 자극을 분석하고 반응을 하기 때문에 분석과 반응시간이 그만큼 줄어들게 된다.

예를 들어 영어를 배우지 않아 영어를 전혀 모르는 사람에게 영어를 쓰라고 하면 뇌에는 영어에 대한 회로가 존재하지 않기 때문에 영어를 쓰는 것 자체가 어려워진다. 마찬가지로 골프를 전혀 모르는 사람에게 골프 클럽을 주면 어설프거나 막 휘두르는 모습을 볼 수 있다.

골프 스윙에 대한 기억이 완전하지 않기 때문에 완벽한 스윙이 힘들지만 그래도 비슷한 동작을 흉내 내는 것은 뇌에 골프와 관련된 간접적인 관찰학습이 기억으로 남아있기 때문에 가능한 것이다.

불안도 마찬가지로 뇌에 불안과 관련된 전용신경회로가 구축되어 있지 않다면 불안을 느끼는 것이 어려워진다. 왜냐하면 불안도 학습과 경험에 의해 뇌에 전용신경회로가 구축되어 있는 것과 같기 때문이다. 그래서 어떤 코치를 만나 어떤 코칭을 받고 뇌에 전용신경회로를 구축하여 통합된 전체성의 기억시스템을 완성하는가에 따라 우수한 선수와 일반 선수가 결정되는 것이다.

# 내현기억화

    내현기억은 수많은 반복에 의해 의식적 관여 없이 몸이 먼저 반응할 수 있는 상태의 기억시스템으로써 과거의 경험이 현재의 수행에 도움을 주는 상태를 의식하지 못하지만 현재의 행동을 수행하는데 도움을 주는 기억을 말한다. 즉 반복적인 학습과 수행과정에서 의식적 관여 없이 몸이 먼저 반응하는 동물적 감각이 발현되는 상태를 만들어주는 암묵적 기억이다.

    우리 뇌가 가진 별명이 착각의 챔피언이다. 우리 뇌는 그 무엇이든 반복하면 사실로 받아들이고 사실로 받아들인 것에 대해서는 강력한 믿음을 만들어 그 믿음에 스스로 통제당하기 때문에 착각의 챔피언으로 불리는 것이다. 이렇게 반복에 의해 학습된 특정한 기술이나 동작이 내현기억화되면 전용신경회로가 구축되어 수행이 자동화된다.

운동학습도 마찬가지로 뇌의 착각기능을 활용하여 그와 관련된 굵은 전용신경회로를 뇌에 구축하는 과정이다. 끊임없는 반복 훈련에 의해 뇌에 전용신경회로를 구축하게 되면 학습내용이 장기기억 형태의 영구적인 기억시스템을 만들게 되는 것이다.

반복 훈련에 의한 운동학습내용은 특정 신경회로를 활성화시켜 특정 기술과 동작을 일관성 있게 발현시켜주고 운동을 잘 수행할 수 있는 능력을 향상시켜준다. 그렇지만 특정 기술과 동작을 잘한다고 해서 무조건적으로 운동수행을 효과적으로 잘하게 되는 것은 아니다. 왜냐하면 운동수행을 완벽하게 하기 위해서는 심리와 정서가 통합된 전체성을 완성할 수 있어야 하기 때문이다.

일반적인 학습과정에서의 의미기억이나 단순한 동작의 경우 크게 주의를 기울이지 않고도 어떤 경우에는 단 한 번 만에 기억이 되어 기억시스템을 완성할 수도 있다. 하지만 대부분의 운동기술과 동작, 순서들은 끊임없는 반복 훈련을 통하여 특정한 정서와 통합된 전체성을 갖춘 전용신경회로를 구축해야만 완전한 내현기억화가 이루어진다. 이때 구축된 전용신경회로에 의해 내현기억이 어떻게 형성되는가에 따라 선수의 능력이 달라지는 것이다.

우리가 공부를 할 때 영어문장이나 수학공식을 한번 설명 들었다고 해서 그것을 모두 이해하거나 암기하지 못하듯이 운동도 반복적인 훈련을 통해서 뇌에 전용신경회로를 구축하지 못한다면 장기기억시스템을 완성할 수 없게 된다. 예를 들어 골프 스윙은 신체의 반복적인 훈련을 통해 신체 모든 부위가 통합된 전체성을 가지고 유기적인 협업을 할 수 있을 때 완벽한 동작과 기술이 완성되는 것이기 때문에 가장 이상적인 전용신경회로를 구축하는 것이 그 무엇보다 중요하다.

스윙은 같은 동작을 수만 번, 수십만 번 반복적으로 해왔기 때문에 뇌와 신경에 완벽하게 기억되어 전용신경회로를 구축한 것으로 이해할 수 있으며 여기에는 정서도 함께 묻어 있다. 즉 반복적인 운동수행을 통하여 뇌에 광케이블처럼 굵은 전용신경회로를 구축할 때 정서가 함께 코팅되어 뇌와 신경을 연결시키게 된다. 그래서 뇌와 신경에 특정 동작과 기술이 입력되어 장기기억으로 영구히 저장되는 과정에서 함께 기억화된 정서는 자신의 의지와 상관없이 동작과 기술이 재연될 때 함께 활성화될 수밖에 없는 것이다.

운동선수가 가진 높은 특성불안과 상태불안도 뇌에 전용신경회로가 구축되어 내현기억화가된 것으로 볼 수 있다. 그래서 운동학습과 기억 시스템을 신경생리학적으로 알아보는 것이 의미가 있는 것이다.
이러한 기억과정과 구조는 우리의 모든 생각과 행동을 설명해주는 기초적인 정보가 되기 때문에 신경생리학적인 의미가 크다.

우리 몸의 신경계는 뇌와 척수로 이루어진 중추신경계와 그 외의 모든 신경으로 이루어진 말초신경계로 구성되어 상보적 기능을 하게 된다. 그중에서 중추신경계인 뇌세포의 숫자는 약 천억 개가 넘으며 하나의 뇌세포가 다른 수만 개 이상의 뇌세포와 병렬적 연결을 지으면서 개인의 존재와 정체성을 형성하고 있다.

하나의 신경세포는 축색돌기의 끝부분이 다른 신경세포의 수상돌기와 연결을 짓게 되는데 둘 사이에는 시냅스라는 연결통로가 존재한다.

각 신경세포들은 연결부위에 작은 틈이 있어 서로 분리된 상태로 연결을 짓고 있는 것이다. 어떤 자극에 대한 반응을 뇌에서 해당 근육에 보내기 위해 전기적 신호를 신경세포에 전달한다. 전기적 신호가 축색돌기의 끝에 도달하면 화학물질이 분비되어 이를 매개로 하여 전기적 신호가 전달되는 것이다.

이때 연결과정에서 정서가 코팅되기 때문에 어떤 정서를 유지시키는가가 중요하며 역치를 뛰어넘을 정도로 강한 정서는 전기적 신호에 함께 묻어들어가 전용신경회로에 정서적 의미를 강하게 각인시켜 중독된 상태를 만든다. 이렇게 되면 중독된 상태가 활력상태이든 무기력 상태이든 안정된 상태이든 불안한 상태이든 우리의 자유의지와 상관없이 개인의 존재와 정체성을 만들게 되는 것이다. 이러한 상태가 강력한 신념을 형성하게 되면 우리를 완전히 통제하게 된다.

중요한 것은 전용신경회로는 전기적 신호가 어느 수준 이상이 되었을 때만 활성화되므로 자극이 없거나 역치를 뛰어넘지 못할 정도로 미약할 때는 신경전달물질이 분비되지 않아 자극의 전달도 없게 된다는 사실이다. 그래서 정서적 경험이 중요한 것이며 만약 정서적 의미가 약하더라도 끊임없이 반복 훈련을 하게 되면 역치를 뛰어넘는 신경전달물질이 분비되어 전용신경회로를 구축할 수가 있다. 그러므로 어떤 동작이 이루어지기 위해서는 시냅스를 활성화시킬 수 있을 정도의 강한 정서적 자극이나 반복이 주어져야 한다.

자극의 전달시스템 하에서 같은 동작이 반복적으로 수행된다면 동일한 신경회로의 시냅스 부위가 연속적으로 활성화될 확률이 그만큼 높아지게 된다. 자극에 의해 두 개 이상의 신경세포가 동시에 활성화되는 과정이 반복되면 신경전달물질의 방출이 증가하고 시냅스의 접촉면적이 넓어져서 양자 간의 연결이 강화되면서 광케이블과 같은 굵은 전용 신경회로를 구축한다. 이와 같이 두 개 이상의 관련된 신경 마디가 동시에 활성화되거나 신경회로의 연결이 변하는 것을 학습이라고 부르며 학습은 기억이 되는 것이다.

이 과정에서 신경회로 간의 연결이 변하면 이와 관련되는 기술과 동작도 변하게 된다. 골프 스윙에 관한 신경회로의 변화에 따라 골프 스윙도 함께 변화하는 것이다. 즉 골프 스윙을 배운다는 것은 반복 훈련을 통해 뇌의 신경회로를 변화시키는 작업이다. 그리고 안정된 멘탈 상태에서 더 많은 반복 훈련을 통해 스윙과 관련된 전용신경회로를 구축하는 과정이 운동학습이 된다.

이렇게 특정 정서상태에서 반복에 의해 기억된 동작과 기술은 영원히 지워지지 않는 장기기억이 된다. 결국 운동기술과 동작을 완전히 익혔다는 것은 그와 관련된 전용신경회로가 구축되어 완전한 내현기억화가 되었다는 것을 의미한다. 스윙 동작이 완성되었다는 것은 골프 스윙 동작을 생성하기 위한 전용신경회로가 구축되어 내현기억화가 되었다고 생각하면 되는 것이다.

시냅스 연결이 반복적으로 강화된 것이 기억이며 반복 훈련을 통해 기억이 강화된 것은 신경세포 간의 연결이 굵게 구축되어 학습이 이루어졌다는 것을 의미한다. 이렇게 완전한 학습이 되면 몸이 운동기술과 동작을 기억하게 되어 의식적 관여 없이도 일관성 있는 기술과 동작이 자연스럽게 재연되는 내현기억화가 된다.

 이것을 몸으로 익히는 기억이라고 해서 근육기억이라고도 한다. 실제로 근육은 기억능력이 없으므로 근육신경회로에 기억이 된다고 이해할 수 있는 것이다. 이처럼 골프와 관련된 운동기술은 그것에 대한 전용신경회로가 구축되어 학습이 완성되고 내현기억화되는 것으로 쉽게 이해할 수 있다.

 일반적으로 새로운 기술을 익히는데 약 20일 정도 소요되고 기존의 습관화된 동작을 새로운 동작으로 대체하는 데는 약 45일 정도가 소요된다고 한다. 하지만 실제로는 더 많은 시간이 소요되는 이유가 기존의 기술과 관련된 전용신경회로가 구축되어 있다면 강력한 저항이 생겨 새로운 학습이 방해를 받을 수 있기 때문이다.

 결론적으로 정리하면 운동선수의 실력을 결정짓는 핵심은 반복 훈련에 의해 형성된 내현기억이며 모든 내현기억에는 경험 당시에 분비된 화학물질에 의해 발현된 특정한 정서가 묻어있기 때문에 훈련과정에서 어떤 정서상태에서 어떤 반복 훈련을 했는가에 따라 선수의 실력이 결정되는 것이다. 중요한 것은 이러한 내현기억과 전용신경회로는 우리 뇌의 탁월한 신경가소성을 활용하기만 한다면 얼마든지 원하는 상태로 변화가 가능하다는 사실이다.

# 전용신경회로

'무조건 열심히 해라. 열심히 하면 무조건 성공한다'

나는 이 말이 절대적인 진리라고 생각하고 살아왔다. 하지만 지극히 당연하다고 믿어왔던 그 말이 절대적인 진리가 되지 못한다는 사실을 나이가 들어 한참이 지난 후에야 깨닫게 되었다. 물론 아직도 그 말이 부분적으로는 합리적인 이유가 있는 것이 분명히 현실적으로 성과를 내거나 증명되는 부분이 있기 때문이다.

예를 들어 단순한 영어단어나 수학공식과 같이 의미기억으로 남게되는 대부분의 반복학습은 열심히 하는 만큼 그와 비례하여 원하는 성과를 얻게 된다. 그리고 운동선수도 단순한 동작이나 기술 같은 경우 열심히 반복 훈련하는 것만큼의 보상이 주어지기 때문에 그 말이 틀린 것은 아니다. 이처럼 운동학습에서의 반복적인 기술과 동작 연습은 관련된 전용신경회로를 구축하여 영구적인 기억을 만드는 것까지는 절대적인 사실일 수도 있다.

하지만 반드시 전체적인 운동수행과 경기력을 향상시키는데 효과적일 수 있는 영구기억이 되는지는 또 다른 이야기이다.

운동수행은 신체와 심리, 생리적인 조건들이 상호 유기적인 협업을 통해 통합된 전체성을 완성하여 과제수행에 적합한 자원과 에너지를 선택하고 동원하여야 하기 때문이다. 만약 수많은 반복 훈련을 했어도 어느 한 가지의 잘못된 요인으로 전체성에 문제를 일으키는 전용신경회로가 만들어진다면 완전한 운동수행을 위한 기술과 동작에 방해가 되는 심리적 간섭이 생기게 된다.

멘탈코칭센터를 방문하는 선수들 중에는 어릴 때 많은 사람들 앞에서 겪었던 부정적인 경험과 피드백에 의한 나쁜 기억 때문에 시간이 많이 지났는데도 많은 사람들이 보는 가운데 경기를 하게 되면 과거의 부정적 경험이 재연되어 정상적인 수행을 할 수 없는 경우가 있다.

심한 경우 지나친 각성과 불안으로 얼굴이 붉어지고 얼어붙기까지 하는 문제 때문에 힘들어하는 선수도 있다.

이렇게 마음의 걸림돌을 가진 선수들은 자신의 의지와 노력만으로 부정적인 정서와 불안을 극복하는 것이 쉽지가 않다는 것을 잘 알고 있기 때문에 전문가의 도움을 받기 위해 찾아온다. 부정적인 정서와 불안을 일으키는 과거의 잘못된 경험이 조건형성되어 뇌에 전용신경회로를 구축하고 있기 때문에 현재의 부정적인 정서와 불안한 상태를 혼자서 쉽게 바꾸지 못하는 것이다.

과거의 부정적인 기억은 대부분 강력한 정서를 수반하기 때문에 일화기억시스템에 의해 내현기억화되어 자신의 이성적 의지와 상관없이 부정적인 반응을 반복적으로 재연하게 된다. 그래서 잘못된 경험에 대한 부정적 정서는 영구적인 기억시스템을 만들어 쉽게 수정되거나 소멸되지 않게 되는 것이다.

대표적인 멘탈 스포츠인 골프는 전용신경회로를 어떻게 구축하는가에 따라 수행능력과 경기력이 결정된다고 볼 수 있다. 골프의 운동기술과 동작도 마찬가지로 부정적 정서가 연합되거나 잘못된 기술과 동작을 반복하게 되면 그와 관련된 전용신경회로를 구축하게 된다. 이렇게 되면 훈련과 경기 중에 의도하지 않는 미스샷을 반복하거나 각성과 불안 때문에 심신의 부조화와 신체적 경직을 겪으며 일순간에 자신의 멘탈이 붕괴되는 경험을 하게 될 수도 있다.

이러한 잘못된 경험의 기억이 세팅된 부정적인 프로그래밍 상태를 긍정적인 프로그래밍 상태로 새롭게 바꾸기 위해서는 기존의 부정적인 전용신경회로보다 더 강력한 새로운 긍정적인 전용신경회로를 구축하여 활성화시켜야 한다.

인간의 뇌는 한순간에 한 가지밖에 초점을 일치시킬 수 없기 때문에 새로운 초점을 만들어 반복을 하게 되면 뇌에 새로운 전용신경회로를 구축하게 된다. 이렇게 되면 잘못된 기술이나 동작을 일으켰던 과거의 전용신경회로가 더 이상 활성화되지 못하도록 억제시켜버린다. 반복 훈련을 통해 새로운 전용신경회로를 구축하고 강화시키게 되면 그 이전의 잘못된 경험에 의한 기억이 약화되거나 차단되면서 새로운 전용신경회로가 더 많이 활성화되는 것이다.

이렇게 새로운 전용신경회로를 구축해두어도 과거의 부정적 상황과 비슷한 자극이 주어지면 과거의 잘못된 신경회로가 다시 활성화되어 일시적으로 흔들리기도 한다. 하지만 초점이 일치된 새로운 전용신경회로가 더 자주 활성화되기 때문에 금세 안정상태를 회복할 수 있다. 골프 스윙도 반복 연습에 의해 전용신경회로를 형성하는 것이기 때문에 형성된 전용신경회로의 통제범위 내에서 스윙이 나오게 된다.

그래서 처음 배울 때 제대로 코칭을 받는 것이 무엇보다도 중요하다. 대부분 운동을 처음 배울 때는 운동기술이나 동작과 관련된 기존의 신경회로가 존재하지 않기 때문에 훈련을 반복하는 과정에서 원하지 않는 엉뚱한 기술이나 동작이 뇌에 기억될 가능성이 높아진다. 그리고 운동학습 초기에는 전문적인 코칭능력을 갖춘 최고의 지도자를 만나는 것이 쉽지가 않기 때문에 잘못된 경험에 의한 전용신경회로가 구축될 가능성이 더 높아지는 것이다.

이때 만약 신경회로에 기억된 엉뚱한 기술이나 동작을 반복 훈련하게 되면 전용신경회로가 더 굳건하게 구축되어 비교적 영속성으로 유지되는 특성을 가진다. 이렇게 되면 이것을 다시 변경하거나 수정하는데 두 배 이상의 시간과 노력이 필요하며 반복의 횟수와 기간에 따라 더 많은 반복 훈련이 요구된다.

기존의 잘못된 스윙을 바꾸려면 훨씬 더 강력한 전용신경회로를 새롭게 구축하는 반복적인 훈련을 통해 잘못된 스윙을 만드는 전용신경회로를 눌려버려야 한다. 이렇게 구축된 새로운 전용신경회로는 완벽한 스윙을 하는데 동원이 되는 더 많은 회로들과 통합된 전체성을 만들어 운동수행능력을 향상시켜준다.

　이러한 상태를 완벽하게 구축한 상태에서도 경기상황이 나빠지거나 부정적인 외부 자극에 따라 과거의 잘못된 경험에 의해 형성되었던 전용신경회로가 또다시 복원될 수 있는 가능성은 여전히 존재한다. 왜냐하면 과거의 잘못된 스윙은 완전히 지워진 것이 아니라 장기기억에 억압된 상태로 남아 새로운 자극만 주어지면 언제든지 재연될 준비를 하고 있기 때문이다.

　과거의 나쁜 기억은 오랜 기간 반복되어 전용신경회로를 구축하여 자동화된 상태이기 때문에 뇌에서는 편안하고 익숙한 것으로 여겨 언제라도 다시 과거의 나쁜 상태로 회귀할 준비를 하고 있다. 그래서 반복에 의해 형성된 습관을 제2의 천성이라고 부르기도 하며 중독이라고 표현하기도 하는 것이다.

　잭 니클라우스는 톱 오브 스윙에서 오른쪽 팔꿈치가 몸 밖으로 과도하게 떨어지는 현상을 교정하면서 "스윙 교정은 결코 즐거운 경험이 아니었다. 많은 시간과 노력이 필요하기 때문이다"라고 말했다. 골프 프로선수들이 투어 중에 스윙 교정을 하지 않는 것은 누구나 아는 상식이며 시즌 종료 이후에도 스윙폼을 바꾸는 경우에 너무나 많은 시간과 노력이 요구된다는 사실을 잘 알고 있을 것이다.

　중독된 습관은 전용신경회로에 의해 형성된 것이기 때문에 쉽게 변화하지 않는 일관성을 가지게 된다. 그래서 처음 배울 때 제대로 배우는 것이 가장 중요하다. 타이거 우즈나 데이비스 러브 3세 등도 스윙 교정에 2년 이상의 시간이 필요했다고 한다. 이러한 사실은 반복에 의해 굳어진 전용신경회로를 바꾸는 것이 그만큼 어렵다는 것을 말해주고 있는 것이다.

그렇기 때문에 운동을 처음 시작할 때나 새로운 기술과 동작을 학습할 때 정확하게 코칭해줄 수 있는 훌륭한 코치를 만나 정확히 배우는 것이 가장 중요하다. 우리 속담에 세 살 버릇 여든까지 간다는 말은 바로 반복에 의해 전용신경회로가 만들어졌다는 뜻이다. 처음 배울 때 코치로부터 정확한 운동원리와 동작, 폼, 기술을 배우게 되면 반복 훈련을 통해 스윙이 원하는 만큼 향상될 수 있다.

그러나 처음 잘못된 코칭에 의해 신경회로를 형성한 다음 반복 훈련을 통해 강화시키는 것은 엉뚱한 전용신경회로를 구축하는 실패전략에 최선을 다하게 된다. 이렇게 실패전략을 선택하여 실패전략에 최선을 다하게 된다면 실패라는 결과를 얻게 될 뿐이다. 이것은 골프뿐만 아니라 모든 운동학습에 적용되는 원리이며 생활 속의 예절, 인성, 언어습관, 태도, 가치관, 신념, 태도 등이 형성되고 내현기억화되는 과정과도 같은 것으로 볼 수 있다. 그래서 운동학습과정에서 훌륭한 코치를 만나 정확하게 배우는 것이 가장 중요한 것이다.

# 운동기술 습득

  어릴 때 배웠던 자전거 타기나 수영 등은 전용신경회로에 의해 장기기억으로 저장되기 때문에 오랜 세월이 지나도 쉽게 망각되지 않고 필요할 때 언제든지 재연할 수 있다. 운동학습은 느낌이 있는 일화기억시스템으로 장기기억에 저장되어 오랜 시간이 경과되어도 자유롭게 회상하거나 재연이 가능하기 때문이다.

  운동학습을 통해 반복적인 훈련을 하게 되면 전용신경회로를 구축하여 내현기억화시키기 때문에 의식적 개입 없이도 실수 없이 기술과 동작을 잘 수행할 수 있게 된다. 걷기나 달리기, 씻기, 밥 먹기 등의 동작등도 마찬가지로 특별한 장애가 없다면 살아가는 동안 아무런 의식적 관여 없이도 자연스럽게 잘할 수 있는 것들이다.

  우리 뇌는 처음에 배울 때는 다소의 시간이 걸리고 어느 정도 이상의 주의집중상태를 요구하지만 그것을 반복해서 학습하거나 훈련을 하게 되면 그것과 관련된 전용신경회로를 구축하기 때문에 의식적 차원의 주의집중 없이도 수행이 자동화된다. 뇌에 굵은 전용신경회가 구축되면 이후에는 특별한 주의집중의 노력 없이도 그 동작과 기술을 완벽하게 재연할 수 있는 것이다.

운동 종목마다 서로 다른 특성이 있기 때문에 운동학습에 요구되는 주의집중의 양과 노력, 투입되는 시간이 다르다. 단순한 동작이나 기술 같은 경우 몇 번 만에도 쉽게 따라 하면서 뇌에 전용신경회로를 구축할 수 있다. 그리고 신체 부위가 사용되는 형태에 따라서도 운동학습에 투입되는 주의나 노력, 시간 등이 달라진다.

예를 들어 오른손잡이의 경우 오른손을 왼손보다 더 많이 사용하기 때문에 신경회로가 왼손보다 상대적으로 더 발달되어 있어 정교하고 강력한 동작을 안정적으로 수행할 수 있다. 그래서 많이 사용하여 익숙한 오른손으로 학습할 때보다 왼손으로 학습할 때가 더 많은 주의와 노력, 시간이 필요한 것이다. 이 원리를 활용하여 의도적으로 왼손으로 하는 훈련을 반복하면 주의집중능력을 향상시킬 수 있게 된다.

그리고 이러한 원리로 본다면 왼손을 오른손보다 더 많이 사용하게 되면 오른손과 비슷한 수준의 기술과 동작을 수행할 수 있게 된다는 결론을 얻을 수 있다. 반복을 통해 신체를 더 많이 사용함으로써 관련된 신경회로가 더 많이 발달하게 된다면 강력하고 정교한 동작을 자유롭게 수행할 수가 있는 것이다.

멘탈 스포츠인 골프는 단순히 손과 팔만 사용하는 운동이 아니라 평소에 잘 사용하지 않는 히프나 몸통의 회전이 수반되어야 하므로 더 많은 반복 훈련이 필요하다. 골프를 처음 배울 때 어려움을 겪게 되는 것은 골프의 기술 및 동작과 유사한 움직임을 평소에 잘 사용하지 않아 뇌에 관련된 신경회로가 존재하지 않기 때문이다.

그래서 태어날 때부터 골프를 잘하는 사람이 있는 것이 아니라 반복적인 훈련을 통해 골프를 잘하는 사람이 만들어지는 것이다.

다르게 말하면 누구든지 정확한 코칭을 받으며 반복적인 훈련을 하게 되면 골프를 잘할 수 있다는 이야기이다. 골프뿐만 아니라 다른 모든 스포츠에서도 운동학습에 투입되는 주의집중의 양과 노력, 시간에 따라 수행능력이 향상될 수 있다.

골프가 히프나 몸통을 활용하는 중심운동이기 때문에 반복적인 훈련을 통해 몸으로 익히는 과정에서 뇌에 전용신경회로를 구축하여야 하는 것이다. 우리가 일상생활 속에서 무엇인가를 학습하거나 운동을 배운다는 것은 그 기술과 동작, 순서에 대한 신체의 협업시스템을 만들고 뇌에 그와 관련된 전용신경회로를 구축하는 과정이다. 어떤 스포츠 종목이든 전용신경회로가 구축되면 의식적인 주의집중이 생략된 상태에서도 자유롭게 수행이 가능해진다.

# 운동 전용신경회로 만들기

어떤 운동의 동작과 기술, 전술, 절차 등을 새롭게 학습하고 반복적으로 훈련한다는 것은 그것에 대하여 중추신경계에 전용신경회로를 굵게 구축하고 말초신경계의 근육을 발달시켜 두 신경계가 상보적 관계 속에 최상의 수행을 할 수 있게 하는 과정이다. 이처럼 운동을 학습하고 반복적으로 훈련을 하는 목적은 뇌에 전용신경회로를 구축하여 몸의 운동수행능력을 향상시켜 수행이 자동적으로 이루어질 수 있게 만들기 위한 것이다.

예를 들어 이미 대중스포츠가 되어버린 골프를 학습하는 과정에서도 마찬가지로 골프 스윙에 관련된 핵심적인 부분에 대해 뇌에 전용신경회로를 구축하고 몸으로 익혀 스윙을 자동화시키는 것으로 이해할 수 있다. 뇌에 구축된 전용신경회로는 불필요한 저항이나 심리적 간섭을 차단하여 목표한 과제를 성취할 수 있게 완벽한 수행을 할 수 있도록 하는 자동화된 패턴이다. 운동학습과 반복적인 훈련은 중추신경계에 전용신경회로를 구축하고 그것과 관련된 말초신경계의 특정 근육 부위를 발달시켜 최상의 운동수행을 할 수 있게 하는 것이다.

말초신경계의 완벽한 운동수행이 반복되면 처음에 구축된 수행과 관련된 전용신경회로가 다시 강화되면서 안정된 운동수행이 일관성을 갖게 된다. 이 단계가 되면 중추신경계와 말초신경계가 완벽한 화음을 이루어 수행을 자동화시킨다. 아무런 의식적 개입없이 감각적으로 하는 단계가 되는 것이다.

운동학습 초기에는 손과 팔이 주도적 역할을 하려고 하지만 반복적인 트레이닝을 통해 몸 전체가 하나로 작동되는 완벽한 협업시스템을 구축하게 된다. 우리가 일반적으로 손과 팔로 하는 동작은 큰 어려움 없이 쉽게 수행을 할 수 있다. 그 이유는 손과 팔은 반복적으로 자주 사용하여 전용신경회로가 잘 구축되어 있기 때문이다.

하지만 어떤 운동 종목이든지 동작과 기술이 신체 특정 부분만 동원되는 경우는 거의 없다. 단순한 동작이나 기술은 특이성을 가지고 특정 신체 부위만 동원되기도 하지만 대부분의 운동기술과 동작은 신체가 전체성으로 유기적인 협업을 통해 이루어진다.

특히 골프와 야구 같은 중심이동 운동은 손과 팔뿐만 아니라 어깨, 허리, 다리 등을 모두 사용하기 때문에 완전한 협업이 중요하다. 그래서 골프를 처음 배우는 사람들이 골프가 어렵다고 하는 것이다. 그뿐만 아니라 완벽한 운동수행을 위해서는 신체 움직임과 마음의 조화와 일치도 매우 중요하다. 양자적 관점에서 보면 신체에 마음이 있고 마음에 신체가 있기 때문에 어느 하나에 문제가 생기면 나머지 하나도 문제가 생길 수밖에 없는 것이다. 이것이 마음과 신체의 조화와 협업이 중요한 이유이다.

이처럼 마음과 몸은 심신상관성에 의해 하나의 시스템으로 작동되기 때문에 심리적으로 지나친 각성과 불안이 생기면 신체 특정 부위를 경직시켜 완전한 신체의 협업시스템이 무너지게 되면서 수행에 문제가 생기게 된다. 그렇기 때문에 완벽한 스윙을 하기 위해서는 신체의 협업시스템과 더불어 마음과 몸의 협업시스템도 완벽하게 만들어야 하는 것이다. 마음과 몸은 구분은 할 수 있으나 분리될 수 없는 하나의 시스템이기 때문에 완벽한 협업을 통해 하나가 되어야 한다.

스포츠 선수들이 멘탈코칭센터에서 멘탈 상담과 훈련을 하는 이유는 마음과 몸이 완벽한 협업 상태에서 최상의 운동수행을 통해 최고의 결과를 얻기 위해서이다. 심리적 안정감과 유연성을 향상시키는 멘탈 훈련을 통해 마음과 몸이 협업을 통해 완벽한 수행을 할 수 있는 전용신경회로를 구축한다면 최상의 경기력으로 원하는 목표를 성취할 수 있게 된다.

# 학습과 기억

운동학습은 반복적인 훈련 또는 경험의 결과로 나타나는 마음과 행동의 비교적 영구적인 변화이다. 이 변화는 시냅스에 의한 뉴런간의 연결인 신경회로에 의해 일어난다. 뉴런간의 연결이 강화된 것이 기억이 되는 것이며 학습과 기억은 순환적 관계이다.

학습은 기억으로 가는 디딤돌이 되며 모든 학습은 기억을 토대로 이루어진다. 기억은 학습한 것을 저장하는 능력이기 때문에 기억이 없는 학습은 아무런 의미나 가치가 없다. 그리고 학습이 없는 기억도 존재하지 않는다. 스포츠에서 지각과 경험, 피드백, 행동은 학습된 기억시스템을 활용하는 것이다.

경기나 운동학습과정에서 자극과 정보, 경험, 피드백을 어떻게 제공하느냐에 따라 선수의 지각이 달라지며 그 지각에 의해 신경회로가 활성화된다. 이때 비정상적인 지각은 선수의 경험과 기억을 왜곡시킨다. 만약에 실수나 패배에 대한 비정상적인 지각과 피드백에 의한 왜곡으로 심리적 부조화가 생기게 되면 감각 수준을 넘어 뇌의 통합적 인식과 해석까지 잘못된다.

인간의 뇌 구조를 컴퓨터와 비교해서 간단하게 이해하면 '입력-저장-출력'의 과정으로 설명할 수 있다. 자극과 정보가 어떻게 지각되어 입력되고 피드백되는가에 따라 자신의 현재 상태를 만들고 현재 상태에 따라 새로운 입력과 출력이 이루어지기 때문에 인식과 해석에 의한 입력, 저장, 출력과정이 중요한 것이다. 그중에서도 뇌의 정보처리과정은 현재의 마음상태에 따라 생략, 왜곡, 일반화의 여과과정을 거치기 때문에 현재의 마음상태를 형성하는 인식과 해석을 바탕으로 하는 입력과정이 가장 중요한 역할을 한다.

인간의 뇌는 일관성을 유지하려는 놀라운 능력을 가지고 있다. 그 이유는 이전의 학습과 경험에 의해 입력된 정보가 특정한 신경회로를 굵게 형성하고 있기 때문이다. 이러한 신경회로는 폭넓은 네트워크를 만들어 이웃 뉴런들과의 더 많은 연결을 강화하여 자신만의 특별한 존재와 정체성을 만들게 된다. 그래서 반복적으로 제공된 정보나 훈련, 충격적으로 입력된 경험에 대해서는 연결 상태를 굳혀 일관성을 계속 유지하게 되는 것이다.

이러한 일관성은 필요 없는 정보를 소외시키거나 차단하게 되면서 새로운 변화를 거부하기 때문에 정보간섭을 받지 않는 긍정적인 효과를 가져오게 된다. 그것이 긍정적인 운동 결과를 얻게 해준다면 일관성을 갖는 것이 절대적으로 도움이 되지만 현재의 상태가 운동수행 향상과 경기력에 도움이 되지 않거나 정체를 가져오게 만든다면 변화를 위한 반복적인 입력을 통해 새로운 일관성을 만들어야 한다.

나쁜 습관이나 긴장, 불안 등의 심리적인 문제뿐만 아니라 신체적인 동작이나 기술, 자세 등의 잘못된 특정 패턴이 반복해서 형성되면 신경시스템은 완전히 고착화되고 확고해진다. 이러한 결과는 헵의 이론에 의해 함께 발화된 뉴런의 연결이 굵게 강화되고 강화된 회로는 함께 활성화되어 완전한 자동화가 이루어지기 때문이다.

과거의 반복된 운동학습과 경험은 다음의 운동학습과 경험하는 방식을 결정하게 된다. 일관성 있는 지각은 기존의 기억시스템을 활용하여 이후의 경험을 일관성 있게 유지시켜준다. 특정 근육이 특정 운동에 무의식 상태에서 자동적으로 반응하듯이 신경회로가 굵게 강화되면 자신의 의식과 관계없이 자동적으로 반응하게 되는 반사적 반응이 일관성 있게 나타나는 것이다.

과거에 먼저 입력된 정보가 자리를 잡아 특정한 신경회로를 만들게 되면 고정관념에 의해 뇌는 일관성을 갖게 되고 과거의 경험이 재현될 것이라는 예측을 하게 된다. 이렇게 되면 과거와 다른 새로운 자극과 정보에 둔감해지거나 저항하는 상태를 만든다.

만약 잘못된 학습과 훈련으로 왜곡된 신경회로가 형성되어 있다면 새로운 정보와 경험, 피드백을 반복해서 제공해주어야 한다. 그것이 심상훈련이든 실제 경험이든 상관없이 새로운 입력을 반복하여 뇌의 상태를 바꾸어야 하는 이유이다.

# 기억과 운동수행

인간의 모든 사고와 가치는 물론이고 다른 사람들과의 소통이나 행동은 뇌의 기억시스템이 존재하고 있기 때문에 가능하다.

만약 기억이 없다면 우리는 매번 새로운 환경에 노출될 때마다 처음부터 모든 것을 새롭게 학습해야 한다. 다행히 인간은 학습과 경험, 피드백을 통하여 뇌에 수많은 기억들이 저장되어 있다. 운동학습과 반복은 특정 기억을 강화하여 특정한 신경적 반응을 자동화할 수 있도록 프로그래밍시키는 과정이다.

기억은 뇌에 단순히 저장만 되어있는 것이 아니다. 오랜 시간의 흐름 속에서 학습과 경험을 통하여 저장된 정보를 지속적으로 보유하며 다양한 상황에 적절히 활용할 수 있도록 편집해주기도 한다.

기억시스템은 정보의 양과 시간, 유형에 따라 구분이 된다. 먼저 저장할 수 있는 정보의 양과 시간으로 구분을 할 수 있다.

첫째, 감각기억의 영역이다. 뇌는 두개골 안에 자리 잡고 있기 때문에 외부의 자극과 정보는 다섯 가지 감각신경을 통해 입력되어 처리되며 아주 짧은 시간 동안에 많은 양의 정보가 감각기관에 저장된다. 이렇게 입력된 대부분의 감각정보는 수초 안에 사라지며 특히 새로운 정보가 유입되면 쉽게 삭제된다.

둘째, 단기기억으로서 의식적 영역이다. 시간과 공간의 제한 때문에 대부분의 정보를 생략시킨다. 감각기관을 통해 들어온 정보는 약 10~20초간 유지하며 너무 많은 정보가 입력되기 때문에 대부분의 정보를 생략하며 필요한 정보만을 선택하여 처리한다. 단기기억에서 저장할 수 있는 용량은 7±2 정도로 제한되어 있으며 단기기억에 저장된 정보는 충격적이거나 반복해서 들어온 정보 외에 생소한 정보는 암송하지 않으면 잊어버리게 된다.

셋째, 장기기억으로서 잠재의식적 영역이다. 단기기억에서 저장된 정보는 인지적 처리과정을 거쳐 영구적인 정보의 저장창고인 장기기억에 입력되어 다른 다양한 정보들과 연결된다. 장기기억은 용량의 제한이 없으며 훈련을 통해 특정 기억을 활성화시키게 되면 필요한 상황에서 언제든지 자동적으로 사용할 수 있게 된다. 운동학습과 훈련은 장기기억에 특정 뉴런의 연결을 강화하여 자동화된 패턴을 만드는 것이다.

다음으로 정보의 유형에 따라 구분할 수 있다.

첫째, 일화적 기억이다. 일화기억은 개인이 경험한 운동과제에 대하여 그것을 언제, 어떻게 경험하였는지를 구체적으로 영상과 같은 형태로 보유하는 것이다. 기억시스템은 경험 당시의 감정과 정서가 함께 저장되어 있어 잘 잊혀지지 않는다. 신체적인 움직임에 의한 운동학습은 일화기억시스템에 많이 의존한다.

둘째, 절차적 기억이다. 절차기억은 수행하는 운동과제가 어떤 순서나 절차에 의해서 진행될 때 사용할 수 있는 정보를 저장한다. 학습한 운동과제를 어떠한 순서와 절차로 진행해야 하는지에 대한 정보가 저장되어 있다.

셋째, 어의적 기억이다. 운동수행과 관련된 일반적이고 체계적인 지식을 보유하는 것을 말하며 의미기억이라고도 한다. 새로운 운동기술을 처음 배울 때는 어떻게 움직여야 되는지에 대하여 일화적 기억이나 어의적 기억의 정보를 많이 활용하게 되고 반복학습이 이루어지게 되면 절차적 기억의 정보를 사용하여 의식적 주의 없이도 자동적으로 운동수행이 이루어지게 된다. 예를 들어 태권도 선수가 품새를 처음 배울 때는 품새에 대한 이론적인 학습과 일화적 기억시스템에 의존하지만 반복 훈련을 통해 절차적 기억을 형성하게 되면 눈을 감고도 품새를 완벽하게 할 수 있는 것이다.

이와 같이 운동학습과 훈련, 피드백은 특정 기억시스템을 강화하여 자동화된 신경회로를 발달시키고 운동 목표를 성취하는데 최적의 상태를 일관성 있게 지속시키는 과정이다.

# 기억의 저장

1970년대 초 심리학자 엔델 털빙은 기억을 의미기억과 일화기억으로 구분하였다. 의미기억은 새로운 정보를 하나의 개념으로 받아들이고 이해하는 것을 말하며 일화기억은 경험을 통해 감각과 정서가 깊이 관여되어 저장되는 것을 말한다.

의미기억은 운동지식을 습득하여 효율적으로 운동수행을 할 수 있게 뇌에 신경회로를 생성시키는 의미를 가지고 있다. 운동학습을 위한 이론적 토대를 형성하여 학습과 행동을 원활하게 할 수 있도록 도움을 준다. 이러한 의미기억은 많은 지식과 정보를 축적하여 뇌에 다양한 신경회로를 만들며 더 나은 선택과 행동을 할 수 있는 유연성을 높여주게 된다. 의미기억은 반복 훈련을 통해 뇌의 장기기억에 고스란히 저장되며 다양한 신경회로를 만들어 수용성과 유연성을 향상시킨다. 이론적 토대가 되는 의미기억의 도움을 받아 일화기억에 관한 학습이 효율적이게 되는 것이다.

일화기억은 사람이나 사물, 장소, 시간 등과 관련된 경험한 일들에 대해 느낌으로 저장하여 장기기억으로 유지할 가능성이 높다. 감각을 통한 경험은 느낌과 정서를 함께 기억하기 때문에 신경회로가 훨씬 강하게 형성되어 장기기억이 되는 것이다.

어릴 때 배웠던 수영과 자전거 타기를 오랫동안 하지 않다가 10년이 지난 후에도 수영과 자전거 타기를 할 수 있는 것은 운동학습이 일화기억시스템으로 저장되어 굵은 전용신경회로를 형성했기 때문이다.

과거에 우승했던 기억을 회상하는 것만으로도 우승 당시의 정서와 신체적 상태를 다시 느끼거나 자신감이 충전된다. 그것은 기억을 회상할 때 기억 당시에 함께 연합되고 저장되어 있는 감정과 정서가 재연되기 때문에 일어나는 현상이다.

의미기억은 일화기억에 도움을 주는 이론적 토대가 되며 일화기억은 의미기억을 경험화하여 자신의 지혜로 내면화할 수 있게 도와준다.

이러한 두 가지 기억을 만드는 경험은 의식적인 인식을 통한 외현기억의 범주로서 의식적 개입에 의해 표상이 가능하다. 예를 들어 '나는 골프가 재밌어', '나는 모든 일에 최선을 다하겠다' 등의 말은 의식적으로 언제든 떠올리거나 선언할 수 있다.

단기기억과 장기기억도 의식적인 노력으로 언제든지 표상이 가능한 외현기억의 범주에 속하는 것이다. 이러한 외현기억과 반대되는 개념이 내현기억이다. 내현기억을 만들기 위해서는 마지막 학습단계인 외현기억을 통해 학습한 것을 의식적인 개입 없이 자동적으로 표출시킬 수 있도록 신체를 트레이닝시켜야 한다.

반복적인 신체훈련과 멘탈트레이닝을 하게 되면 몸과 마음, 의식과 잠재의식이 자연스럽게 일치되어 내현기억시스템이 된다. 골프 스윙을 할 때 동작 하나하나의 메커니즘을 생각하고 기술을 분리해서 의식적으로 하면 스윙이 엉망되는 이유는 내현기억시스템이 만들어져 있지 못하기 때문이다.

만약 일상생활에서 별도로 의식적 주의를 기울이지 않고 자연스럽게 하고 있는 걷기나 달리기를 순서와 절차, 방법 등을 의식하면서 한다면 제대로 걷거나 달리기를 하지 못하게 된다. 그리고 말을 할 때 단어 하나하나의 뜻을 분석하면서 의식적으로 한다면 심하게 더듬거리거나 문장의 맥락이 단절되고 말 것이다. 다행히 이러한 것들이 모두 내현기억화되어 있기 때문에 우리는 아무런 의식적 개입 없이도 자연스럽게 일상생활을 할 수 있게 된다.

스포츠에서는 정확한 자세와 동작, 기술을 하나의 전체성으로 완성하는 신경회로를 강하게 형성하여 수천 수만 번의 반복을 통해 내현기억화시켜서 의식적 개입 없이도 완벽한 수행이 가능하게 만든다. 이렇게 내현기억화 상태가 되면 특별한 의식적 주의 없이도 그 동작과 기술을 완벽하게 수행할 수 있기 때문에 주의의 용량을 효율적으로 사용할 수 있다. 이러한 내현기억이 안정된 일관성을 가지고 반복되면 그것이 선수의 실력이 되는 것이다.

여기에서 가장 중요한 것은 바로 멘탈적인 문제이다. 내현기억화 과정에서 반복적인 좌절이나 실패, 실패에 대한 처벌이나 처벌에 대한 두려움, 과한 심리적 기대나 결과 예측에 의한 각성된 정서반응 등이 함께 융합되면 중요한 경기에서 각성과 불안이 증폭되어 자신이 가진 실력의 절반도 사용하지 못하는 멘탈적인 문제를 경험하게 된다.

훈련 때는 자신의 실력을 충분히 발휘하다가도 중요한 대회에 나갈 때마다 지나친 긴장과 불안을 느끼는 선수는 과거에 경기 결과에 대한 부정적 피드백에 의해 부정적인 정서가 내현기억화되어 있기 때문이다. 이런 선수들은 수행목표나 과정목표보다 결과목표에 초점을 더 많이 맞추기 때문에 과거의 부정적 경험을 재연하게 되는 것이다.

반복을 통해 기억이 암묵적이 되는 과정에서 잘못된 코칭에 의해 각성과 불안이 함께 융합되는 경우도 있고 선수가 본래 갖고 있었던 심리적인 불안이나 성격적 특성 때문에 부정적인 내현기억이 만들어질 수도 있다. 이렇게 반복에 의해 부정적 기억이 암묵적이 되면 어떤 과제나 행동, 환경에 대한 심리적, 생리적 반응이 저절로 활성화되어 의식적 통제가 불가능해진다. 그래서 스포츠에서 멘탈이 차지하는 비중이 절대적이라고 하는 것이다.

오랫동안 반복 훈련을 해온 엘리트 선수들의 체력과 기술, 전략은 큰 차이가 없다. 그런데도 우수한 선수와 일반 선수가 구분되는 것은 우수한 선수가 갖고 있는 1%의 멘탈 상태에 의해 99%의 신체적인 운동수행의 차이가 만들어지기 때문이다. 그리고 그것은 운동학습과 반복 과정에서 주어지는 성공체험과 긍정적인 피드백, 일관성 있는 믿음에 의한 자신과의 라포에서 만들어진다. 마음속의 일관된 목표에 대한 믿음을 굳혀가는 자신과의 라포상태를 토대로 운동학습과 수행이 반복될 때 최고의 우수한 선수가 될 수 있다.

내현기억은 신체적 반복을 통해 발달시킨 자동적 신경회로이다. 우수한 코치는 내현기억시스템에 대한 이해를 통해 선수의 잠재자원을 어떻게 활용할 수 있는지에 대한 답을 찾아야 한다. 선수의 실력은 내현기억에 의해 만들어지는 것이며 어떠한 내현기억을 갖고 있느냐가 선수가 가진 실력의 차이를 만든다. 그리고 그 차이를 만들 수 있게 도움을 주는 역할을 하는 것이 탁월한 코치가 해야 할 의무이자 책임이다.

# 뇌의 기억작업

.

운동기술이나 동작에 대한 기억은 수많은 반복에 의해 대부분 영구적인 기억으로 저장된다. 같은 기술과 동작, 전략을 수십만 번 이상 반복해서 학습했기 때문에 뇌와 신경에 지워지지 않는 굵은 회로를 만들어 완벽하게 기억한다. 반복 훈련의 강도와 횟수에 따라 고속도로와 같은 전용신경회로가 만들어지게 되면 목적지에 도착할 때까지 막힘이나 정보간섭 없이 달릴 수 있게 된다.

완벽한 시스템을 갖추고 있는 인체는 뇌와 척수로 이루어진 중추신경과 나머지 말초신경으로 구성되어 있다. 즉 신경세포로 구성되어 있는 것이며 각 신경세포는 서로 분리되어 있어 전기화학적 신호로 정보를 병렬적으로 주고받는다.

어떤 기술과 동작이 이루어지기 위해서는 뉴런간의 시냅스 연결을 활성화시킬 수 있는 적절한 강도와 횟수가 반복되어야 한다.

서로 다른 신경회로가 반복적으로 연결되거나 함께 활성화되어 일관성을 가질 수 있게 되는 이유가 광케이블처럼 굵은 전용신경회로가 구축되었기 때문이다. 이렇게 구축된 전용신경회로가 곧 학습이고 기억이다. 학습과 기억에는 정서와 기술, 동작 등이 융합되어 있기 때문에 신경회로의 연결이 변하게 되면 기억과 관련된 정서가 함께 변하고 기술과 동작도 변화한다.

운동학습의 경우 강한 강도와 반복에 의해 광케이블과 같은 굵은 전용신경회로가 형성되기 때문에 내현기억화되어 영원히 지워지지 않는 영구적인 기억을 갖게 된다. 기억된다는 것은 관련된 신경회로의 연결이 강화되어 고정되거나 바뀌는 것을 의미하며 몸이 기억하는 수준까지 상태를 바꾸는 것이고 근육이 기억하는 단계까지 트레이닝시켜 내현기억화하는 것을 의미한다.

실제로 근육은 기억능력이 없기 때문에 수많은 반복 트레이닝을 통해 근육 신경회로에 기억되는 것으로 볼 수 있다. 중요한 것은 운동기술과 동작에 대한 전용신경회로를 만드는 것이다. 다른 불필요한 모든 정보 간섭을 배제하고 몰입하여 무념무상의 상태를 만들 수 있는 운동수행과 관련된 전용신경회로가 필요하다. 고속도로가 자동차 전용도로이기 때문에 자동차가 고속으로 달릴 수 있듯이 특정한 운동기술이나 동작에 대한 전용신경회로를 만들어야 특정 운동과제를 수행할 때 완벽한 시스템으로 빠르게 반응할 수 있다.

운동학습과 반복 트레이닝을 한다고 해서 모든 선수들이 목표달성을 위한 완벽한 전용신경회로를 갖추는 것은 아니다. 정확한 코칭에 의해 학습과 반복이 이루어져야 한다. 왜냐하면 잘못된 학습과 반복에 의해 전용신경회로가 형성되면 그것을 수정하는데도 두 배의 시간과 노력이 필요하기 때문이다. 반복 트레이닝이 내현기억시스템을 만들기 때문에 정확하고 분명한 기술과 동작, 심리적 상태가 아니면 수행에 도움이 되는 완벽한 전용신경회로가 만들어지지 않는다.

특히 잘못된 기술과 동작이 반복되거나 부정적 정서가 연합되어 강하게 신경회로를 형성하고 있다면 그 기억은 영구적이므로 쉽게 수정하거나 소거시키기가 어렵다. 이러한 잘못된 학습으로 인한 기억에서 벗어나는 방법은 기존의 잘못된 회로보다 더 강력한 전용신경회로를 만들어 반복 사용함으로써 기존의 잘못된 전용회로를 폐쇄시켜야 한다.

그래서 처음 운동을 배울 때 전문적인 멘탈코칭능력을 갖춘 실력있는 코치를 만나는 것이 중요하다고 강조하는 것이다.

하지만 현실은 그와 반대인 경우가 많다. 아주 어릴 때는 일반적인 체육활동에 참여하다가 두각이 나타나면 전문적인 코칭을 받기 위해 새로운 코치를 찾게 된다. 재능이 있는 선수들이 성장과정에서 슬럼프를 겪거나 자신의 재능을 발휘하지 못해 운동을 포기하는 선수들이 많은데 이것은 안타깝게도 처음 운동을 배울 때 제대로 된 코칭을 받지 못한 상태에서 나중에 잘못된 기술과 동작을 수정하는데 더 많은 시간과 에너지를 낭비하여 중요한 기회를 놓치기 때문이라고 볼 수 있다.

이것이 처음 배울 때 천천히 배우더라도 기본기부터 정확하게 배워야 하는 이유이다. 당장 원하는 성적이 잘 나오지 않더라도 조바심을 내지 말고 선수 자신의 긍정적인 전용신경회로를 만드는데 초점을 맞추어 반복해서 훈련을 한다면 원하는 성취결과를 얻을 수 있게 된다는 믿음이 중요하다.

PART 4
불안

# 스포츠 불안

일상생활 속에서 특정 요인에 의해 생기는 불안이라는 감정은 누구나 느끼는 일반적이고 정상적인 반응이다. 다르게 표현하면 살아가면서 불안을 전혀 느끼지 않는 사람은 아무도 없다. 다만 불안이라는 감정상태가 사람에 따라 긍정적인 영향을 미치게 되는 경우와 부정적인 영향을 미치게 되는 경우로 나누어질 뿐이다. 불안한 감정상태 자체가 좋고 나쁨이 있는 것이 아니라 불안을 어떻게 해석하고 얼마나 통제할 수 있는가에 따라 좋고 나쁨이 나누어지는 것이다.

스포츠에서도 마찬가지로 선수가 느끼는 불안한 감정상태를 무조건적으로 나쁘다고 보는 것은 편향된 관점일 뿐이다. 불안한 감정상태에 대해 정확하게 이해하고 불안을 긍정적으로 해석하며 통제할 수 있는 멘탈 능력을 가지게 된다면 오히려 불안이 운동수행과 경기력을 향상시키는데 도움이 될 수 있기 때문이다.

운동선수가 경기에 임할 때 불안을 심하게 느끼게 되면 심장박동과 호흡이 빨라지고 혈압이 상승하며 근육도 경직되면서 정상적인 운동수행에 문제가 생기게 된다. 속이 거북하거나 손에 땀이 나기도 하며 화장실을 자주 가고 어떤 경우에는 입이 마르거나 목소리가 떨리는 증상이 나타나기도 한다. 심한 경우 숨을 쉴 수 없거나 눈앞이 캄캄해지는 경험을 하기도 한다.

이런 불안 수준과 반응은 선수 개인에 따라 차이를 보인다. 그리고 불안에 대해 선수가 가진 관점의 차이에 따라서도 불안 조절능력에 차이가 생길 수 있다. 즉 불안을 긍정적으로 보느냐 부정적으로 보느냐에 따라 불안 수준이 달라지게 되는 것이다.

몸의 증상으로 나타나는 불안을 넓은 의미에서 신체적 불안이라고 하며 생리적 불안도 여기에 포함된다. 신체증상과 관계없이 마음속으로 걱정하는 불안을 인지적 불안이라고 한다. 이 두 가지 불안은 구분은 되지만 분리될 수 없는 하나의 시스템으로 연결되어 있다. 또 성격적으로 타고난 불안을 특성불안이라고 하고 상황에 따라 달라지는 불안을 상태불안이라고 한다.

이처럼 불안은 일반적으로 각성의 증가와 함께 나타나는 부정적인 정서라고 정의하지만 불안을 무조건적으로 나쁘다고 볼 수는 없다. 왜냐하면 불안을 긍정적으로 해석하고 관점을 전환할 수만 있다면 활력상태를 만들어주기 때문이다.

전통적인 관점에서의 불안은 적정 각성 수준 이론에 근거하여 어느 정도까지는 운동수행에 도움이 되지만 너무 낮거나 지나치게 높아지면 운동수행에 방해가 되는 것으로 받아들여졌다. 하지만 최근의 스포츠 심리학 연구결과는 불안을 여러 각도에서 재조명해왔고 그 결과도 전통적인 관점과는 부분적으로 다르게 나타난다.

불안은 불안 수준의 높고 낮음의 강도도 중요하지만 수행에 도움이 되도록 긍정적으로 해석하는지 수행에 방해가 되도록 부정적으로 해석하는지가 더 중요하다고 보는 관점이 생긴 것이다. 불안을 부정적으로 받아들여 수행에 방해가 되면 방해 불안이라고 하며 불안을 긍정적으로 받아들여 수행에 도움이 되면 촉진 불안이라고 한다.

불안 자체가 나쁜 것이 아니라 불안에 대한 잘못된 해석과 반응이 나쁜 불안을 만든다. 이렇게 나쁜 불안을 뇌에서 인지하게 되면 불안을 증폭시켜 통제할 수 없는 불안을 느끼게 되면서 나쁜 불안이 조건형성 된다. 이러한 순환고리가 만들어지면 뇌가 불안에 중독된 상태가 되어 자신의 의지로 불안을 통제하지 못하게 되는 것이다.

대체로 우수한 선수일수록 불안을 경기에 도움이 되도록 긍정적으로 해석하는 경우가 많다. 실패한 선수들이 불안을 자신에 대한 의심과 패배 이미지로 연결시켜 내적 고통을 증가시키는 것과 대조된다. 예를 들어 골프 대회에서 기준 점수를 통과한 선수들이 탈락한 선수들에 비해 불안 점수가 더 높게 나온 연구결과는 불안이 어느 정도 높더라도 긍정적으로 활용할 수 있는 통제능력만 있다면 운동수행에 도움이 될 수 있다는 사실을 말해주고 있다. 불안은 그 자체가 문제가 되는 것이라기보다 긍정적으로 해석하는 것이 중요한 것이다.

전환 이론도 불안에 대한 해석을 어떻게 하는가가 중요하다는 사실을 보여준다. 불안은 에너지가 많이 동원된 각성상태이기 때문에 각성상태를 활력상태로 전환시키는 능력을 가질 수 있게 된다면 동원된 에너지를 긍정적으로 사용할 수 있게 된다. 각성 수준을 어떻게 해석하느냐에 따라 유쾌한 촉진 불안이 될 수도 있고 불쾌한 방해 불안이 될 수도 있기 때문이다.

각성이 낮은 경우 부정적으로 해석하면 우울 또는 지루함이 되지만 긍정적으로 해석하면 이완감이 된다. 전환 이론에 따르면 각성이 높을 때 불안을 느끼는 것과 활력을 느끼는 것은 해석하는 방식이 정반대이기 때문에 다른 쪽으로 전환이 가능하다고 본다. 불안한 감정상태를 한순간에 활력상태로 바꿀 수 있다는 것이다. 반대로 지루함도 이완상태로 전환하는 것이 가능해진다. 불안을 부정적으로 해석하는 관점에서 긍정적으로 해석하는 관점으로 바꿔야 하는 이유를 잘 설명해주는 이론이라고 할 수 있다.

스포츠에서 통제 가능한 어느 정도의 불안은 긍정적인 에너지와 적정 각성 수준, 활력, 집중상태를 운동수행에 도움이 되도록 만들어주는 자원이다. 중요한 것은 선수가 반복적인 멘탈 훈련을 통해 불안에 대한 통제능력을 가지는 쿠션을 만드는 것이다.

# [ 각성 조절 ]

## 각성

   일반적으로 각성이란 깊은 수면상태에서 아주 높은 흥분상태에 이르는 연속선상에서 변화하는 유기체의 심리적, 생리적, 신체적 활성화 정도로 정의할 수 있다. 즉 흥분이 전혀 안된 상태부터 극도로 흥분된 상태의 연속선상 어딘가에 위치해 있는 특정 순간의 흥분 수준으로 절대적으로 좋고 나쁨을 평가할 수 없는 가치중립적인 개념이다.

각성이 전혀 되지 않은 상태에서는 어떠한 운동수행도 불가능하기 때문에 적절한 운동수행을 위해서는 적정 수준의 각성이 요구된다.

## 이완

이완이란 각성된 상태에서 나타나는 심리적, 생리적, 신체적 긴장을 낮추고 경직상태를 유연하게 해주는 과정을 말한다.

일반적으로 신체적 긴장이란 어떤 원인에 의하여 신체 근육이 지나치게 수축된 상태에서 경직된 상태를 말한다. 심리적 긴장이란 과거와 미래에 초점이 모아지면서 지금 현재에 집중하지 못해 불안과 초조, 자신감 상실 등 각성 수준이 지나치게 높아진 상태를 말한다. 이렇게 각성 수준이 높은 상태에서 일어나는 긴장상태를 유연하게 만들기 위해 호흡훈련이나 이완훈련을 실시한다.


## 각성 수준과 운동수행

각성과 불안 수준이 운동수행과 경기력에 영향을 미치게 된다는 것을 모르는 코치와 선수는 없다. 그런데도 각성을 조절하는 심리훈련에 대한 구체적이고 전문적인 방법을 몰라서 손해를 보는 경우가 많다.

각성과 불안은 운동수행과 경기력에 긍정적인 영향을 미치게 될 수도 있고 부정적인 영향을 미치게 될 수도 있다.

각성 수준이 지나치게 낮으면 운동수행에 필요한 에너지 동원이 힘들어지기 때문에 행동과 반응이 지연되고 너무 넓은 주의 영역으로 인하여 운동수행에 불필요한 정보간섭까지 받아들여 운동수행에 지장을 초래하게 된다.

각성과 불안 수준이 지나치게 높아지게 되면 심박수나 혈압의 상승, 비정상적인 에너지 동원상태, 근육의 경직과 같은 생리적, 신체적인 문제를 일으키게 된다. 그뿐만 아니라 지나친 각성과 불안이 주의집중의 폭을 좁혀 운동수행에 필요한 자극과 정보까지 차단하게 되어 궁극적으로 운동수행에 지장을 초래한다. 즉 지나친 각성과 불안이 주의집중의 변화를 초래하여 운동을 수행하는 선수의 주의 영역이 점점 더 좁아지게 만드는 것이다.

이러한 각성과 불안 수준이 반복되면 중독된 습관을 만들어 운동수행에 필요한 적정한 각성 수준이 아닌 선수 자신이 중독된 각성상태에서 만들어진 주의 영역으로 회귀하려는 경향이 있다. 이렇게 되면 주의를 넓혀야 하는 상황에서 주의가 좁혀지거나 주의를 좁혀야 하는 상황에서 주의가 넓어지는 현상이 자주 발생하면서 운동수행에 지장을 초래하게 되는 것이다. 그래서 운동수행에 있어서 적정 각성 수준을 유지하는 것이 중요하다.

# 신체 이완과 운동수행

운동수행에 필요한 것이 긴장감이나 에너지, 흥분이라고 생각하기 쉽지만 실제로는 이완이 더 중요하다. 운동 종목이나 기술, 상황에 따라 각성과 이완이 달라지지만 중요한 경기상황에서는 각성보다 이완상태를 만드는 것이 더 힘이 든다. 운동수행에 도움이 되는 긍정적인 에너지를 동원할 수 있는 각성 수준과 운동수행에 방해가 되는 부정적인 에너지를 동원할 수 있는 각성 수준은 분명한 차이가 있다.

이 차이를 만드는 것이 이완에 대한 통제능력이다.

스포츠에서 자연스러운 운동수행을 위해서는 심리적, 신체적인 이완이 중요하다. 이완은 최상의 운동수행을 할 수 있도록 다양한 근육들과 신체 부위가 유기적인 협업을 통해 조화를 이룰 수 있게 하여 동작과 기술이 원만하고 자유로워지게 해준다.

만약 지나친 각성상태에서 운동수행을 하게 되면 신체적 긴장으로 인하여 신체의 협업시스템에 장애가 생기게 되면서 완전한 전체성을 만들지 못해 운동수행에 지장을 받게 된다. 사람의 마음과 몸은 심신상관성에 의해 신체적인 긴장이 높아지게 되면 정신적인 긴장이 동반되고 정신적인 긴장이 높아지게 되면 신체적인 긴장이 동반되는 심신상관성을 가지고 있기 때문에 이완 능력이 중요한 것이다.

# 각성과 불안

각성과 불안은 일반적으로 특별한 구분 없이 사용하기도 하지만 스포츠 상황에서는 이 두 가지를 구분하여 사용한다.

각성은 완전히 이완된 상태에서 높은 흥분상태로 이어지는 연속선상의 변화하는 심리적, 생리적, 신체적 활성화라고 정의할 수 있다.

즉 각성이란 전혀 흥분이 되지 않은 이완상태에서부터 극도의 흥분상태 사이의 어느 지점에 위치한 특정 순간에 느끼는 강도를 의미한다.

운동수행과정에서의 각성은 심리적, 생리적, 신체적 에너지와 자원이 동원된 상태이다. 운동수행을 위해 각성이 높아지면 심리적인 준비상태와 활력이 높아지고 생리적으로는 심박수, 혈류, 호흡, 화학물질의 분비 등이 증가하며 신체적으로는 근육을 긴장시키고 수축시켜 운동수행을 위한 최적의 준비상태가 된다.

예를 들어 짧은 시간 모든 에너지를 동원해야 하는 100m 단거리 달리기를 준비 중인 선수는 출발선에서 최적의 각성상태를 유지시켜야 한다. 출발선에 대기 중인 선수가 각성상태에 있다는 것은 전속으로 달리는데 필요한 심리적, 생리적, 신체적 에너지와 자원을 즉시 동원할 수 있도록 준비하여 신호가 주어지면 바로 행동으로 옮길 수 있는 상태이다. 이와 같이 각성에는 방향이 없고 강도만 있다. 방향이 결정되기 전까지 행동할 수 있는 각성상태를 유지하는 것이다.

실제 경기상황에서 선수는 자신의 완전한 운동수행을 위해 내면의 자원뿐만 아니라 주변 환경으로부터 제공되는 다양한 정보를 활용하게 된다. 이러한 외부정보가 상대 선수의 움직임일 수도 있고 관중의 함성소리일 수도 있다. 선수가 자신이 가진 기량을 최고로 발휘하기 위해서는 운동수행에 반드시 필요한 정보를 얼마나 정확하게 감지하여 활용할 수 있는지가 중요하다.

예를 들어 배드민턴 복식경기에서 셔틀콕에 대한 주의집중력도 중요하지만 상대 선수와 동료의 움직임을 적절하게 파악할 수 있어야 한다. 우수한 선수는 주의 영역과 각성 수준이 적절한 수준을 유지하여 최상의 운동수행을 발휘할 수 있는 능력을 가지고 있다.

선수가 각성 수준이 너무 낮은 경우에는 주의 영역이 지나치게 넓어져 너무 많은 정보가 유입된다. 불필요한 정보와 단서가 많이 입력되면 정보간섭에 의해 필요한 과제에 주의를 기울이지 못하게 되어 운동수행능력이 저하된다. 각성 수준이 적절하게 높아지면 주의 영역이 적절하게 좁혀져 불필요한 정보나 단서가 제외되어 운동수행능력이 향상된다. 하지만 각성 수준이 너무 지나치면 정작 필요한 정보와 단서까지 차단되어 운동수행능력이 떨어지게 된다.

예를 들어 축구경기를 할 때 수비수는 주의의 폭을 확장하여 동료 선수들의 위치를 파악하고 있어야 하며 공격수가 마지막 슛을 할 때는 주의의 폭을 좁혀 골대 안으로 공이 들어갈 수 있게 해야 한다.

운동 종목이나 상황에 따라 적정 각성 수준은 다르다. 양궁이나 사격, 골프와 같은 운동 종목은 각성을 낮추어야 하고 레슬링이나 권투, 역도와 같은 종목은 각성을 높여야 한다.

불안은 초조함이나 걱정 등과 같은 정서적이고 인지적인 측면을 말하며 불쾌한 정서반응으로 자율신경계의 각성을 유발시키는 부적응 상태이다. 불안은 일시적 상황에서 느끼는 상태불안과 개인의 성격에 의해 느끼는 특성불안으로 구분할 수 있다.

상태불안은 자율신경계의 각성이나 지나친 활성화에 의해 주관적이고 의식적으로 느끼는 우려스러운 마음과 긴장감이다.

그렇기 때문에 상태불안은 시간과 상황에 따라 변화하는 것이다.

특성불안은 개인의 성격적인 측면을 말하며 객관적으로 불안한 상황이 아닌데도 불안으로 지각하여 위협이나 자극의 강도와 상관없이 상태불안 반응을 나타내는 행동 경향이다. 선수가 가진 특성불안은 성격적인 측면이기 때문에 상황에 따라 쉽게 변화하지 않는다.

예를 들어 배드민턴 경기에서 10 : 5로 지고 있을 때 느끼는 불안이 상태불안이다. 그리고 성격이 민감한 선수는 지고 있는 상황을 크게 받아들여 계속 초조하고 불안한 마음을 갖게 되어 이후의 경기까지도 자포자기하는 마음을 가지게 된다. 그에 반해 멘탈이 강한 선수는 현재 점수에 크게 동요하지 않고 정상적인 경기를 진행할 수가 있다.

이것은 두 선수가 가지고 있는 불안을 느끼는 차이 때문이며 이것을 특성불안이라 한다. 상태불안은 순간순간 상황에 따라 잘 변화하지만 특성불안은 쉽게 변화하지 않는 것이다.

불안은 불쾌한 정서반응을 일으켜 자율신경계의 각성을 유발시킬 수 있는 정서적인 부적응 상태이다. 스포츠 경기에서 선수가 느끼는 불안은 경기력에 큰 영향을 미친다. 선수가 느끼는 불안 수준이 증가하면 필요 이상으로 각성 수준도 함께 증가하여 경기력에 부정적인 영향을 미치기 때문이다. 경기 전 지나친 긴장과 불안을 느끼는 선수는 손바닥에 땀이 나고 신경성 복통을 일으키기도 하며 심장박동이 빨라지면서 두려움을 강하게 느끼기도 한다.

불안은 걱정이나 근심을 하는 것과 같이 주관적인 생각과 관련된 인지적 불안과 호흡의 변화, 신체적 활성화와 관련된 신체적 불안으로 구분할 수도 있다. 인지적 불안이 신체적 불안을 일으키고 신체적 불안이 인지적 불안을 더 키운다. 두 가지 중 어느 한 가지가 먼저 높아지면 나머지도 함께 높아지는 상관성을 가지고 있다. 멘탈트레이닝을 통해 심리적인 각성을 최적의 상태로 만들면 신체적인 각성도 함께 최적의 상태로 바뀌게 되는 것이다.

# 운동수행과 각성

  어떤 운동이든 각성이 없는 상태에서 이루어지는 것은 없다.
종목과 기술의 종류에 따라 요구되는 각성 수준이 다를 뿐 모든 운동
은 각성을 동반한다. 각성은 특정한 운동과제를 수행하기 위한 심리적,
생리적 활성화 정도를 나타내는 개념이다.

  각성과 불안이 운동수행에 무조건 나쁜 것이 아니라 운동 종목과 기
술, 선수의 관점에 따라 부정적인 영향을 미칠 수도 있고 긍정적인 영
향을 미칠 수도 있다. 경기장에서 선수가 느끼는 각성과 불안의 절대적
인 강도는 선수가 자신의 느낌에 대해 어떻게 받아들이고 해석하느냐
에 따라 달라지게 될 수도 있는 것이다. 각성과 불안 자체가 무조건 나
쁜 것이 아니라 그것을 받아들이고 해석하는 인지능력과 관점에 의해
운동수행에 미치는 영향이 달라진다.

운동수행에 부정적인 영향을 미치는 지나친 각성상태에서 반복적인 훈련을 통해 불안을 학습하게 되면 인지 불안이 조절되지 않는 상태에서 신경회로가 강화되어 습관이 된다. 이러한 인지능력과 관점은 대부분 훈련과정에서 반복적으로 조건형성된 것으로 볼 수 있다.

그래서 코치의 코칭능력이 중요하다고 하는 것이다.

코치의 멘탈코칭능력에 따라 선수의 멘탈 상태가 결정될 수도 있기 때문에 각성과 불안을 극복할 수 있는 선수의 상태는 코치의 영향을 많이 받게 된다. 중요한 것은 코치가 선수 개개인의 특성을 자세히 관찰하고 분석하여 선수에게 맞는 멘탈코칭을 제공해야 하며 각성과 불안까지도 긍정적인 성취자원으로 활용할 수 있는 상태로 만들어주어야 한다는 것이다.


## 주의 영역의 변화


각성과 불안 수준이 주의집중의 폭과 방향을 결정한다. 각성이 증가하게 되면 주의의 범위가 좁아지면서 수행에 불필요한 심리적 간섭이 차단되기 때문에 수행이 향상된다. 각성이 계속 증가하게 되면 주의의 범위가 계속적으로 함께 좁아지면서 정상적인 수행이 힘들어진다.

예를 들어 경기장에서 선수의 각성 수준이 지나치게 낮으면 관중이나 응원, 야유와 같은 정보간섭이 주의의 범위에 들어오게 되면서 주의를 분산시켜 수행에 지장을 받는다. 각성이 적정 수준일 때는 주의의 범위가 적절하게 좁혀져 관중이나 응원, 야유와 같은 정보간섭은 무시되고 운동과제나 동료 선수, 상대 선수의 움직임과 정보에 초점을 일치시키게 되면서 수행이 향상된다. 그러나 각성이 적정 수준을 넘게 되면 주의의 폭이 지나치게 좁아져 동료 선수에게만 주의를 기울이고 가까이 있는 상대 선수를 보지 못하게 될 수도 있다.

나. 적정 각성 수준 : 주의 영역이 적절하다

가. 낮은 각성 수준 :
주의 영역이 지나치게 넓다

다. 높은 각성 수준 :
주의 영역이 지나치게 좁다

이와 같이 선수가 너무 낮은 각성 수준에서는 주의 영역이 불필요하게 넓어지기 때문에 운동수행에 필요 없는 정보까지 유입되어 심리적 간섭이 일어난다. 반대로 너무 높은 각성 수준에서는 주의 영역이 지나치게 좁아지기 때문에 불필요한 정보뿐만 아니라 운동수행에 필요한 중요한 정보까지 함께 주의 영역에서 사라지게 된다. 각성 수준이 너무 낮거나 높은 경우 운동수행에 지장을 초래하게 되는 것이다.

적정 각성 수준에서는 운동수행에 불필요한 정보는 배제시키고 필요한 정보에만 주의를 기울이게 되기 때문에 최상의 운동수행을 할 수 있게 된다. 운동 종목과 포지션, 기술에 따라 요구되는 각성 수준이 달라지며 각성 수준에 따라 주의 영역이 결정되는 것이다.

## 신체 긴장의 변화

숲속에서 갑자기 곰을 만나거나 과속으로 달리던 차가 갑자기 자신을 덮치면 순간적으로 몸이 굳어버리는 현상을 경험을 하게 된다.
마치 몸이 얼음처럼 얼어버리는 현상을 경험하게 되는 것은 지나친 각성과 불안 상황에서 생존본능기전에 의해 잠재의식적으로 몸을 굳어버리게 만들기 때문이다.

생존을 위협할 정도의 강한 외부 자극을 인지하게 되면 근육이 긴장과 경직상태가 되면서 중추신경과 말초신경이 일시적으로 '멈춤' 상태가 된다. 멈춤 상태에서는 구심성 신경과 원심성 신경이 제 기능을 하지 못하게 되고 신체의 유기적인 협응체계가 정상적인 기능을 하지 못하게 되면서 협응동작도 지장을 받게 되는 것이다.

또한 각성과 불안상태에서 의식적 차원에서는 운동과제에 초점을 맞추고 운동수행을 정상적으로 하게 되지만 잠재의식적 차원에서는 각성과 불안에 의해 정보간섭이 일어나거나 운동수행에 지장을 주는 몸의 경직상태를 만들어 의식과 잠재의식의 불일치로 완전한 동작과 기술을 구사할 수 없게 만들어버린다.

예를 들어 골프선수가 퍼팅할 때 과거의 실패경험이 떠올라 긴장하게 되면 불안을 높여 신경과 근육의 불필요한 경직상태를 만들어 몸에 힘이 많이 들어가면서 근육의 힘을 더 많이 사용하거나 통제하지 못하게 된다. 운동수행과정에서 지나친 긴장으로 인해 몸이 경직되면 유연성을 상실하여 힘은 많이 들어가면서도 운동 효율성은 오히려 떨어지게 되는 결과를 낳는다.

골프나 배드민턴, 테니스를 배우는 초보자들이 스윙을 할 때 팔과 다리 등 온몸에 힘이 들어가는 것을 관찰할 수 있다. 이러한 현상은 선수의 각성이 높아지면서 근육의 긴장을 초래하고 협응력을 방해받게 되면서 나타나는 것이다. 지나친 심리적 긴장이나 각성, 불안이 근육과 신체의 지나친 긴장을 초래하게 되면 신체의 협응력이 낮아져 운동수행에 지장을 받게 된다.

# 불안과 운동수행의 관계

선수의 지나친 각성은 주의의 폭을 좁히고 긴장상태를 만들기 때문에 운동수행과 경기력 향상에 방해가 된다. 각성이 너무 높아 불안을 느끼게 되면 선수의 자신감이 결여될 수 있으며 운동수행과 경기에 대한 집중이 흐트러진다. 하지만 각성 수준이 너무 낮아도 집중력이 떨어져 효과적으로 운동을 수행할 수 없다. 운동 종목이나 대상, 상황, 시간에 따라 각성을 탄력적으로 활용할 수 있는 능력을 가져야 한다.

예를 들어 미식축구나 단거리 달리기, 윗몸일으키기, 역도, 팔굽혀펴기, 투포환 던지기, 씨름, 격투기 등의 종목은 적절한 흥분상태가 되도록 각성 수준을 유지시켜주는 것이 좋다. 반대로 양궁, 사격, 골프의 퍼팅, 농구의 자유투 등은 각성 수준을 적절하게 낮추는 것이 최상의 경기력을 만들어준다. 같은 종목에서도 특정 상황이나 기술의 난이도에 따라 최적의 각성 수준은 모두 다르게 적용되는 것이다.

대표적인 멘탈 스포츠인 골프에서 퍼팅은 각성을 낮추어야 하고 큰 스윙은 상대적으로 적절한 각성이 요구된다. 태권도에서 겨루기와 격파, 품새에서 요구되는 각성 수준이 다르고 세부적인 진행과정에서도 요구되는 각성 수준은 모두 다르다. 그리고 선수 개인의 특성에 따라 최상의 운동수행을 발휘하는 자신만의 고유한 각성 수준이 있다. 어떤 선수는 각성이 높으면 긴장과 두려움을 크게 느껴 수행에 방해가 되고 어떤 선수는 각성을 높여야 활력상태에서 더 좋은 수행을 하게 된다. 각자의 적정 각성 수준이 다른 것이다.

또한 선수가 자신의 각성 수준을 인지적으로 어떻게 해석하느냐에 따라 각성과 정서의 관계가 달라지기도 한다. 어떤 선수는 각성이 높은 상태를 기분 좋은 흥분상태로 해석할 수도 있고 어떤 선수는 그것을 불쾌한 감정인 불안상태로 해석할 수도 있다. 마찬가지로 각성이 낮은 상태를 기분이 좋은 이완상태로 해석할 수도 있고 기분이 좋지 않는 지루함으로 해석할 수도 있는 것이다.

부정적인 불안한 상태를 긍정적인 활력상태로 전환할 수 있으며 지루한 상태를 편안한 이완상태로 전환할 수도 있다. 즉 관점을 긍정적으로 전환함으로써 각성 수준을 긍정적인 자원과 에너지로 활용할 수 있게 된다. 이처럼 각성과 불안을 어떻게 해석하고 반응하는가에 따라 수행에 미치는 영향이 달라지는 것이다.

# 욕구 이론

욕구 이론은 Hull에 의하여 제기되고 Spence에 의해 수정된 이론으로 추동 이론이라고도 한다. 각성과 수행의 관계를 직선적인 관점으로 보고 각성 수준이나 욕구가 높아지면 수행도 비례하여 증가한다는 주장이다. 이 이론은 선수의 욕구가 높을수록 더 많은 정신적, 신체적 에너지를 사용하기 때문에 각성이 높아져 운동수행 향상과 경기력에 도움이 된다는 것이다.

$$P = H \times D$$

P = performance (수행)

H = habit (습관의 강도)

D = drive (욕구수준:각성)

이 등식으로 보면 선수의 수행은 욕구와 습관의 강도가 강할수록 향상된다고 보아야 한다. 하지만 스포츠 종목과 기술에 따라 지나친 각성과 욕구가 경기력에 부정적인 영향을 많이 미칠 수 있기 때문에 복잡한 기술을 요하는 종목이나 골프와 양궁 등 멘탈의 비중이 높은 스포츠 종목에는 적합하지 않은 이론이다.

하지만 단순한 근력, 순발력, 심폐기능 향상이나 역도, 투포환 등의 종목에는 운동수행과 경기력 향상에 긍정적인 영향을 미치기 때문에 알맞은 이론으로 볼 수 있다. 만약 종목의 특성이나 선수 개인의 불안 수준과 기술의 난이도를 무시하고 욕구 이론을 일방적으로 적용시키면 주의의 폭이 좁혀져 운동수행에 필요한 중요한 정보나 단서를 놓치게 될 수도 있고 지나친 긴장으로 경직현상이 나타나는 부작용이 생길 수도 있다. 코치가 욕구 이론을 모든 선수들에게 획일적으로 적용하는 코칭을 한다면 지나친 각성과 불안으로 운동수행과 경기력에 부정적인 영향을 미치기 때문이다.

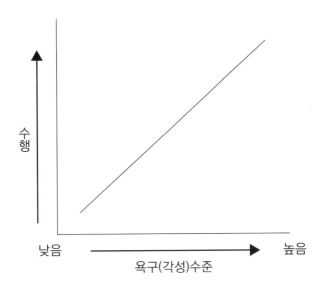

욕구 이론과 비슷한 사회 촉진 이론에서는 주변에 있는 타인의 존재가 선수의 각성 수준을 높여 수행 효과를 높인다고 주장한다.
역도에서 코치가 옆에서 지켜볼 때 더 각성이 되고 윗몸일으키기를 혼

자 할 때보다 앞에서 잡아주는 사람이 있을 때 더 효율성이 좋아지는 원리이다. 마라톤에서도 경쟁자가 있을 때 더 좋은 성적을 낼 수 있게 되지만 지나친 각성이 오히려 경기력 저하의 원인이 되기도 한다.

사회 촉진 이론의 한계는 욕구 이론과 마찬가지로 이미 학습된 과제나 단순한 기술에서는 긍정적인 효과가 나타나지만 골프나 양궁 등의 복잡한 기술이나 멘탈의 비중이 높은 스포츠에서는 주변에 있는 타인의 존재가 오히려 정보간섭이 되거나 각성을 높여 운동수행에 부정적인 영향을 미치게 될 수도 있다.


## 적정 수준 이론


적정 수준 이론은 Yerkes와 Dodson이 주장한 각성과 수행과의 관계를 설명하는 이론으로 역U가설이라고도 한다. 각성 수준이 점차적으로 높아지면 운동수행도 점차적으로 높아지다가 각성이 너무 지나쳐 적정 수준을 넘어서면 운동수행이 다시 낮아진다는 주장이다.

적정 각성 수준은 운동 종목과 기술, 숙련도, 선수의 성격, 동작의 난이도, 경기장 상황, 선수의 멘탈 상태 등에 따라 다르다.

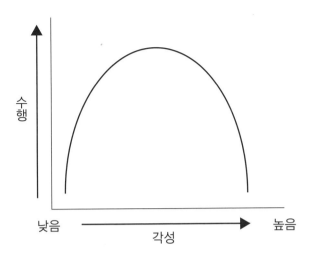

　코치는 종목적인 특성과 선수 개인의 적정 각성 수준을 파악하여 훈련과정에서 각성상태를 일관성 있게 조건형성시켜주어야 한다.

일관성이 중요한 이유는 너무 높지도 낮지도 않은 적정 각성 수준이 최상의 운동수행과 경기력을 발휘할 수 있게 해주기 때문이다. 만약 코치가 종목과 선수의 적정 각성 수준에 벗어나는 상태에서 훈련을 반복하게 된다면 최악의 결과를 얻게 될 수도 있다.

　잘못된 각성 수준에서의 반복 훈련이 조건형성되어 자동화되면 실제 경기상황에서 지나친 각성과 불안을 갖게 된다. 코치의 역할은 선수가 가지고 있는 적정 각성 수준을 발견하고 이끌어내어 선수 스스로 반복 훈련을 통해 자신의 상태와 수준을 안정된 상태로 일관성 있게 유지할 수 있도록 도움을 주는 것이다.

| 각성 수준 | 스포츠 기술 |
|---|---|
| 5<br>(극도의 각성) | 미식축구 태클, 단거리 달리기, 턱걸이, 격투기<br>윗몸일으키기, 팔굽혀펴기, 투포환, 역도 |
| 4 | 중거리 달리기, 멀리뛰기 |
| 3<br>(중정도 각성) | 농구, 복싱, 유도, 체조 |
| 2 | 야구 투구, 펜싱, 테니스, 다이빙 |
| 1<br>(안정된 각성) | 양궁, 골프의 퍼팅, 농구의 자유투, 축구의 킥 |

# 최적수행지역 이론

역U가설 이론의 대안으로 Hanin이 제안한 이론은 선수들의 상태불안 수준이 개인차가 매우 크며 최고의 수행을 발휘하기 위해서 특정한 수준의 각성이 모두에게 필요한 것은 아니라고 보는 것이다.

최고의 수행을 발휘할 때 선수마다 다른 불안 수준을 갖고 있다는 주장이다. 즉 선수가 최고의 수행을 발휘할 때는 자신만의 고유한 불안 수준이 있기 때문에 코치는 선수 개인에 대한 관찰과 분석을 통해 어떤 수준의 각성이 최고의 수행을 가져오는지 정확하게 알아야 한다. 최적수행지역에 있는 선수의 수행이 더 높기 때문이다.

## 불안의 다차원 이론

실제로 불안은 단일차원이 아닌 최소한 두 가지 이상의 하위요소로 구성되어 있으며 상관성을 갖고 서로 영향을 미친다. 불안은 실제 몸으로 느끼는 신체적 불안과 의식적 지각인 인지적 불안으로 구분된다. 신체적 불안은 지나친 심장박동, 땀, 떨림, 경직, 잦은 소변 등과 같이 지각된 생리적 각성이며 인지적 불안은 사실로 존재하는 것과 관계없이 마음으로 근심과 걱정, 불쾌한 감정 등의 지각에 의해 만들어지는 주관적 각성이다.

신체적 불안이 높아지면 구심성에 의해 뇌는 그것을 지각해서 인지적 불안을 높이게 되고 인지적 불안이 높아지게 되면 원심성에 의해 신체적 불안을 다시 높이게 되어 두 가지 불안이 상관성을 가지고 서로의 상태를 높은 수준으로 끌어올리게 된다. 중요한 것은 인지적 불안이 높아지면 주의분산과 정보간섭에 의해 수행이 낮아진다. 그래서 인지적 불안을 낮추기 위한 멘탈 훈련이 필요하다.

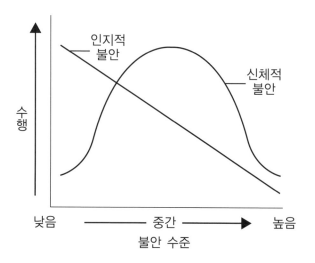

## 격변 이론

격변 이론은 역U가설과 비슷한 이론이며 인지적 불안 수준이 낮을 때는 생리적 각성과 운동수행 간에 역U자 관계가 형성되지만 인지적 불안 수준이 높을 때는 생리적 각성이 적정 수준을 넘어 수행의 급격한 추락현상이 생긴다는 주장이다. 견디기 힘들 만큼의 과도한 불안에 의하여 수행의 급격한 감소가 생기면 상황이 바뀌어도 정상적인 수행 향상이 힘들어지고 일정기간 저하된 수준상태를 유지하다가 급작스런 수행의 상승이 일어난다.

흔히 경기 중에 긴장과 불안으로 인하여 선수의 멘탈이 붕괴되는 현상으로 설명할 수 있다. 멘탈이 붕괴된 선수가 자신의 컨디션을 쉽게 회복하지 못하는 이유는 수행의 갑작스런 붕괴가 이전 상태로 회복하는데 많은 시간을 필요로 하기 때문이다.

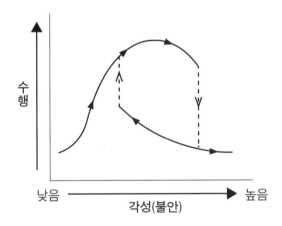

만약 선수가 적정 각성 수준을 벗어나 급격한 멘탈의 붕괴가 왔다면 완전한 신체적 이완을 실시하여 점차적으로 적정 각성 수준에 도달해야 한다. 이때 호흡법이나 패턴 깨기, 이완기법, 앵커링, 루틴 등을 활

용하여 추락한 멘탈과 신체 상태를 회복시키는 것이 필요하다.

그렇지 않고 추락한 상태의 문제에 연합하게 되면 이후의 모든 경기는 정상적인 수행이 불가능해진다.

## 전환 이론

관점을 바꾸면 모든 것이 달라진다. 선수가 자신의 각성 수준을 어떻게 해석하느냐에 따라 각성과 정서의 관계가 달라지게 된다.

선수가 어떠한 관점과 포지션을 갖고 있느냐에 따라 각성상태를 기분 좋은 설렘으로 해석할 수도 있고 불쾌한 감정인 불안상태로 해석할 수도 있는 것이다.

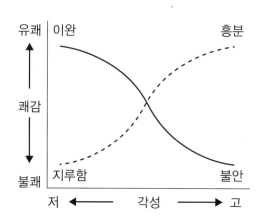

일반적으로 각성이 높을 때는 불안을 경험하고 각성이 낮을 때는 지루함을 경험한다. 각성과 스트레스가 함께 낮을 때는 졸림을 경험하고 각성은 높으나 스트레스가 낮을 때는 흥분을 경험한다.

전환 이론은 경쟁상황에서도 적절하게 활용될 수 있다. 경쟁에서 목표지향 양식의 동기를 가진 선수는 각성이 증가하면 불안이 일어나기 때문에 수행에 방해를 받는다. 반대로 쾌락지향 양식의 동기를 가진 선수는 각성이 낮아지면 지루함을 느끼면서 수행의 감소가 나타난다.

만약 목표지향 동기를 가진 선수가 높은 각성 때문에 과도한 불안을 겪고 있다면 스트레스를 감소시키고 쾌락지향으로 전환하는 것이 도움이 된다. 반대로 쾌락지향 동기를 가진 선수가 지루함을 느낀다면 목표지향 동기를 부여하여 각성을 시키는 것이 수행에 도움이 된다.

전환 이론의 특징은 각성에 대해 어떻게 해석하느냐에 따라 관점이 달라진다는 것이다. 대부분의 선수는 경기장에서 어느 정도의 불안을 경험하게 된다. 이때 불안을 흥분이나 설렘과 같은 활력으로 전환시키게 되면 인지적, 신체적 불안 수준이 낮아진다. 전환 이론을 경기상황에 충분히 활용하기 위해서는 훈련과정에서 코치와 선수 모두 긍정적인 언어를 사용하고 멘탈트레이닝을 반복하여 관점을 전환하는 멘탈 능력을 갖추는 것이 필요하다. 모든 것은 우리의 마음에 의해 만들어지고 우리의 마음상태에 따라 달라지는 것이 전환 이론이다.

# 심리에너지 이론

Martens는 각성을 어떻게 해석하는가에 따라 심리에너지가 발생되고 운동수행에 영향을 미친다고 주장했다. 각성에 대해 긍정적으로 해석하면 긍정적 심리에너지가 생겨 운동수행에 긍정적인 결과를 얻게 되고 각성에 대해 부정적으로 해석하면 부정적 심리에너지가 생겨 운동수행에 부정적인 결과를 얻게 된다.

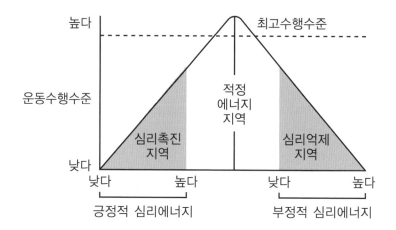

이 이론은 긍정적 심리에너지와 부정적 심리에너지의 관계 속에서 최상의 운동수행을 찾으려는 것이다. 선수는 긍정적인 심리에너지가 높고 부정적인 심리에너지가 낮은 적정 에너지 지역에서 최상의 운동수행능력과 경기력을 발휘하게 된다.

# 경기불안의 해소

## 상태불안

　특정한 상황이나 환경적 자극과 정보에 대처하기 위해 준비하는 과정에서 일어나는 각성상태를 상태불안이라고 한다. 경기 전이나 경기상황에서 다양한 원인으로부터 불안을 느낄 수 있다. 인지적 불안과 신체적 불안, 상태불안과 특성불안이 상관성을 가지고 서로의 불안을 더 증가시키기도 한다.

　경기를 앞둔 선수의 불안이 상황적 변인에 의해 생겼다면 실제 경기와 유사한 상황에서 훈련하는 것이 도움이 된다. 불안 때문에 좋은 성적을 내지 못하는 선수 중에 평소 훈련 때는 안정된 상태에서 뛰어난 운동수행과 기량을 보여주는 경우가 많다. 그럼에도 불구하고 실제 경기에서 기대에 미치지 못하는 저조한 성적을 내는 것은 상황적 요인에 의해 발생하는 불안 때문이다.

이러한 선수는 실제 경기할 때와 비슷한 경기장, 관중, 소음 상황 등의 조건을 만들어 훈련하는 경험을 많이 하여 익숙함을 가지게 하는 것이 필요하다. 실제 경기상황과 유사한 환경이 힘들다면 이미지 트레이닝을 통해 실제 상황에서 그대로 훈련하는 상상을 생생하게 반복하는 것도 좋다. 뇌는 그 무엇이든 반복하면 익숙해지고 익숙해지면 편안함과 안정감을 느낀다. 그래서 반복적인 이미지 트레이닝을 통해 익숙함을 만들게 되면 훨씬 안정된 기저선 상태를 유지하여 좋은 성적을 얻을 수 있게 되는 것이다.

코치는 훈련과정에서 선수가 불안한 심리를 갖지 않도록 하기 위해 결과지향적 목표보다 과정지향적 목표를 더 중요시하는 코칭을 해야 한다. 어차피 경기 결과를 선택하거나 통제하는 것은 불가능하기 때문에 불필요하게 결과목표를 강조할 이유가 없는 것이다.
과정지향적 목표에 초점을 맞추는 것이 중요한 이유는 지금 현재 상태에서 코치와 선수가 선택할 수 있는 과정지향적 목표를 통해 최상의 컨디션을 유지할 때 결과목표는 자동적으로 이루어지기 때문이다.

예를 들어 '이번 경기에서 이기는 것도 중요하지만 지금 우리에게 중요한 것은 동작 하나하나에 주의를 집중하여 과제를 성공적으로 수행하는데 초점을 모으는 것이다'와 같이 멘탈코칭을 반복해주는 것이다.
과정지향적 목표를 설정하게 되면 동작을 수행하면서 과정에 몰입하기 때문에 불안이 자동적으로 사라지게 된다.

　또한 코치는 경기상황에서 선수가 이기고 있든 지고 있든 항상 일관성 있는 밝은 표정과 긍정적 행동으로 격려를 보내주어야 한다. 이길 때와 질 때의 상황에서 코치가 보여주는 이중적이고 상반된 표정과 행동, 부정적인 피드백에 선수는 심리적 안정감을 상실하여 부정적인 정서와 불안감을 증대시키기 때문에 코치의 일관성 있는 긍정적인 태도와 반응이 중요하다.

　특히 훈련과정에서 선수의 실수나 부족함에 대해 어떠한 경우라도 비난하거나 꾸중을 해서는 안되며 오히려 즉각적인 격려와 긍정적인 피드백을 제공해주어야 한다. 눈앞의 작은 성과 달성이나 선수를 통제하기 위해 멘탈을 약화시키는 잘못된 피드백을 제공해서는 안된다. 이처럼 선수들이 겪는 대부분의 불안은 평소 훈련과정에서 잘못 학습된 것이 원인인 경우가 많다. 그래서 선수의 불안을 훈련과정에서 학습된 것이라고 정의하기도 한다.

　일반적으로 상태불안은 경기 전에 상승하고 경기 중에는 감소하였다가 경기 후에 다시 상승한다. 이러한 상태불안은 훈련과정에서 잘못된 학습에 의해 실패에 대한 걱정, 심리적 부조화, 통제력 상실 등으로 인하여 생기기 때문에 평소 훈련과정에서 긍정적인 멘탈코칭으로 상태불안을 제거해주는 것이 필요하다.

# 특성불안

　중요한 경기상황에서 선수가 어느 정도의 불안을 느끼는 것은 지극히 정상적인 반응이다. 하지만 같은 상황에서 과잉적인 각성이나 불안을 느끼게 된다면 정상적인 운동수행에 지장을 초래하게 된다.

이처럼 경기 전이나 경기상황에서 다른 선수보다 특별히 불안을 심하게 느끼는 것은 개인의 성격적 특성 때문이다.

　경기상황에서 선수들은 대부분 상태불안을 경험하는데 이것은 나쁜 것이 아니다. 다만 성격적 특성 때문에 상태불안의 강도가 너무 강한 선수의 경우 자신의 실력을 충분히 발휘할 수 없기 때문에 문제가 된다. 비슷한 상황을 개인의 성격적 특성으로 인하여 불안한 것으로 인지하였다면 선수가 느끼는 불안의 원인이 선수 내부에 있는 것이다.

　이러한 선수 개인의 성격적 특성에 의해 생기는 특성불안을 줄이거나 없애기 위해서는 호흡훈련과 루틴, 이완훈련, 자율훈련, 자화, 자기 확신 트레이닝, 자기암시, 불안 퇴치법 등의 멘탈강화 훈련과 성공체험을 반복하는 것이 필요하다. 아울러 코치의 수용적이고 공감적인 멘탈코칭이 요구된다. 특성불안이 높은 선수의 경우 멘탈트레이닝을 반복하는 것도 중요하지만 코치가 수행과정에서의 인정과 격려성 칭찬을 제공해주고 작은 성공체험을 할 수 있는 기회를 반복적으로 제공한 후 긍정적인 피드백을 해주는 것이 도움이 될 수 있다.

## 【반복 훈련하기】

경기상황에서 선수가 느끼는 불안은 대부분 운동기술을 100% 완벽하게 내현기억화하여 자동화시키지 못했기 때문에 생기는 경우가 많다. 불안을 없애기 위해서는 의식적 관여 없이도 몸이 저절로 반응하는 단계인 내현기억시스템이 될 때까지 끊임없이 신체적 반복 훈련과 멘탈 훈련을 되풀이하는 것이 도움이 된다.

선수가 불안을 느끼는 이유가 운동기술에 대한 확신이 부족하여 인지적 불안을 갖고 있는 경우라면 훈련의 강도를 높여주는 것이 좋다. 그리고 그 과정에서 긍정적인 피드백을 지속적이고 반복적으로 제공하여 자신감을 향상시켜주게 되면 불안이 자연스럽게 감소하게 된다. 반복 훈련의 횟수만큼 자신감을 느끼는 신경회로는 더 강화되어 불안이 활력상태로 바뀌게 되는 경험을 하게 되는 것이다.

## 【멘탈 훈련하기】

우리의 뇌는 무엇이든 반복하면 그것을 사실로 받아들여 믿음을 만들고 그 믿음이 스스로를 통제하게 된다. 그것은 실제 경험뿐만 아니라 상상을 통한 멘탈 훈련의 경우도 마찬가지로 적용된다. 왜냐하면 뇌는 상상과 현실을 구분할 수 있는 기능이 없기 때문이다.

선수가 느끼는 불안의 원인이 성격적 특성 때문이라면 불안의 증상을 제거하기 위해 근육 이완훈련과 자율훈련, 이미지 트레이닝, 트랜스 훈련, 자기 확신 훈련을 반복적으로 실시하여야 한다. 이러한 멘탈 훈련을 통해 인지적 불안과 신체적 불안을 감소시키고 특성불안을 낮추게 되면 상태불안도 낮아지게 된다.


## 【질문하기】


불안이라는 문제를 해결하기 위한 방안으로써 문제를 알아차리고 논리적으로 해결하는데 도움을 주는 훈련방법이다. 4단계 질문을 통해 선수가 스스로에게 문제를 제시하고 해결방법을 찾는 과정에서 불안해소에 접근하게 된다.

1단계 : 아직도 나에게 남아있는 문제는 무엇인가?

인간의 뇌는 어떠한 질문에도 답을 하게끔 세팅되어 있다.
그래서 질문을 받게 되면 질문과 관련된 뇌신경회로가 활성화된다.
선수는 먼저 자신이 가지고 있는 문제가 무엇인가를 알아차리고 정의할 수 있어야 한다. 자신의 모습을 있는 그대로 바라볼 수 있어야 자신의 문제를 알아차릴 수 있다. 무엇이 문제인가에 대한 답을 찾을 때까지 반복해서 질문을 해야 하며 구체적으로 무엇이 그 문제를 일으키게 했는지에 대해서도 질문을 한다.

이 질문은 표면적으로 문제에 초점을 맞추는 것처럼 보이지만 '아직도'라는 문장 속에는 변화에 대한 강한 암시가 숨어있다. 아직도 남아있는 문제 외에는 모두 좋아졌다는 기본가정이 포함되어 있기 때문에 질문에 의해 드러난 문제는 2단계에서 해결할 수 있게 된다.

2단계 : 문제를 해결하기 위해 나는 무엇을 어떻게 할 것이며 내가 이 문제를 해결하기 위해 세운 계획은 무엇인가?

선수는 문제 해결을 위한 접근방법을 선택한다.
1단계에서의 질문에 대한 답을 찾을 수 있어야 문제 해결을 위한 유연한 선택을 할 수 있게 된다. 선택은 결단을 통해 이루어지고 결단은 기존의 상태와 단절하여 새로운 상태를 위한 연결을 만드는 것이며 어떻게라는 질문에 문제 해결을 위한 방법을 찾게 된다.

3단계 : 나는 내가 세운 계획을 사용하고 있는가?

선수는 문제 해결 방법을 적용하고 있는지를 확인하기 위해 스스로를 평가한다. 현재의 자신을 접촉하여 변화를 위한 실천상태를 확인하는 것이다. 이 단계의 확인이 제대로 되지 않을 경우 변화의 핵심적인 가치를 얻지 못하게 된다. 어떤 것도 실행하지 않으면 성취할 수 없다.

1단계, 2단계에서 문제와 해결을 위한 답을 찾았다면 반복해서 실천하는 것이 중요하다. 3단계 질문에 따라 문제를 찾아 해결하기 위해 심상훈련, 점진적 근육 이완훈련, 멘탈 호흡, 자기 확신 훈련, 트랜스 훈련, 패턴 깨기, 자율훈련, 앵커링, 불안 퇴치법 등 다양한 멘탈 훈련프로그램을 함께 트레이닝하고 있는지 점검한다.

4단계 : 나는 어떻게 문제 해결 방법을 수행했는가?

선수 스스로 선택한 방법의 효율성에 대해 평가하며 결과진술을 통해 이미 변화된 자신에 대한 평가를 하는 것이다. 이미 문제가 해결된 편안한 상태를 사실로 받아들여 안정되고 편안한 심리상태를 일관성 있게 유지시키게 된다.

## 【각성 수준 통제하기】

∴ 각성 수준이 너무 높을 때

- 훈련을 할 때 안정되고 편안한 심리상태에서 실제 경기상황처럼 느끼도록 진행하며 전체 연습과정에 대해 트랜스 상태에서

생생하게 이미지 트레이닝을 반복한다.

- 특성불안을 가진 선수에게는 일반적인 칭찬보다 격려가 포함된 피드백과 멘탈강화 언어를 반복해서 제공해준다.
- 선수가 느낄 수 있도록 코치의 신뢰와 확신을 전달해준다.
- 힘든 훈련과정을 통해 실력이 많이 향상되고 경기준비를 잘하고 있다는 긍정적인 믿음과 격려를 보낸다.
- 과거의 성취경험에 대한 멘탈 훈련을 실시하며 앵커링시킨다.
- 어느 정도의 긴장과 불안은 누구나 느끼는 자연스러운 현상이라는 관점을 갖게 하여 편안함을 느끼게 한다.
- 코치의 일관성 있는 안정된 태도와 피드백이 전해지는 아이컨택을 통해 선수가 심리적 안정감을 느끼게 해준다.
- 경기 전 이미지 트레이닝과 이완훈련을 한다.
- 경기 결과보다 과정에 대한 가치를 이야기해준다.
- 배움과 경험의 중요성을 말하고 경기는 선수들을 한 단계 더 성장시켜주는 새로운 배움과 경험이 된다는 사실을 강조한다.
- 동료와 서로 격려하고 파이팅을 외치며 이야기하게 한다.
- 자신감과 집중력의 중요성을 강조한다.
- 선수가 자신에 대한 확신을 가질 수 있도록 격려를 반복한다.
- 훈련과정에서 반복적인 이완훈련과 멘탈 호흡, 간접적인 성취 경험을 통해 잠재의식에 편안함을 느끼게 해준다.
- 주변시야를 사용하여 초점을 분산시키고 자기 확신을 위한 긍정적인 자화를 반복한다.

## ∴ 각성 수준이 너무 낮을 때

- 강한 자극이 될 수 있도록 훈련량과 강도를 더 높인다.
- 목표달성에 대한 격려의 말과 할 수 있다는 자신감을 느낄 수 있는 언어적 칭찬을 반복해서 제공한다.
- 경기 결과의 중요성을 강조하여 선수의 동기를 유발한다.
- 주변에서 보내는 관심이나 경기에 대한 기대감, 패배했을 때의 비난이나 무시, 야유를 이야기한다.
- 경기 전 격렬하게 근육을 긴장시키거나 준비운동을 한다.
- 생동감 있는 영상을 보여주거나 음악을 들려준다.
- 현재 상황과 경기 결과를 공지하고 게시판에 게재한다.
- 다른 팀과 선수의 훈련과정과 장점을 이야기한다.
- 선수 개인과 팀의 결과목표를 강조한다.
- 주요 경기 장면을 비디오로 촬영한 후 시청한다.
- 코치가 의도적으로 고함, 액션 등을 통해 각성을 높인다.
- 최상의 경기력을 보인 선수에 대한 특별한 관심을 제공한다.
- 승리했을 때의 보상에 대해 강조한다.

# 코치의 멘탈코칭

불안은 누구나 갖고 있는 정서적 차원의 경험이지만 불안이 지나치게 높은 상태에서는 심리적, 생리적 부조화를 겪게 된다. 운동선수의 경우 중요한 경기에서의 승리에 대한 집착이나 경쟁 선수, 관중을 지나치게 의식하게 되면 불안이 더욱 높아진다.

개인의 체력과 기술, 훈련은 충분히 갖추어져 있는데도 중요한 경기에서 지나친 불안 때문에 자신의 실력을 충분히 발휘하지 못해 좌절을 경험하는 선수들이 있다. 이런 선수들은 대부분 불안에 대한 중앙시야를 사용하면서 생기는 지나친 긴장과 각성이 원인인 경우가 많다.
이것은 엘리트 선수나 프로선수도 마찬가지로 경험하는 현상이며 심지어 국가대표 선수들도 이러한 긴장과 각성을 느낀다.

하지만 이러한 긴장과 각성이 모든 선수들을 무기력하게 만들거나 불안하게 만들지는 않는다. 오히려 약간의 긴장을 설렘과 활력으로 느끼며 운동수행을 위한 에너지로 활용하는 선수들도 있다. 국가대표 선수나 프로선수는 심리적 압박감과 긴장감, 각성이 높아지는 중요한 경기 상황에서도 자신의 멘탈 상태를 최상의 운동수행을 할 수 있는 수준으로 조절하여 최고의 기록을 세운다.

긴장과 각성을 느끼지 않는 선수는 없다. 다만 그런 감각을 운동수행과 경기력 향상을 위한 자원으로 활용하는 선수가 있고 지나친 불안상태를 만들어 원하지 않는 결과를 얻는 선수가 있을 뿐이다.

선수의 모든 행동과 태도, 반응에는 숨겨진 긍정적 의도와 목적이 있기 때문에 훈련이나 경기상황에서 선수가 느끼는 긴장과 각성, 불안이 무조건 나쁜 것은 아니다. 어느 정도의 긴장과 각성은 누구나 느끼는 보편적 정서이기 때문이다. 그것이 무조건 나쁜 것이었다면 최고의 실력을 갖춘 모든 국가대표 선수나 프로선수들도 자신이 느끼는 불안 때문에 경기를 제대로 하기도 전에 무기력한 상태에 빠져 최악의 결과를 얻었을 것이다.

하지만 우수한 선수들은 오히려 불안을 경기력에 도움이 되는 방향으로 활용하여 원하는 경기 결과를 얻는다. 멘탈이 우수한 선수는 불안의 긍정적 의도와 목적을 알고 있으며 훈련과정에서 불안을 긍정적으로 전환할 수 있는 자기통제능력을 갖추고 있기 때문이다.

불안은 운동수행에 무조건 좋은 것도 나쁜 것도 아니다. 불안은 선택하고 학습하는 과정일 뿐이다. 그래서 불안을 분리하거나 극복하는 구체적인 방법에 대해 제대로 알고 활용할 수 있어야 하는 것이다.

스포츠 현장에서 각성과 불안을 어떻게 조절, 통제하는가의 멘탈 능력에 따라 수행능력과 경기력이 결정된다.

## 각성 수준의 파악

선수가 가진 각성 수준은 저마다 다를 수 있다.

코치는 자신의 코칭 스타일에 선수가 맞추기를 바랄 것이 아니라 선수가 어떤 각성 수준에서 가장 좋은 운동수행과 경기력을 발휘할 수 있는지에 대해 파악해야 한다. 선수가 어떤 각성 수준에서 가장 탁월한 운동수행과 경기력을 발휘하는지를 파악하게 되면 훈련과정에서 적절한 각성 조절 기법을 활용할 수 있게 된다.

각성 수준을 높이기 위해서는 언어적, 신체적 자극이 되는 신호를 보내거나 고함, 박수, 언어코칭 등의 기법을 활용하는 것이 도움이 되며 반대로 각성 수준을 낮추기 위해서는 격려나 긍정적인 피드백을 보내고 멘탈 호흡, 근육 이완, 트랜스, 루틴, 주변시야 등의 기법을 활용하는 것이 도움이 된다.

선수 개인이 갖고 있는 고유의 적정 각성 수준은 운동과제와 기술 수준, 개인의 성격적 특성, 환경에 따라 가변성을 가지고 있으므로 유의해서 파악하고 적용해야 한다.

# 불안 수준이 높은 선수 파악

운동선수가 자신의 기량을 충분히 발휘하여 최상의 컨디션으로 최고의 수행을 할 수 있는 상태가 되기 위해서는 숲과 나무를 함께 볼 수 있는 코치의 능력이 필요하다. 코치는 전체 선수를 코칭하면서도 선수 개인의 불안 수준에 대해 파악을 해야 하고 불안 수준이 지나치게 높은 선수를 선별해낼 수 있어야 한다. 불안 수준이 지나치게 높은 상태에서의 반복적인 훈련과 경기 참여는 선수 개인의 입장에서 보면 불안을 계속적으로 학습하는 것과 같은 것이 되기 때문이다.

이렇게 되면 중요한 경기에서 학습된 불안 때문에 자신의 기량을 제대로 발휘하지 못하는 경우가 생길 수 있다. 훈련과정과 경기상황에서의 심리적, 신체적 반응을 관찰하여 비교해보면 선수 개인의 전체적인 불안 수준을 이해하는데 많은 도움이 된다.

만약에 선수가 상태불안이 심한 경우에는 자기 확신 트레이닝과 이미지 트레이닝, 경기장에 미리 가보기, 앵커링, 관점 바꾸기 등의 기법으로 훈련과정에서 안정감과 편안한 정서를 조건형성시키는 것이 수행 향상에 도움이 될 수 있다. 특성불안이 높은 선수는 대부분 민감성이 지나치게 높아 작은 자극과 정보를 크게 확대하는 경향이 있다.

그렇기 때문에 이러한 민감성의 방향을 운동과제에 초점을 맞출 수 있도록 멘탈 훈련과 신체훈련을 계속 반복시키면 수행 향상과 더불어 안정된 경기력을 발휘하는데 도움이 된다.

# 개인 맞춤 코칭

우수한 코칭능력을 가진 코치는 선수 개개인의 특성을 무비판적으로 수용하고 충분히 공감하며 선수 개인에게 적합한 최고의 개별적인 지도 방법을 만들어 활용한다. 기존의 짜여진 매뉴얼이나 훈련 패턴을 고집하는 것이 아니라 선수 개인에게 맞는 매뉴얼과 메커니즘을 새롭게 개발하여 적용하는 것이다.

그 어떤 훌륭한 이론도 선수 개인의 특성에 우선하지 못한다. 특정한 이론이나 고정된 코칭 매뉴얼에 선수를 억지로 끼워 맞추는 것이 아니라 모든 이론과 매뉴얼, 방법 중에서 선수의 변화와 성장에 가장 적합하고 도움이 되는 것을 선택하여 선수 개인에게 맞는 코칭 방법을 적용시키는 것이다.

예를 들어 민감성과 불안 수준이 높고 자신감이 낮은 선수에게 경기의 중요성이나 승패, 경쟁 선수 등을 강조하는 것은 불안 극복에 전혀 도움이 되지 않는다. 이러한 선수에게는 선수 개인의 훈련상황이나 과제 성취, 준비상태 등을 체크하고 격려해주는 것이 필요하다. 선수가 운동수행에 도움이 되는 적절한 불안 수준을 갖고 있다고 판단되면 구체적인 지시보다 선수 스스로 판단하고 행동할 수 있도록 믿음을 보내고 격려해주는 것이 더 훌륭한 코칭이 된다.

# 관점의 전환

몸과 마음은 심신상관성에 의해 서로에게 영향을 미친다. 몸을 바꾸면 마음이 바뀌고 마음이 바뀌면 몸도 바뀐다. 그래서 몸을 바꾸기 위해 마음을 활용하기도 하고 마음을 바꾸기 위해 몸을 활용하기도 한다. 두 가지 중에 어느 것을 바꾸어도 하나의 변화가 두 가지 모두의 변화를 만들어내기 때문이다. 현재 상황에 대해 어떠한 관점을 가지고 있느냐에 따라 마음상태가 먼저 만들어지기도 하고 몸 상태가 먼저 만들어지기도 하는 것이다.

그렇기 때문에 최상의 수행을 위한 마음상태를 만들게 되면 신체적인 변화가 동반될 수밖에 없다. 만약 선수가 평소 훈련과정에서 부정적인 기분상태 때문에 신체적인 무기력 현상이 나타나면 즉시 패턴 깨기를 통해 부정적인 상태를 정지시키고 긍정적인 기분을 느끼는 자기암시로 상태를 빠르게 바꾸어 주어야 한다. '그만', '정지' 등의 말로 패턴을 깨고 원하는 것에 초점을 전환시켜주어야 하는 것이며 패턴을 깨고 관점을 바꾸는 순간 신체적인 활력이 생기게 된다.

심상훈련, 휘익기법, 성공의 원, 성공체험, 미래기억 만들기, 자율훈련법 등을 활용하여 부정적인 관점을 긍정적인 관점으로 전환하는 훈련을 반복하는 것은 먼저 마음의 상태를 바꾸어 신체적인 불안 수준을 낮추는 상관성을 활용하는 것이다.

# 각성의 회복

경기상황에서의 실수나 부정적 상황에 의해 멘탈붕괴를 경험하게 되면 선수의 운동수행이 급격하게 추락한다. 이때 멘탈 회복을 위한 적절한 대처를 하지 못하게 되면 정신적, 신체적인 부조화 속에 정상적인 운동수행이 어려워지게 된다.

격변 이론에 따르면 과도한 각성이 발생했을 경우 다시 최적의 수행에 이르기 위해서는 완전한 이완을 해야 한다. 하지만 평소 훈련과정에서 멘탈을 강화하는 자기통제능력을 제대로 갖추고 있지 못한 선수는 이러한 이완을 시도하더라도 수행이 가능한 상태로의 회복이 쉽지 않다. 왜냐하면 멘탈이 무너진 상태에서는 정상적인 수행을 위한 마음의 쿠션이 작동되지 않기 때문이다. 그렇기 때문에 평소에 각성상태에서 빠르게 완전한 이완을 할 수 있는 멘탈 능력을 갖추기 위한 반복 훈련이 필요한 것이다.

경기 전이나 경기 중에 급격한 운동수행의 추락을 겪게 되면 즉시 완전한 이완을 한 이후에 다시 최상의 운동수행을 위한 적정 각성상태를 끌어올려야 한다. 이러한 위기 상황에서의 회복 훈련을 반복하게 되면 마음의 쿠션이 강해져 경기상황에서 경험하게 될 불안을 충분히 극복할 수 있는 강한 멘탈을 가진 선수가 될 수 있다.

## 과정지향목표

목표는 행동이 지향해야 할 표적이기 때문에 표적을 어떻게 지향하느냐에 따라 각성상태가 달라진다. 그 이유는 선수가 어떠한 목표를 가지느냐에 따라 어떤 심리적인 준비상태를 만들 것인지 결정하기 때문이다. 목표가 없으면 준비상태를 만들 필요가 없고 준비상태를 위한 각성도 필요가 없어진다. 목표가 없기 때문에 각성이 오르지 않고 열심히 하려는 의욕도 생기지 않게 된다. 하지만 너무 목표에 대한 강박적 지향이 생기게 되면 각성과 불안으로 인해 운동수행이 저하될 수 있다. 그래서 선수의 불안 수준에 따라 목표설정이 달라져야 하는 것이다.

불안 수준이 낮은 선수에게는 결과지향목표를 제시하는 것이 도움이 되고 불안 수준이 높은 선수에게는 과정지향목표에 주의를 집중하는 것이 운동수행에 도움을 준다. 불안은 목표와 현실의 차이를 크게 느낄 때 더 높아지기 때문에 결과지향목표를 강조하게 되면 선수의 불안을 더 높이게 될 수 있다.

반면에 과정지향목표는 눈앞에 있는 과제에 초점을 맞추고 과제수행의 발전과 성취에 대한 피드백을 통해 긍정적인 정서와 자신감을 누적시키기 때문에 불안이 감소한다. 이 과정에서 긍정적인 멘탈언어코칭과 피드백을 함께 제공해주면 더 큰 도움이 된다. 자신의 상태와 실력에 대한 믿음이 형성되어 상태불안을 낮추게 되고 그러한 경험이 반복되면서 특성불안도 낮아지기 때문이다.

예를 들어 골프에서 우승을 해야 한다는 결과지향목표보다 루틴을 정확하게 반복하여 일관된 안정적인 심리상태에서 퍼팅 성공률을 두 배로 높이겠다는 과정지향목표가 훨씬 더 효과적이다. 축구에서 수비수가 상대 선수를 방어할 때 상대 선수를 절대로 놓치지 않겠다는 목표보다 상대 선수와의 거리를 1m만 허용하겠다는 목표를 정하는 것이 더 효과적일 수 있다. 야구에서 타자가 홈런을 치겠다는 목표보다 자신이 설정한 스트라이크존에 공이 들어오면 자신의 스윙으로 자신감 있게 공을 치겠다는 목표를 잡는 것이 효과적이다.

스포츠에서 적정 각성 수준은 특성불안 수준과 과제의 난이도, 학습의 단계에 따라서도 달라진다. 예를 들어 경쟁 불안상태에서는 각성 수준이 중간 정도인 것이 경기력에 도움이 된다. 복잡하고 어려운 과제는 각성 수준이 낮은 것이 도움이 되고 단순하고 쉬운 과제는 각성 수준이 높은 것이 경기력에 도움이 된다. 또한 학습 초기에는 각성 수준이 낮은 것이 도움이 되고 학습 후기에는 각성 수준이 높은 것이 경기력에 더 도움이 된다. 이와 같이 목표는 선수의 성격적 특성이나 과제의 난이도, 학습상태에 따라 다르게 설정해야 하는 것이다.

# 신체 이완 방법

## 심상훈련

우리 뇌는 오감적으로 상상하는 것과 현실에서의 실제 경험에 대해 구분할 수 있는 기능이 없기 때문에 훈련과정에서 심상의 힘을 활용하여 신체적인 이완을 유도할 수도 있다. 마음과 몸은 구분은 되지만 분리할 수 없는 심신상관성에 의해 하나의 시스템으로 작동되기 때문에 심상을 통한 신체 이완훈련이 얼마든지 가능한 것이다.

선명한 심상은 선수들이 신체적으로 이완할 수 있는 가장 쉬운 방법이면서도 효과가 매우 크다. 그런데 불구하고 체계적인 훈련프로그램으로 많이 접목하지 못하는 이유는 코치와 선수가 심상을 어떻게 하는지 전문적인 방법을 알지 못하는 경우가 많기 때문이다. 심상은 방법만 안다면 누구나 쉽고 간단하게 활용이 가능하다. 편안하고 안정적인 이미지를 그리는 것만으로도 화학물질을 분비시키고 신경회로를 활성화시켜 마음을 편안하게 할 수 있기 때문에 심신상관성에 의해 마음의 편안함이 신체의 편안한 이완으로 연결된다.

우리 뇌는 오감적으로 상상한 것에 대해서는 무엇이든 사실로 받아들이기 때문에 심상을 할 때는 오감적으로 구체적이고 디테일하게 해야 한다. 추상적이고 막연한 심상이 아니라 선수 자신과 관련되어 있는 수행에 필요한 심상의 주제와 내용을 정하는 것이 좋다.

예를 들어 자신이 평소에 편안함과 안정감을 느끼는 장소나 사람, 경험, 수행 장면, 따뜻한 모래사장, 자신의 방 등 조건형성되어 있는 대상이나 장소, 수행을 심상하는 것이 신체 이완에 도움이 된다. 심상훈련을 반복적으로 오랫동안 실시하게 되면 뇌는 심상을 실제 현실로 착각하여 긴장된 근육을 이완시켜주게 되는 것이다.

심상이 심리적인 변화뿐만 아니라 생리적, 신체적인 변화까지 일으키게 되는 원리를 활용하여 근육과 몸 구석구석에 따뜻한 피가 흘러들어가는 심상을 통해 체온을 높이거나 피부의 탄력성을 높일 수도 있다. 어머니가 따뜻하게 포옹해준다고 심상함으로써 심리적 안정감과 신체적인 포근함, 보호받는 안정감 등을 느낄 수 있게 된다. 심상은 우리의 뇌를 속여 실제처럼 생각하고 느끼도록 착각하게 만들기 때문에 마음과 몸이 함께 편안하게 이완이 되는 것이다.

# 자화 훈련

우리가 하는 말과 듣는 말은 뇌신경회로에 직접적인 연결을 만들기 때문에 말을 바꾸는 것만으로도 뇌신경회로의 조합과 배열을 바꾸어 마음과 신체적인 상태까지 원하는 상태로 바꿀 수가 있다.

즉 선수가 자기 자신에게 스스로 긍정적인 말을 반복하여 다짐함으로써 마음과 몸을 편안하고 안정적인 상태로 바꾸게 되는 것이다.

자화는 자기 확신 훈련이라고 하며 선수가 자기 자신에게 '릴렉스', '숨을 크게 마시고 천천히 뱉으면 편안해진다', '편안하게', '천천히', '호흡을 조절하면서 이완을 하자', '차분하게 하자', '난 무엇이든 할 수 있다', '지금부터 시작이야' 등과 같이 단어나 문장을 말함으로써 심리적인 편안함과 안정감을 조절하는 멘탈 강화 기법이다.

긍정적인 자화를 반복하게 되면 뇌에 긍정적으로 프로그래밍되기 때문에 심신상관성에 의해 신체적인 통제까지 가능해진다. 선수가 훈련 과정에서 긍정적인 자화를 반복하게 되면 훈련과정에서 뿐만 아니라 중요한 경기에서도 심리적인 안정감과 더불어 신체적인 이완상태를 유지할 수 있게 되어 경기력을 향상시킬 수 있다.

자화를 반복적으로 사용하여 신체적인 이완의 효과를 얻기 위해서는 많은 연습과 시간이 필요하다. 선수들이 평소 생활 속에서나 훈련과정에서 특정 단어를 반복적으로 사용하게 되면 그 말과 관련된 원하는 상태의 신체 이완 효과를 얻을 수 있게 된다.

# 호흡훈련

우리는 생명유지와 운동수행을 위한 활동 에너지를 얻기 위해 잠시라도 호흡을 멈출 수가 없다. 이렇게 중요한 호흡을 어떻게 하느냐에 따라 심리적, 생리적, 신체적인 상태와 기능이 달라진다. 또한 운동선수가 호흡을 어떻게 하는지에 따라 운동수행능력과 자신감, 집중력 등에 전반적으로 영향을 줄 수 있다.

숨을 쉴 때 얕은 호흡을 하는 경우 산소를 부족하게 만들어 신진대사를 방해하고 몸속 혈관을 수축시킨다. 이로 인하여 뇌로 향하는 산소를 줄어들게 하고 긴장과 떨림을 자주 느끼게 만든다. 잘못된 호흡은 불안, 우울, 무기력, 근육의 긴장, 피곤함을 유발한다.

대표적인 멘탈 스포츠인 양궁이나 사격, 골프와 같은 정적인 운동 종목에서 호흡을 안정적으로 통제할 수 있는 능력은 매우 중요하다.
호흡을 통제할 수 있을 때 원하는 각성 수준을 유지할 수 있기 때문에 안정적인 호흡훈련은 신체를 안정적으로 이완시키는 좋은 방법이다.

우리가 일상적인 호흡을 할 때는 폐활량의 일부분만을 사용한다.
하지만 평상시보다 천천히 깊은 호흡을 하게 되면 분당 호흡수가 줄어들면서 더 많은 양의 신선한 공기를 흡입할 수 있고 내쉴 때도 더 많은 양의 공기를 배출하게 된다. 일상적인 호흡을 할 때 공기가 폐와 기도에 남아있게 되는데 이러한 공기는 신선한 공기가 아니기 때문에 우리 몸에 유용하지 않다.

그래서 숨을 내쉴 때 최대한 길게 내쉬면서 많은 양의 공기를 배출할 수 있도록 훈련을 통해 호흡 기능을 향상시키는 것이 필요하다.

즉 깊게 마시는 숨은 더 많은 산소를 제공해주고 더 길게 천천히 오랫동안 뿜어내는 숨은 이산화탄소를 배출함으로써 이완되는 편안함과 안정감을 더 많이 느끼게 되는 것이다.

일반적으로 신체적, 생리적 각성이 호흡을 빠르게 만들고 반대로 호흡이 빨라지면서 생리적, 신체적 각성이 높아지게 된다. 운동수행과정에서 선수들이 불안을 느끼면 호흡이 빨라지게 되는데 이때의 호흡은 흉식호흡이다. 흉식호흡은 얕고 빠른 호흡으로 신체적인 긴장상태를 유지시킨다. 멘탈코칭센터에서는 흉식호흡의 긴장상태를 역이용하는 멘탈 호흡법을 활용하여 이완을 체험하는 훈련을 많이 시킨다.

의도적으로 숨을 최대한 크게 들이마실 때 긴장을 끌어올리고 잠시 긴장을 알아차린 후 천천히 숨을 뱉으며 완전한 이완과 편안함을 반복적으로 체험하는 훈련을 통해 호흡만으로도 자율신경계의 각성 수준을 조절할 수 있게 된다.

복식호흡은 신축성 있는 얇은 근육막인 횡격막을 사용한다는 느낌으로 숨을 들이마실 때는 횡격막이 아래쪽으로 내려가서 폐의 용적을 넓게 해주고 숨을 내쉴 때는 횡격막을 폐 위쪽으로 올려 복부의 근육들과 함께 폐안에 들어있는 공기를 밀어낸다. 복식호흡을 많이 하게 되면 심리적 안정감과 자신감이 향상되어 마음의 쿠션을 강화하게 된다.

# 점진적 이완훈련

점진적 이완훈련은 미국의 제이콥슨(Jacobson)이 발간한 '점진적 이완 기법'이란 책에 처음으로 소개되었다. 이 훈련방법은 자기관리를 통해 자율신경계의 기능을 조절함으로써 스트레스를 완화시키고 각성 수준을 낮추는 효과가 있다.

점진적 이완훈련은 선수들이 신체 이완의 연습을 위하여 사용하는 것으로 의식적으로 스스로 근육을 통제하는 것이다. 중요한 경기에 임할 때 가장 큰 문제 중 하나는 바로 선수들 자신도 모르게 근육의 긴장이 찾아오는 부분이다.

점진적 이완훈련은 자각적으로 근육을 통제하는 방법으로 발전되어 왔는데 멘탈코칭센터에서는 초기에 적응을 위하여 외부적인 유도를 하고 점차 스스로 할 수 있도록 미션을 제공하고 있다.


## 【수축 이완훈련】

수축 이완훈련은 선수들이 운동 시에 주로 사용하는 근육을 차례대로 수축하였다가 이완하는 것을 말한다. 근육을 최대한 수축함으로써 근육이 극도로 수축되었을 때의 느낌을 알도록 하고 그 후 천천히 이완을 함으로써 근육이 완전히 이완되는 것을 경험하도록 한다.

훈련을 시작하기 전에 멘탈 호흡을 통해 선수의 마음상태를 편안하게 유도한다. 숨을 크게 들이마시며 근육을 최대한 수축시킨 후 1~3초 동안 멈추었다가 숨을 천천히 내쉬며 원래의 안정된 상태로 완전한 이완을 하면 된다. 호흡을 병행하여 훈련을 단계적으로 하게 되면 신체 이완에 효과가 더 크다.

## 【이완훈련】

이완훈련은 수축 이완훈련에서 수축 부분을 빼는 것이다.

## 【순간 이완훈련】

순간 이완훈련은 운동수행 전이나 운동수행 중에 순간적으로 신체 이완을 하는 유용한 기법이다. 예를 들어 목이나 어깨의 긴장을 해소하기 위해 양 어깨를 귀 높이까지 올렸다가 순간적으로 떨어뜨림으로써 긴장을 순간적으로 없애는 방법이다.

# [ 이완 전략 ]

## 선수

　선수가 자신이 가진 실력을 충분히 발휘하여 최상의 운동수행을 하기 위해서는 심리적, 생리적, 신체적인 각성상태를 조절하기 위한 이완 전략을 수립하고 반복적으로 훈련을 해야 한다.

　첫째, 평상시에 이완훈련을 반복하라.

운동선수들의 훈련과정은 심신이 안정된 상태에서 최상의 운동수행을 할 수 있게 만들기 위해 끊임없는 반복 훈련을 통하여 전용신경회로를 구축하는 것이다. 선수들의 특성과 실력에 따라 차이는 있지만 중요한 경기상황에서 누구나 어느 정도의 각성과 불안을 경험하게 된다.

이러한 각성과 불안 수준을 안정적으로 통제할 수 있는 멘탈 능력을 갖추기 위해서는 완전한 운동수행을 위한 조건형성이 경기상황에서 재연될 수 있도록 평소에 반복적으로 이완훈련을 해야 한다.

둘째, 순간적 이완반응을 형성하라.

운동수행에서 짧은 시간에 이완을 유도할 수 있는 능력을 갖추기 위해서는 순간적 이완에 반응하는 전용신경회로를 구축하는 것이 필요하다. 선수들은 경기 중 결정적인 타이밍에 순간적으로 이완상태를 유도할 수 있는 멘탈 능력을 가지고 있어야 한다.

축구에서 페널티킥을 차기 전, 야구에서 투수가 공을 던지기 전과 포수가 공을 받기 전, 골프에서 스윙을 하기 전, 배구나 테니스에서 서브를 넣기 전, 수영에서 다이빙을 하기 전, 육상에서 출발하기 전 등에서 적정 수준의 각성을 유지하기 위한 순간 이완 전략이 필요하다.

이러한 이완 전략은 대부분 수행 전 루틴에 포함되며 어깨를 크게 움직이거나 심호흡을 주로 사용한다. 선수들이 훈련과정에서 멘탈 프로그램을 반복적으로 연습하게 되면 실제 경기상황에서 짧은 시간 이완을 유도할 수 있게 된다.

셋째, 경기 전 이완훈련을 하라.

경기상황에서 선수들은 자신이 가진 심리적, 신체적 에너지를 총동원해야 한다. 그렇기 때문에 경기 한 시간 전부터 에너지 절약시스템이 작동될 수 있도록 이완 전략을 활용하는 것이 필요하다.

이렇게 하면 에너지 소비도 줄일 수 있을 뿐만 아니라 경기에 대한 걱정으로 발생할 수 있는 심리적, 신체적 긴장을 예방할 수 있다.

경기 중에 에너지가 고갈되는 이유 중에 하나가 경기 전에 너무 지나친 집중과 각성 때문에 에너지를 미리 소비하기 때문일 수도 있다.

넷째, 휴식 중에 이완을 통해 체력을 회복하라.

토너먼트 경기에 참여한 선수의 경우 다음 경기를 위해 이동 중이거나 휴식을 취할 때 신체 이완을 통하여 긴장을 풀고 에너지를 충전하여야 한다. 특히 경기가 잘 풀리지 않거나 지고 있는 상황에서 하는 신체 이완은 긴장을 풀어주고 부정적인 상황에서 받게 되는 심리적 압박에서도 자유로울 수 있게 해준다.

신체 이완을 통해 경기에서 지고 있는 부정적인 상태가 아닌 정상적인 자신의 상태를 만들어야만 다음 경기에서 자신의 기량을 충분히 발휘할 수 있게 된다. 경기에서 지고 있는 상태에서의 긴장감이나 스트레스, 불안과 같은 부정적인 감정상태로 계속 경기에 임한다면 그 경기는 이미 선수 자신이 심리적으로 포기한 것이나 마찬가지이다.

경기 결과는 선수가 선택할 수 없다. 그래서 어떤 경우에도 선수는 지고 있는 상태가 아닌 정상적인 상태에서 처음 경기에 임하는 마음으로 경기를 해야 하는 것이다.

다섯째, 신체적인 각성상태에서도 이완을 하라.

선수가 경기상황에서 신체적으로 최대한의 전력을 다하고 있는 동안에도 이완을 하는 것이 필요하다. 왜냐하면 너무 지나친 전력상태와 각성상태가 되면 자연스러움이나 유연성을 잃어버리기 때문에 이완을 통해 완벽한 수행을 할 수 있게 해야 한다.

# 코치

코치는 선수가 경기상황에서 겪을 수 있는 필요 이상의 긴장이나 불안을 해소시키기 위해 전문적인 이완훈련을 실시해야 한다.

코치가 선수의 심리적, 신체적 안정을 위한 이완훈련을 어떻게 할 것인지를 계획하고 실천하는 것이 중요하다. 코치 자신이 이완훈련의 필요성을 인식하고 여러 가지 방법으로 선수의 심리적, 신체적인 안정감과 편안함을 유지시킬 수 있어야 한다.

첫째, 외부 멘탈 전문 코치를 영입한다.

대부분의 코치들이 선수들의 정신적 훈련을 병행하고 있지만 전문적인 멘탈코칭 프로그램을 갖고 있지 않기 때문에 외부의 전문가에게 도움을 청하는 것이 운동수행 향상과 경기력을 높이는데 도움이 된다.

전문가의 도움을 받게 되면 호흡훈련법, 근육 이완훈련, 자율훈련, 기타 여러 가지 심리훈련을 지원받을 수 있다.

둘째, 코치가 솔선수범한다.

코치도 긴장이나 불안을 느낄 수 있기 때문에 이완훈련이 필요하다는 것을 선수들에게 오픈하고 이완훈련을 선수들과 함께 실시하는 것이 필요하다. 코치는 선수들이 심리적 안정감이 있는 상태에서 수행 전 루틴에 이완훈련을 접목할 수 있도록 도와주어야 한다.

선수들은 코치의 솔직한 리더십에 심리훈련에 대한 긍정적인 태도를 형성하여 이완훈련에 적극적으로 참여할 수 있게 된다.

선수들에게 일방적으로 강요하거나 요구하는 것이 아니라 선수 스스로 이완훈련의 필요성을 느끼고 자발적으로 참여할 수 있는 분위기를 조성해야 하는 것이다. 이렇게 훈련과정에서 루틴이 만들어지면 경기 중에 선수들에게 긴장하지 말라고 고함지르는 행위를 하지 않아도 된다.

셋째, 선수들에게 소리 지르지 마라.

코치가 경기 전이나 경기 중에 고함을 지르는 것은 선수들에게 긴장과 스트레스가 된다. 연습과정에서 체계적인 이완훈련을 통해 수행 전 루틴과 조건형성이 되어있는 상태라면 굳이 경기상황에서 코치가 고함지를 이유가 없는 것이다. 오히려 코치의 고함소리가 선수의 긴장과 각성을 유발하여 운동수행에 방해가 될 뿐이다.

넷째, 생각과 느낌, 말, 행동을 반복하라.

신체 이완훈련을 반복하는 것이 분명한 효과가 있지만 그렇다고 신체 이완훈련만으로 자기조절능력을 완벽하게 갖출 수는 없다.

평소 훈련과정에서 긍정적이고 안정적인 생각과 느낌, 말, 행동을 반복하게 되면 그와 관련된 전용신경회로를 구축하여 운동수행 향상에 도움이 된다. 먼저 코치의 생각과 느낌, 말, 행동이 선수의 긍정적이고 안정적인 상태를 이끌어낼 수 있도록 코치가 먼저 변화해야 한다.

코치의 솔선수범이 중요한 이유는 코치가 보여주는 리더십의 크기만큼 선수의 수행이 향상될 수 있기 때문이다.

PART 5
심상

# 마음과 이미지 트레이닝

일반적으로 마음의 사전적 의미는 감정이나 생각, 기억 따위가 깃들이거나 생겨나는 곳이라고 정의한다. 하지만 마음을 몇 마디의 짧은 말로써 정의하거나 표현할 수 있는 것이 아니라는 것을 우리는 잘 알고 있다. 말과 글은 표현적 한계 때문에 넓고 오묘한 마음을 제대로 표현하기가 쉽지 않기 때문이다.

어떠한 포지션과 관점에서 접근하는가에 따라 마음에 대한 설명이 달라진다. 그중에서 신경생리학적인 관점에서 볼 때 우리의 마음은 뇌라는 공장의 기계에서 생산해내는 다양한 상품으로 비유할 수 있으며 기억시스템과 신경회로, 화학물질의 분비에 의해 서로 다른 마음이라는 상품을 생산한다고 이해할 수 있다.

우리의 뇌는 천억 개가 넘는 뉴런에 저장되어 있는 다양한 정보들이 이웃 뉴런들과의 전기화학적 연결을 통해 관련 회로를 만들어 특정한 형태의 틀을 만들게 되는데 이것이 뇌신경회로가 만들어내는 마음의 지도이다. 특히 자극과 정보가 반복해서 제공되면 더 굵고 강한 전용신경회로를 만들어 자신만의 주관적이고 자기중심적인 마음의 지도를 만들게 된다. 이러한 마음의 지도는 과거의 반복적인 학습과 경험을 통해 뇌에 어떤 기억을 가지고 있는가의 차이에 의해 개인마다 다른 형태와 기능을 가지고 있다.

사람들은 모두가 자신만의 고유한 유전자를 바탕으로 각자 다른 학습과 경험을 통해 만들어진 주관적인 마음의 지도로 세상에 대한 자신만의 모형을 만든다. 이것을 세상모형이라고 하며 자신만의 세상모형이 만든 특정한 프레임을 가지게 된다. 세상모형은 실제의 경험뿐만 아니라 반복적으로 상상한 것에 대해서도 믿음을 강화시켜 그 믿음에 의해 정보를 처리하고 스스로를 통제하기 때문에 뇌는 상상과 현실조차 구분하지 못하는 것이다. 그래서 뇌의 별명이 '착각의 챔피언'이다.

스포츠에서 이미지 트레이닝은 착각의 챔피언인 뇌의 작동원리를 활용하여 실제로 운동을 하지 않고 상상만으로 신경회로를 활성화시켜 실제로 신체적 운동을 하는 것과 마찬가지의 수행 향상 효과를 얻게 해준다. 선수 개인의 주의집중능력에 따라 차이가 있지만 신체훈련의 약 80~90% 정도의 운동효과가 나타난다.

뇌는 생존과 활동을 위해 너무나 중요한 기능을 하고 있기 때문에 외부 자극과 충격에 견딜 수 있도록 두개골 안에 안전하게 자리 잡고 있다. 그래서 뇌는 오감을 통해서 간접적으로 모든 경험을 할 수밖에 없는 것이다. 그렇기 때문에 뇌는 선명한 감각을 동원하여 반복적으로 상상한 것에 대해서도 실제 경험한 것으로 착각해서 기억해버린다.

몰입 상태에서 반복적인 상상을 통해 뇌에 정보를 입력하게 되면 그것을 사실로 받아들여 믿음을 만들고 그 믿음에 통제당하면서 상상과 현실을 구분하지 못하게 되는 것이다.

그래서 무엇이든 오감적으로 생생하게 이미지를 떠올리면 뇌는 상상한 것과 실제 경험한 것의 차이를 알지 못하게 된다. 뇌는 오감적으로 반복해서 상상하게 되면 그 느낌을 연합시켜 신경회로를 활성화시키고 화학물질을 함께 분비하여 몸 상태를 순식간에 바꾸어버린다.

상상만으로 신체적 상태를 바꾸게 되는 것이다.

양궁은 대표적인 멘탈 스포츠로서 우리나라 양궁선수들의 실력은 세계 최강이다. 최고의 경지에 오른 양궁선수들의 신체적 조건이나 기량은 큰 차이가 없지만 선수들이 가진 멘탈 능력의 차이가 메달의 색깔을 결정하게 된다. 2008년 베이징 올림픽에 출전했던 양궁선수들은 실제 경기상황에서 안정된 멘탈 상태를 유지하기 위해 수많은 관중이 모인 야구 경기장에서 훈련을 반복하고 모터보트 경기장에서 활을 쏘는 훈련을 했으며 실제 올림픽 경기장과 유사한 모형 경기장에서 소음, 응원, 야유소리가 들리는 악조건 속에서 훈련을 거듭했다.

또한 해병대 캠프에 참여하여 번지점프, 공포체험 등과 같은 담력훈련을 하였으며 특히 이미지 트레이닝을 통해 평상심을 유지하는 멘탈 능력을 강화했다. 그 결과 어떤 경기상황에서도 마음의 동요 없이 자신의 실력을 충분히 발휘하여 위대한 승리를 할 수 있게 되었다.

선수들의 흔들림 없는 강철 멘탈이 세계 최강을 자랑하는 대한민국 양궁의 새로운 역사를 쓰게 만든 것이다.

아마추어 골프선수가 탁월한 실력을 가진 프로선수들의 경기 모습을 보며 이미지를 시각화하여 자신의 뇌에 프로그래밍시키게 되면 이것을 필요시에 언제든지 재생시켜 프로선수들의 훌륭한 스윙을 따라 할 수 있게 된다. 이러한 심상훈련은 외부의 자극 없이도 가능하다. 특정 운동 동작을 수행하는 과정에서 뇌는 신경망을 통하여 근육에 원심성인 신경 충격을 보내게 되는데 실제 신체적인 움직임 없이 생생한 상상만 하는 경우에도 실제 신체적인 움직임이 일어날 때와 같은 신경적 반응을 일으킬 수 있게 된다.

구소련에서 국가대표급 선수들을 대상으로 실시한 이미지 트레이닝에 대한 실험 결과는 멘탈코칭과 이미지 트레이닝의 중요성을 잘 알 수 있게 해준다. 실력이 비슷한 선수들을 세 그룹으로 나누어 A그룹은 100% 철저한 운동기술훈련만 시켰고 B그룹은 70%의 운동기술훈련과 30%의 이미지 트레이닝을 시켰다. C그룹은 30%의 운동기술훈련과 70%의 이미지 트레이닝을 시켰다.

실험 결과는 C그룹, B그룹, A그룹 순으로 성적이 좋게 나왔다. C그룹의 성적이 제일 좋게 나온 이유는 외부의 정보간섭이나 심리적, 신체적인 걸림돌 없이 완벽한 운동기술을 훈련하는 이미지 트레이닝을 통해 뇌에 전용신경회로를 굵게 활성화시킨 후 신체적 운동기술훈련을 반복하여 완벽한 운동기술을 익힐 수 있었기 때문이다. 그리고 신체적 운동기술에 대한 경험을 다시 피드백받아 이미지 트레이닝을 생생하게 반복하여 프로그래밍된 전용신경회로와 일치시킬 수 있었기 때문에 C그룹의 성적이 제일 좋게 나온 것이다.

캐나다에서 대학농구팀을 대상으로 이미지 트레이닝을 실시한 실험 결과도 비슷하게 나왔다. 먼저 수준이 같은 학생들을 세 그룹으로 나누고 A그룹은 20일 동안 매일 30분씩 자유투 연습을 시켰고 B그룹은 아무런 연습을 하지 않았다. 그리고 C그룹은 매일 30분씩 자유투를 하는 이미지 트레이닝만 실시했다. 실험 결과 A그룹은 자유투 성공률이 24% 향상되었고 B그룹은 아무런 변화가 없었다. 중요한 것은 실제 연습 없이 이미지 트레이닝만 했던 C그룹의 자유투 성공률이 23%나 향상되었다는 것이다.

이처럼 뇌는 상상으로 하는 이미지 트레이닝과 현실에서의 실제 훈련 경험을 구분하지 못하는 착각 현상을 일으켜 비슷한 수행 효과를 나타낸다. 이미지 트레이닝은 운동수행과 경기력을 향상시킬 뿐만 아니라 선수의 멘탈을 강화하여 심신의 일치감과 안정감을 높여 자신을 조절하고 통제할 수 있는 자유의지까지도 향상시켜준다.

특히 큰 대회에 참가하기 전에 긴장과 불안이 심한 선수의 경우 이미지 트레이닝이 큰 도움이 될 수 있다. 중요한 경기나 큰 대회일수록 선수가 갖는 심리적 압박과 각성, 불안이 증대되기 때문에 평소에 실력이 좋은 선수도 긴장감이 심해지면서 자신의 실력을 제대로 발휘할 수가 없게 될 때가 많다.

불안한 심리적, 생리적 상황에서는 선수의 중요한 에너지가 운동과제에 사용되지 못하고 불안과 싸우게 되어 주의집중력이 떨어진다.

선수가 경기를 앞두고 불안이 증대되는 이유는 다양하지만 보통 내면적 불일치와 부조화 때문에 생긴다. 평소 안정되게 연습할 때의 패턴을 일관성 있게 유지할 수 없도록 만드는 정보간섭이 일어났거나 새로운 환경과 경쟁상황이 익숙하지 않고 그 상황과 자신을 통제하지 못하기 때문에 불안이 생기게 되는 것이다.

뇌는 낯선 환경에 대해서 심리적 방어기제를 가동시켜 고도의 경계심과 심리적, 생리적 각성을 일으키는 것이 자신을 지키는데 도움이 된다는 무의식적 기전이 발현된다. 그렇기 때문에 낯선 상황을 익숙한 상황으로 인식할 수 있도록 반복 훈련과 이미지 트레이닝을 해주는 것이 필요하다. 특히 뇌는 상상한 것과 실제 경험의 차이를 구분하지 못하기 때문에 이미지 트레이닝을 통해 기시감을 느끼게 됨으로써 안정되고 편안한 멘탈 상태를 유지할 수가 있게 되는 것이다.

선수는 처음 접하는 경기장과 심판, 상대 선수, 관중을 너무 지나치게 의식하게 되거나 경기 성적에 대한 심리적 부담으로 각성과 불안이 높아질 수 있다. 이러한 부정적인 상태를 긍정적인 상태로 바꾸기 위하여 경기상황과 진행과정, 결과에 대해 긍정적인 이미지 트레이닝을 반복하게 되면 선수는 그것을 익숙하고 편안한 것으로 받아들여 좀 더 안정된 상태를 유지할 수 있게 된다.

우리 뇌는 무엇이든 반복하면 사실로 받아들이고 믿음을 만들어 그 믿음이 자신의 마음과 몸을 통제하도록 만드는 착각의 챔피언이다. 그것이 사실이든 아니든 상관없이 그것이 사실이라고 믿고 생생하게 반복해서 이미지 트레이닝을 하게 되면 몸과 마음이 일치되어 그 믿음을 현실로 창조하는 능력을 가지고 있는 것이다.

자신의 목표가 반드시 이루어진다는 확고한 믿음을 키우는 반복적인 이미지 트레이닝을 통해 마음과 몸 상태를 일치시키고 세팅하게 되면 원하는 결과를 성취할 가능성을 높이게 된다. 모든 스포츠는 멘탈 스포츠이다. 그렇기 때문에 코치는 멘탈코칭이 선수의 운동수행 향상과 목표달성에 도움을 줄 수 있다는 확고한 믿음을 가지고 스포츠 현장에 접목할 수 있어야 한다.

선수가 CR의 현실에서 원하는 목표를 성취하기 위해서는 NCR의 목표가 현실에서 실현되는 과정과 결과를 선명하고 구체적인 그림으로 채색시키는 심상훈련과정이 필요하다. 심상훈련을 통해 반복적으로 마음에 새겨진 이미지는 뇌에 전용신경회로를 구축하여 현실적 성취를 이룰 수 있는 완벽한 시스템을 구축하기 위한 신념체계를 만들어준다. 우리 뇌는 그 무엇이든 반복해서 입력하면 그것을 사실로 받아들이고 믿음을 만들어 그 믿음에 스스로 통제당하는 착각의 챔피언이기 때문에 NCR의 심상을 선명하고 구체적으로 반복하게 되면 CR의 현실적인 성취가 실현될 가능성이 높아진다.

# 마음의 변화

착각의 챔피언인 뇌는 어떤 생각이나 상상을 생생하게 반복하면 그것을 사실로 믿게 되고 그 생각과 관련된 화학물질을 순식간에 분비하여 전용신경회로를 활성화시켜 스스로를 통제하게 된다. 반복된 생각이 자신의 마음과 몸 상태를 조절하고 통제하여 원하는 결과를 창조해 낼 수 있는 준비상태를 만들게 되는 것이다.

2016년 리우 올림픽 펜싱 결승전에서 대한민국의 박상영 선수는 13 : 9로 뒤지고 있는 상황에서 2라운드가 끝나고 1분간의 휴식시간 동안 '나는 할 수 있다. 나는 할 수 있다'라는 자기암시를 반복하며 할 수 있는 자신의 마음과 몸 상태를 만들어 스스로를 긍정적으로 통제하여 원하는 결과를 얻었다.

모든 사람이 상대 선수가 이길 것이라고 예측하고 있었지만 박상영 선수는 '할 수 있다'는 반복적인 암시를 통해 기적을 이루었다.

3라운드에서 14：10까지 끌려다니던 박상영 선수는 침착하게 5점을 연달아 획득하면서 자신의 할 수 있다는 암시대로 기적적인 승리를 거두며 감격적인 금메달을 획득할 수 있었다.

만약 박상영 선수가 현재 뒤지고 있는 상황에만 초점을 맞추고 패배할 것이라는 부정적인 사고를 가지고 경기에 임했다면 자신의 마음과 몸이 패배할 수밖에 없는 상태로 일치되어 경기에 질 수밖에 없었을 것이다. 비록 큰 점수로 뒤지고 있었지만 지고 있는 상황이나 점수에 초점을 맞춘 것이 아니라 자기암시를 통하여 지금 이 순간에 자신이 할 수 있는 최상의 상태를 선택하였기 때문에 남은 경기를 자신이 원하는 대로 이끌 수 있었다.

14：10으로 지고 있는 자신이 아니라 지금 현재의 완벽한 자신의 상태를 만들어 남은 경기에 임했던 것이 우승이라는 기적을 만든 탁월한 선택이 되었다. 박상영 선수는 통제할 수 없는 경기 결과를 선택하려 했던 것이 아니라 할 수 있다는 절대 긍정의 신념으로 경기에 임하는 자신의 현재 상태를 선택했던 것이다.

그는 어려운 상황에서도 결코 포기하지 않고 끝까지 할 수 있다는 반복적인 생각으로 할 수 있는 자신의 멘탈 상태를 선택했기 때문에 원하는 결과를 성취할 수 있었다. 자신의 마음과 몸 상태를 할 수 있다는 신념에 일치시켜 모든 자원과 에너지가 할 수 있는 결과를 만들어 내는데 모아져 승리의 기적을 창조해낸 것이다.

아무리 힘들고 어렵더라도 '할 수 있다. 더 잘 될 것이다'라는 긍정적인 생각을 반복하여 믿음을 만들 수 있게 되면 그 믿음과 관련된 모든 신경회로가 활성화되고 자신과 환경의 긍정적인 자원을 일치시켜 불가능을 가능하게 만드는 기적을 창조할 수 있다.

우리 뇌에서는 긍정적인 생각을 하게 되면 엔도르핀 같은 좋은 화학물질을 분비하고 부정적인 생각을 하게 되면 노르아드레날린 같은 독성을 가진 나쁜 화학물질을 분비하여 몸과 마음의 상태를 바꾸게 된다. 반복적인 생각과 상상은 신경성장인자의 작용으로 특정 신경회로의 연결을 광케이블처럼 굵게 강화시켜 특정한 신경적 반응을 일으키는 프로그래밍된 상태를 만든다.

만약에 평소 훈련과정에서 반복적인 멘탈트레이닝을 통해 '나는 할 수 있다'와 같은 특정 언어나 성취적인 행동에 닻을 연결해 놓으면 큰 대회나 중요한 경기에서 그 닻을 작동시키기만 해도 정신과 신체를 최적의 상태로 유지하여 좋은 경기 결과를 얻을 수 있게 된다. 굳이 닻을 작동시키지 않더라도 잠재의식에 있는 할 수 있다는 신념이 모든 신경회로에 직간접적으로 영향을 미쳐 마음이 편안하고 안정된 상태가 된다. 이것이 비국소성의 원리이다.

일반적으로 코치와 선수는 경기를 잘해야 한다고 생각하는데 경기를 잘해야 한다는 생각부터 바꾸어야 한다. 경기를 잘해야 한다는 강박적인 생각이 오히려 심리적 부담감과 불안을 일으킬 수도 있기 때문이다. 선수가 경기상황에서 잘하려 하기보다 평소 훈련을 잘해야 하고 반복된 훈련과정에서 긍정적인 멘탈 상태를 유지하며 운동수행능력을 일관성 있게 향상시키는 것이 먼저이다.

경기는 훈련에서 다듬은 자신의 실력을 공개된 장소에서 확인하는 요식행위이다. 그렇기 때문에 경기는 훈련처럼 하고 훈련을 경기처럼 하라는 말이 생긴 것이다. 그래서 평소에 반복적인 멘탈트레이닝을 통해 최상의 멘탈 상태를 프로그래밍시키는 것이 무엇보다 중요하다.

만약 전쟁을 이기기 위해서 한다면 패배할 수도 있다. 전쟁은 이길 수 있는 모든 준비를 완벽하게 한 후 승리를 확인하는 마지막 절차일 뿐이다. 미리 이겨놓고 전쟁을 하기 때문에 승리할 수밖에 없는 것이다.

인간의 뇌에는 천억 개가 넘는 뉴런이 존재하며 이렇게 많은 뉴런에는 타고난 개인의 유전적 정보뿐만 아니라 살아오면서 학습과 경험을 통해 획득한 수많은 자극과 정보들이 복합적으로 얽혀 저장되어 있다. 천억 개가 넘는 뉴런은 각자 수만 개 이상의 다른 뉴런들과 병렬적으로 신호를 주고받으며 복잡하게 연결되어 있고 이 복잡한 연결 상태를 신경회로라고 한다.

운동학습과 수행에 관련된 반복적인 멘탈트레이닝을 통해 자주 사용하는 신경회로가 더 굵게 강화되어 뇌에 고속도로와 같은 자신만의 운동신경회로를 만든다. 뇌의 신경회로는 우리의 반복된 생각과 언어, 행동에 의해 끊임없이 새로운 뇌신경회로의 연결을 다양하게 확장하거나 기존의 연결을 강화한다. 운동신경회로가 내현기억화되어 의식적 관여 없이도 자동화되고 습관화될 때 자연스럽게 주의집중과 몰입 상태를 만들 수 있게 된다.

운동학습과정에서 필요한 기술과 동작은 반복 트레이닝을 통해 연결회로를 광케이블처럼 굵게 강화시켜 일관성을 유지하도록 하는 것이 중요하며 그것을 바탕으로 뇌의 가소성을 활용하여 환경적 자극이나 정보를 원활하게 처리해야 한다. 반복적인 훈련과정과 멘탈트레이닝을 통해 신체와 멘탈 상태를 완벽하게 만든 상태에서 완전한 조화를 이루어 경기에 임할 때 목표에 초점이 모아지고 몰입된 상태로 원하는 성취 결과를 얻을 수 있게 된다.

경기를 하기 전에 이미 승리할 수밖에 없는 자신의 상태를 만들었다면 경기장에서 긴장하거나 불안을 느낄 이유가 없다. 안정된 상태에서 승리를 확인하는 마지막 절차이기 때문에 훈련할 때와 같은 일관성을 가지고 경기에 임할 수 있게 되는 것이다.

착각의 챔피언인 뇌는 무엇이든 반복하면 사실로 받아들이고 그것에 대한 믿음을 강화하여 그 믿음과 관련된 일관성 있는 결과를 얻게 해준다. 그것이 신체훈련을 통해 멘탈을 강화한 것이든 멘탈 훈련을 통해 신체의 향상을 가져온 것이든 별로 중요하지 않다. 그 이유는 어느 한 가지를 바꾸게 되면 나머지는 함께 변화할 수밖에 없는 심신상관성을 가지고 있기 때문이다. 중요한 것은 완벽한 훈련을 통해 마음과 몸 상태를 최적의 상태로 만드는 것이다.

마음은 수평상태의 고요함을 계속 유지하는 것이 아니라 내·외부적 자극과 정보에 의해 어느 정도의 높낮이를 유동적으로 만들게 된다. 이런 높낮이의 폭을 최대한 줄이는 것이 멘탈 훈련을 통해 가능하다.

# 시각화와 뇌

시각화 훈련이란 NCR적인 상태에 있는 이미지를 떠올려 뇌에 프로그래밍시킴으로써 CR적인 현실에서 성취를 실현시키는 방법이다.

즉 보이지 않는 NCR이 일정한 CR의 형태로 나타나는 것을 말한다.

스포츠에서 선수들이 시각화 훈련을 많이 하는 것은 수행 향상에 도움이 되기 때문이다.

뇌는 상상과 현실을 구분할 수 있는 기능이 없기 때문에 신체를 사용하여 실제로 운동을 한 것과 마음속으로 상상한 것의 차이를 구분하지 못한다. 모든 경험은 감각을 통해 이루어지며 경험 당시에 느꼈던 특정한 신경적 반응과 정서까지도 함께 프로그래밍시켜 뇌에 저장하기 때문이다. 그래서 과거의 경험에 대해 생생하게 상상하는 것만으로도 과거에 경험했을 당시의 정서와 감정이 연합된 특정한 신경적 반응을 함께 활성화시키게 되는 것이다.

과거 경기에서 우승한 기억이나 연습과정에서 성취했던 경험을 회상하면 경험 당시의 신체적 각성과 감정을 다시 느끼게 되면서 자신감이 충만해지는 것을 알 수 있다. 그리고 자신에게 믿음을 가지고 격려와 긍정적인 피드백을 제공해주는 코치를 떠올리는 것만으로도 마음이 편안하고 안정되는 것을 느낄 수가 있다.

이것이 선수가 운동학습과정이나 경기에서 성취경험을 많이 하고 코치로부터 격려와 긍정적인 피드백을 많이 받아야 하는 이유이다. 이러한 긍정적인 경험과 피드백이 뇌에 프로그래밍되어 마음과 몸 상태를 만들고 현재의 운동수행에 영향을 미치게 되는 것이다.

생각만 해도 가슴이 설레는 과거의 성취경험을 반복해서 떠올리게 되면 뇌에 그와 관련된 신경회로가 활성화되고 그 당시의 성취감과 자신감, 당당함의 정서와 감정이 함께 불려나오면서 현재의 마음과 몸 상태를 긍정적으로 변화시키게 된다. 과거뿐 아니라 미래에 간절히 원하는 것에 대해서도 오감을 동원해서 생생하게 상상을 하면 그 상상과 관련된 신경적 반응과 감정이 '미래기억'을 만들어 그 기억에 대한 믿음으로 자신의 상태까지 바꾸어버린다.

원하는 상태와 목표에 대한 믿음을 마음에 분명하게 새기면 그 믿음이 심리상태와 몸을 통제하여 그 믿음을 실현시키기 위해 모든 자원과 에너지를 일치시키게 된다. 성취에 대한 믿음을 오감적으로 생생하고 분명하게 시각화시키면 뇌에 그와 관련된 신경회로가 믿음의 형태로 프로그래밍되어 그것이 과거기억이든 미래기억이든 상관하지 않고 성취가 실현될 수밖에 없는 자신의 상태를 만들게 되는 것이다.

반대로 평소 훈련과정에서 긴장과 불안을 느끼게 만드는 코치가 경기장에서 지켜보는 것만으로도 선수의 긴장과 불안이 높아지는 것도 같은 원리이다. 이것은 과거의 경험이 뇌에 기억될 때 경험 당시의 정서와 감정이 신경적 반응과 함께 프로그래밍되어 있기 때문이다.

과거의 실패와 좌절에 대한 회상을 반복하면 과거에 경험할 때 느꼈던 부정적인 정서와 감정이 불려나와 기분이 나빠지고 무기력한 상태가 되는 신경적 반응을 일으킨다.

또한 싫어하는 사람을 떠올리는 것만으로도 기분이 나빠지기도 한다. 이처럼 좋지 않은 과거경험이 반복해서 떠오르면서 마음이 우울해지고 부정적인 감정에 휩싸이게 되는 것은 경험 당시의 정서와 감정이 함께 연합되어 기억되기 때문이다. 부정적인 상상을 반복하거나 오래 지속하게 되면 그것을 행동으로 옮기지 않더라도 부정적인 신경회로가 과잉활성화되어 지금 현재의 상태뿐 아니라 자신의 존재와 정체성까지도 부정적으로 완성하여 무기력한 상태를 만들어버린다.

뇌가 가진 별명이 착각의 챔피언이다. 뇌는 너무나 똑똑하고 완벽한 시스템을 갖고 있지만 그 똑똑함 때문에 스스로에게 쉽게 속아 넘어가는 착각의 챔피언이기도 한 것이다. 대부분의 사람들은 뇌가 일으키는 착각이 만든 왜곡된 세상모형을 가지고 살아가면서도 정작 자신이 착각하고 있다는 사실을 알지 못하고 그 착각이 만든 세상모형의 굴레 속에 갇힌 채 살아가고 있다.

무엇이든 오감을 동원해서 생생하게 경험하게 되면 뇌는 실제 경험한 것과 가상으로 시각화한 것의 차이를 알아차리지 못한다.

시각화를 할 때는 그냥 시각적으로만 이미지를 떠올리는 것이 아니라 오감적으로 생생하게 떠올리기 때문에 더 분명하고 선명한 시각화가 되어 기억이 더 단단하게 응고화된다. 선명하게 시각화되어 뇌에 프로그래밍된 기억은 긍정과 부정을 가리지 않고 무엇이든 현실적 성취를 더 쉽고 빠르게 이룰 수 있도록 기능한다.

현재의 상태를 긍정적으로 바꾸어주는 성취경험에 대한 생생한 시각화는 누구나 쉽게 할 수 있다. 조용한 장소에서 심호흡을 한 후에 과거의 성취경험을 떠올리고 그 감각에 연합하여 완전히 집중하면 된다. 처음에는 시각적인 이미지만 떠올릴 수 있지만 반복하게 되면 소리와 느낌까지도 생생하게 연합할 수 있다. 그리고 현재의 원하는 상태를 만들기 위해 '과거기억'뿐 아니라 '미래기억'까지도 시각화시켜 활용이 가능하다. 미래의 성취결과를 생생하게 상상하는 것만으로도 기억을 바꿀 수 있기 때문이다.

시각화 훈련은 경기나 연습과정에서의 강렬한 정서를 동반한 성취경험에 대해 오감을 동원해서 구체적으로 생생하게 떠올린 후 과거경험 당시를 재연시켜 그 기억회로를 더 강화시키는 것이다. 이렇게 시각화된 기억은 뇌에 전용신경회로를 구축하여 이후의 연습과 경기상황에서 우선적으로 활성화된다. 전용신경회로가 활성화될 때 과거의 경험이 함께 재연되기 때문에 선수의 현재 상태를 만들게 되는 것이다. 과거 성취경험에 대한 시각화 과정에서 강렬하게 느꼈던 감정에 완전히 몰입하여 현재 상태에서 과거를 생생하게 다시 경험하게 되면 미래의 경험까지도 긍정적인 영향을 미친다.

시각화 방법은 아주 간단하다. 조용한 장소에서 눈을 감고 심호흡을 3회 실시하여 마음과 몸 상태를 최대한 편안하고 안정되게 만든다. 그리고 과거 성취경험의 느낌을 2배, 5배, 10배까지 증폭시켜 성취했을 때의 설레임과 자신감, 성취감이 가득한 느낌을 그대로 가진 상태에서 두 손을 포개어 가슴 앞에 대고 크게 심호흡을 세 번 실시한다. 이렇게 되면 시각화된 느낌이 뇌에 강렬하게 프로그래밍되어 현재의 상태를 긍정적이고 활력 있는 상태로 바꾸어준다. 간단한 시각화 트레이닝만으로도 현재의 마음과 몸 상태를 긍정적으로 변화시켜 운동수행에 도움을 얻을 수 있게 되는 것이다.

원하는 상태를 체험할 수 있는 시각화 훈련을 통해 뇌를 긍정적으로 착각하게 만들면 특정 신경망을 활성화시키게 되면서 원하는 긍정적인 상태를 일관성 있게 유지할 수가 있다. 뇌의 상상력을 활용한 시각화 훈련으로 뇌를 프로그래밍시키게 되면 원하는 긍정적인 상태와 성과를 얻는데 큰 도움이 된다. 뇌는 현실과 가상을 구분하지 못하는 착각의 챔피언이기 때문에 선명하게 시각화시킨 이미지를 현실화시키기 위해 모든 자원과 에너지를 동원하게 되는 것이다.

인간의 뇌가 가진 별명이 착각의 챔피언이며 이 별명을 얻을 수 있었던 것은 뇌가 두개골 안에 안전하게 자리 잡고 있어 바깥세상과 직접적으로 연결하지 못하고 모든 정보처리과정과 반응을 오감적으로 하기 때문이다. 뇌가 바깥세상과 직접 소통하지 못하기 때문에 오감적으로 상상을 할 수만 있다면 뇌는 착각을 하여 그것을 현실적인 기억과 같은 기억시스템에 저장해버린다. 그렇기 때문에 운동선수들을 대상으로 하는 심상훈련의 효과가 실제로 신체훈련을 할 때와 비슷한 수행능력의 향상을 얻을 수 있게 되는 것이다.

'일체유심조'라는 말은 모든 것은 우리의 마음에서 만들어내며 마음에 따라 모든 것이 바뀌게 된다는 뜻을 가지고 있다. 중추신경계의 마음이 바뀌면 심신상관성에 의해 하나의 시스템으로 연결되어 있는 말초신경계의 신체기능이 함께 바뀔 수밖에 없는 것이다.

원하는 성과를 얻지 못하는 운동선수들과 코치들은 NCR의 마음이 가진 놀라운 능력에 대해 알지 못하고 믿지 못하기 때문에 수행 향상의 성과를 제대로 얻지 못하게 된다. CR의 신체훈련에만 초점을 맞추고 훈련을 하는 과정에서 원하는 성과를 얻을 수 있는 기회를 놓치는 경우가 많아지기 때문이다.

이러한 현상은 심신상관성에 의해 신체훈련을 강화하게 되면 멘탈적인 변화가 따라오기 때문에 굳이 따로 멘탈 훈련을 해야 할 필요성을 느끼지 못하면서 생길 수 있는 문제이다. 신체훈련을 열심히 하는 것만으로도 성공하는 운동선수가 많기 때문에 그것을 일반화하여 정작 멘탈코칭이 필요한 선수도 별도의 멘탈 훈련의 필요성을 인식하지 못하게 되는 것이다.

사람과 동물의 차이점 중에 하나가 동물은 안전과 생존을 위한 본능적인 뇌가 주도권을 행사하기 때문에 고차원적인 뇌기능인 '상상력'을 활용할 수 없다는 사실이다. 하지만 인간은 이성적인 뇌가 정서적인 뇌와 통합적으로 조율 작업을 하기 때문에 고차원적인 뇌기능인 '상상력'을 얼마든지 활용할 수 있다.

중요한 것은 고차원적인 뇌기능인 상상력은 어떤 것이든 할 수 있는 중립적인 위치에 있기 때문에 우리가 어떻게 활용하는가에 따라 긍정적인 결과를 얻을 수도 있고 부정적인 결과를 얻을 수도 있는 것이다. 우리의 똑똑한 뇌는 그 무엇이든 구체적이고 선명하게 반복적으로 상상을 하게 되면 그것을 사실로 받아들이고 믿음을 만들어 현실적인 성과를 얻을 수 있도록 완전한 신념체계를 강화한다.

그래서 '나는 실패할 것이다', '나는 능력이 없는 사람이다', '나는 할 수 없다'와 같은 부정적인 생각과 상상을 반복하면 실제로 현실에서 실패하고 할 수 없는 부정적인 결과를 얻게 될 가능성을 높이게 된다. 반대로 '난 성공할 것이다', '나는 능력이 있는 사람이다', '나는 무엇이든 할 수 있다'와 같은 긍정적인 생각과 상상을 반복하면 실제로 현실에서 무엇이든 할 수 있는 자신의 상태를 만들어 반복적으로 상상한 것과 같은 긍정적인 결과를 얻게 될 가능성을 높이게 되는 것이다.

심상훈련은 스포츠에서 가장 중요한 심리기술의 하나이다. 멘탈코칭센터에서는 심상훈련을 운동선수뿐만 아니라 일반인들의 멘탈코칭에도 활용하여 탁월한 효과를 얻고 있다. 왜냐하면 인간의 뇌는 한순간에 한 가지밖에 초점을 일치시킬 수 없기 때문이다. 그래서 심상훈련을 통해 뇌에 특정한 믿음을 만드는 전용신경회로를 구축하기만 한다면 현재의 문제를 쉽게 극복할 수 있게 되는 것이다.

이렇게 효과가 검증된 심상훈련에 대해 일부 코치와 선수가 관련된 지식과 정보가 부족해 체계적으로 심상훈련을 하지 못하고 있는 것이 참으로 안타까운 일이다. 스포츠가 점차 과학화되는 과정에서 반복적인 심상이 선수의 멘탈 능력을 강화하여 수행 향상과 경기력을 향상시키는 효과가 다양하게 증명되어 심상훈련에 대한 코치와 선수의 관심이 높아지고 있는 추세를 다행스럽게 생각한다.

# 심상훈련과 멘탈

CR은 일상적 실재로서 눈에 보이고 만질 수 있으며 형태로 존재하는 현실적이고 물질적인 유한한 것이다. 반면에 NCR은 비일상적 실재로서 직접 볼 수 있거나 만질 수 없지만 분명히 사실로 존재하는 가상적이고 비물질적인 무한한 것이다.

사람이 동물과 차이나는 능력 중에 한 가지가 동물은 본능에 충실하기 때문에 일반적으로 CR적 현실만 믿고 그것에 반응한다.

그에 반해 사람은 자신의 안전과 생존을 위한 본능에 충실하면서도 이성적 존재이기 때문에 일상적 실재인 CR의 현실뿐만 아니라 비일상적 실재인 NCR의 세계에 대한 믿음으로 창조적인 결과를 만들어낼 수 있는 능력을 가지고 있다는 것이다.

인류는 CR을 기반으로 NCR적인 상상을 통해 계속 진화해왔으며 그와 더불어 NCR적 상상을 통해서도 CR의 현실을 창조하며 계속 진화할 수 있었다. 지금 현재도 CR과 NCR의 힘에 의해 모든 것이 빠르게 진화해가고 있다. 이와 같이 뇌가 가진 무한창조의 능력을 활용할 수만 있다면 무한성취의 현실을 만들어낼 수 있게 된다. 진화의 중심에 있는 탁월성을 가진 뇌는 안전을 위하여 두개골 속에 자리 잡고 있기 때문에 외부와의 직접적인 접촉을 하지 못하고 감각을 통해 정보를 주고받으며 세상과 소통한다.

그래서 뇌는 선명한 감각을 동원하여 상상한 것에 대해서도 사실로 착각하여 믿음을 만들어 반응하게 된다. 뇌에 정보를 보내고 명령을 받는 감각신경은 CR적 자극과 정보에만 반응하는 것이 아니라 가상적인 NCR적 자극과 정보에도 똑같이 반응을 하기 때문에 뇌는 상상과 현실의 차이를 구분하지 못하는 것이다.

우리는 신맛이 나는 레몬을 상상하기만 해도 입안에 침이 고이고 미래의 성공한 자신의 모습을 상상하기만 해도 기분이 좋아진다.

반대로 스트레스나 불안을 주는 미해결 과제를 떠올리는 것만으로도 부정적인 신경회로가 활성화되고 그와 관련된 화학물질을 분비하며 마음과 몸의 상태를 부정적으로 바꾸어버린다. 이처럼 마음으로 상상만 했을 뿐인데도 우리 몸은 특정한 반응을 하게 되는 것이다.

우리 뇌의 별명이 착각의 챔피언이라고 불리는 이유가 뇌는 상상과 현실을 구분하지 못하기 때문이다.

어린 선수가 TV에서 축구선수의 현란한 드리블을 보고 뇌에 선명하게 시각화시킨 후 운동장에서 그대로 재현하는데 성공할 수 있는 것은 뇌에 프로그래밍되었기 때문에 가능하다. 이것은 직접 코칭을 받지 않았지만 TV에서 보았던 축구선수의 드리블 장면을 자신의 거울뉴런이 그대로 모델링하여 뇌에 시각화시켰기 때문에 가능한 것이다.

경기를 앞두고 있는 선수가 긴장되는 자신의 마음을 진정시키기 위해 마음속으로 경기상황을 생생하게 여러 번 시각화시켜 익숙하게 만들게 되면 마음이 편안해지면서 경기에 대한 불안한 마음을 해결할 수 있게 된다. 이것이 심상훈련의 효과이다.

우리 뇌는 상상한 것과 실제 경험한 것의 차이를 현재 상태에서 의식적으로 인식할 수는 있지만 두 가지 모두 같은 기억시스템을 사용하기 때문에 실제로는 상상과 현실을 구분하지 못하게 된다. 이와 같이 심상이란 오감을 동원하여 마음속으로 어떤 경험을 회상하거나 새로운 미래기억을 만들어내는 것으로 우리 뇌가 가진 착각의 기능을 긍정적으로 이용하는 것이다.

우리 뇌가 가진 별명이 '착각의 챔피언'이라고 했다. 뇌는 두개골 안에 안전하게 자리 잡고 있기 때문에 외부와의 접촉과 소통을 직접적으로 하지 못하고 감각을 통해서만 만나고 반응한다. 그래서 뇌는 오감을 동원해 생생하게 상상을 하게 되면 그것을 실제 경험과 같은 것으로 착각하여 반응하게 된다.

우리는 어떤 것을 실제로 경험하지 않고도 그 이미지를 떠올리고 그것에 대한 느낌과 냄새, 맛, 소리 등을 연합하여 뇌에 프로그래밍시킬 수 있다. 스포츠에서 심상훈련은 이미지 트레이닝이라고도 하며 심상을 자신이 원하는 상태로 통제하는 훈련을 반복하여 운동수행과 경기력을 향상시키는데 활용한다.

유도에서 올림픽 금메달을 획득한 최민호 선수는 한때 '3등 콤플렉스'라는 심리적 압박감에 시달렸다. 과거의 반복된 실패경험이 부정적 자기 제한 신념이 되어 스스로를 강하게 구속하고 있었기 때문이다. 이러한 콤플렉스를 극복하기 위해서 과거 경기가 잘 풀리던 기억과 즐겁게 훈련하던 기억 등을 선명하게 떠올리는 심상훈련을 통해 자신의 멘탈을 긍정적인 상태로 바꾸어 자신감을 회복하여 올림픽에서 우승을 할 수 있었다. 그동안 실력이 없어서 우승을 못했던 것이 아니라 멘탈사용방법을 몰라 자기 안에 감추어져 있던 실력을 완전히 발휘하지 못했을 뿐이었다.

우리 뇌는 과거에 대한 회상과 미래에 대한 상상을 선명하게 반복하게 되면 그것이 긍정이든 부정이든 가리지 않고 그것을 사실로 받아들여 강한 믿음을 만든다. 이렇게 만들어진 자신의 믿음 상태에 따라 모든 자원을 일치시켜 목표를 달성할 수 있는 멘탈과 신체 상태를 유지할 수 있게 되는 것이다.

스포츠 선진국에서는 국가대표 선수나 프로선수들에게 전문 멘탈코치를 배치하여 체계적인 멘탈코칭을 실시하고 있으며 우리나라에서도 멘탈코칭의 중요성에 대한 인식이 날로 높아지고 있다. 최고의 기량으로 최고의 위치에 오른 국가대표 선수나 전문 프로선수들 중에는 멘탈코치의 도움을 받는 선수가 많다. 이러한 멘탈코칭은 탁월한 기량을 가진 국가대표 선수나 프로선수뿐만 아니라 일반 대중 스포츠에 참여하는 생활체육 동호인들에게도 꼭 필요한 훈련과정이다.

특히 어린 나이에 운동을 배우는 스포츠 꿈나무들의 경우 멘탈코칭은 너무나 중요하다. 이 시기에 전문적인 멘탈코칭을 받게 되면 단순한 운동수행과 경기력 향상뿐만 아니라 개인의 인성과 정체성을 만드는 중요한 교육적 수단이 되기 때문이다.

우리 뇌는 오감적으로 선명하게 상상한 것과 실제 경험한 것의 차이를 구분하지 못하기 때문에 심상에 대한 멘탈코칭이 중요한 의미를 가진다. 그래서 운동수행과 목표에 대한 심상훈련을 하는 과정에서 원하는 신경회로를 반복적으로 강화시키거나 생성시키게 되면 실제 몸으로 운동했을 때와 비슷한 효과를 얻을 수 있게 되어 목표달성을 앞당기는 데 도움을 받게 되는 것이다.

운동수행 효과를 높이기 위해서는 CR의 신체를 단련하여 NCR의 멘탈을 강화할 수도 있고 NCR의 멘탈을 강화하여 CR의 신체적인 변화를 이룰 수도 있다. 멘탈과 신체는 심신상관성에 의해 비국소성으로 연결되어 있기 때문에 어느 한 가지를 바꾸면 나머지 한 가지도 자연적으로 변화할 수밖에 없다. 체계적이고 전문적인 심상훈련만으로도 신체적인 변화를 이룰 수 있는 이유는 마음과 몸은 상보성으로 연결된 하나의 체계이기 때문이다.

결국 모든 신체적인 활동에 이미 멘탈이 포함되어 있고 모든 멘탈 훈련에 신체적인 움직임이 함께 포함되어 있는 비국소성과 홀로그램적인 시스템으로 작동되기 때문에 반복적인 신체훈련과 더불어 선명한 심상훈련이 중요한 것이다. 심상훈련은 스포츠에서 선수의 실력 향상을 위한 멘탈코칭뿐만 아니라 교육, 리더십, 마케팅, 종교, 치유 등 다양한 분야에서 활용할 수 있는 훈련 기법이다.

인간의 뇌는 상상이든 실제 경험이든 구분하지 않고 그 무엇이든 반복하면 그것을 사실로 받아들여 믿음을 만든다. 그 믿음에 자원과 에너지를 일치시키게 되면 특정 목표를 성취하기 위한 초능력적인 에너지와 잠재된 자원을 사용할 수 있게 된다. 그런데도 스포츠 현장에서 코치가 선수들의 심상훈련을 체계적으로 훈련프로그램에 적용시키지 않는 이유는 코치 자신이 심상훈련의 효과를 믿지 않거나 심상훈련을 할 시간적 여유가 없기 때문이다.

이미 효과가 검증된 심상훈련을 배제한 운동프로그램으로 수행 향상의 효과를 얻지 못하게 된다면 그 피해는 고스란히 선수가 짊어져야 한다. 심상훈련에 대한 가치를 인정하고 선수에게 적합한 훈련프로그램을 제공해줄 수 있다면 NCR의 심상이 CR의 수행 향상이라는 긍정적인 성취결과를 얻게 해줄 것이다.

아무리 좋은 약도 잘못 처방하게 되면 독이 되듯이 남들이 하는 모습만 대충 흉내 내는 심상훈련은 오히려 정보간섭에 의해 역효과가 나타난다. 산만한 상태에서 대충하는 심상훈련은 뇌에 정보간섭을 일으켜 운동수행에 지장을 초래하고 경기력을 저하시키기 때문이다.
이완된 상태에서 오감을 선명하게 활용한 몰입된 심상훈련을 체계적으로 실시할 때 수행 향상의 긍정적인 효과를 기대할 수 있다.

# 심상훈련과 초능력

인간의 뇌에는 천억 개가 넘는 뇌세포가 서로 다른 뇌세포와 병렬적으로 시냅스 연결을 짓고 있기 때문에 그 어떤 경계도 없이 자유롭게 상상의 나래를 펼칠 수가 있다.

뇌는 두개골 안에 안전하게 자리 잡고 있기 때문에 외부 세상과 직접적인 접촉을 할 수가 없어 오감을 동원하여 정보를 처리한다.

그렇기 때문에 오감적으로 선명하게 상상을 하게 되면 뇌는 속아 넘어가 상상과 현실을 구분하지 못하고 그것을 현실적인 경험으로 착각하여 반응하게 된다. 그래서 그 무엇이든 선명하게 반복적으로 심상을 하게 되면 그것을 현실로 실현시키기 위해 필요한 모든 자원과 에너지를 동원할 수 있는 시스템을 구축하게 되는 것이다.

스포츠에서의 심상은 직접적인 운동수행 없이 마음속의 경험을 재연하거나 과거의 경험을 바탕으로 새로운 경험을 창조하는 것을 말한다. 일반적으로 스포츠에서의 심상훈련은 내적 심상훈련과 외적 심상훈련 으로 구분할 수 있다.


## 내적 심상


　내적 심상은 선수 자신의 관점에서 운동 동작이나 기술의 수행 장면 을 상상하는 것으로 자신의 운동감각이 중시되는 훈련방법이다.

즉 자신이 직접 운동을 수행하는 상황에서 눈앞에 보이는 것들을 자신 의 마음속에 떠올리는 형태로써 시각, 촉각, 청각 등 오감을 동원하여 심상을 하는 것이다.

　내적 심상을 하는 동안에 떠오르는 이미지는 마치 자신의 이마에 달 린 카메라에 찍힌 모습과 같다. 따라서 심상을 하는 동안에는 실제로 그 동작을 할 때 자신의 눈에 비친 모습만을 보게 되며 시선이 이동하 면 심상도 계속적으로 변화하게 된다. 예를 들어 축구 페널티킥 상황 을 심상할 때 공을 차는 선수가 자신의 눈앞에 보이는 공과 잔디, 골 대, 골키퍼 등을 마음속에 떠올리며 오감적으로 심상을 하는 것이다.

# 외적 심상

   외적 심상은 외부 관찰자의 관점에서 자신의 수행 모습을 좀 더 객관적으로 보는 훈련방법으로 시각이 주로 활용된다. 마치 방송국의 중계 카메라가 자신의 수행 모습을 촬영한 것을 모니터로 보는 것과 같이 시각을 활용하는 훈련방법인 것이다. 즉 외부 관찰자의 관점에서 자신의 운동수행을 심상하는 것을 외적 심상이라고 한다.

   엘리트 선수들은 심상훈련을 할 때 내적 심상을 더 자주 이용한다. 외적 심상보다는 내적 심상을 할 때 근육과 신경의 활동이 더 활발하게 나타나 실제 동작을 수행할 때의 느낌인 운동감각을 더 많이 체감할 수 있기 때문이다.

   이 두 가지 유형 중에서 어떤 것이 운동수행에 도움이 되는지에 대해서는 훈련과제나 종목, 개인경기와 단체경기, 선수의 선호도에 따라 선택이 달라질 수 있다. 중요한 것은 어떤 유형의 심상을 활용하는지에 상관없이 선명한 이미지와 함께 오감을 동원하여 이미지를 조절할 수 있는 능력을 기르는 것이다.

   또한 선수의 심상 능력을 향상시키기 위해 심상을 할 때 특정 감정을 융합시켜 함께 이미지를 주입하게 되면 굵은 전용신경회로를 구축하여 기억시스템을 더 강화할 수 있다. 안정적인 감정은 신체를 조절하는 뇌에 강한 전용신경회로와 기억시스템을 구축하여 활성화시킴으로써 선수의 수행을 성공적으로 이끌어준다.

# 사례

　미국의 수영선수 파블로 모랄레스는 접영 100m 세계기록 보유자였다. 하지만 1984년 로스앤젤레스 올림픽에서 마지막 몇 스트로크 동안에 다리가 경직되는 느낌을 받으면서 자신의 기록을 세우지 못하고 독일 선수에게 세계기록과 금메달을 내주고 말았다. 이러한 실망과 좌절은 계속되었고 그것이 트라우마 기억이 되어 1988년 서울올림픽 대표선수 선발전에서도 낙오하게 되었다. 결국 은퇴하고 대학에 진학을 했지만 마음속에는 여전히 수영에 대한 미련이 남아있었다.

　그러던 어느 날 수영선수인 자신을 항상 응원해주던 사랑하는 어머니가 암으로 사망하게 된다. 그는 슬픈 감정의 초점을 전환하여 어머니를 위해 다시 수영을 시작하기로 마음을 먹고 어머니에게 금메달을 받치기로 결심한다. 그는 항상 자신을 응원해주던 어머니의 모습을 떠올리는 심상을 하면서 혼신의 힘을 다해 힘든 훈련을 이겨냈다.

　그리고 1992년 바르셀로나 올림픽 예선전에서 그는 출발 전에 기쁨으로 가득 찬 어머니의 이미지를 생생하게 심상하여 좋은 기록으로 예선을 통과하게 된다. 그는 바르셀로나 올림픽 파이널 경기에서 8년 전 경기 레이스 마지막 부분에서 느꼈던 근육 경직을 또다시 느끼게 되지만 어머니를 생각하며 격렬하게 킥을 함으로써 고비를 넘기고 원하는 우승을 차지할 수 있었다. 그는 어머니를 떠올리며 감정적인 심상을 통해 자신에게 닥친 시련을 극복해낼 수 있었던 것이다.

그는 돌아가신 어머니를 생각하는 감정적 심상훈련을 통해 다시 한번 금메달을 획득함으로써 스포츠 역사에 놀라운 업적을 남긴 위대한 선수가 되었다. 혼신의 힘을 다한 감정적 심상훈련이 그를 다시 왕의 자리에 오르게 한 것이다. 감정적 심상을 통해 어머니와의 행복했던 기억들을 느끼며 올림픽에서 다시 한번 승리의 영광을 맛볼 수 있었다.

이처럼 감정적 심상은 완벽한 반응을 위한 정신적인 이미지를 만들어 심상과 관련된 현실적 성취결과를 창조하게 된다. 심상을 할 때 마음으로 떠올린 이미지에 신체적 반응과 더불어 감정을 수반하면 심상의 힘은 더욱 커질 수 있을 뿐만 아니라 우리가 일반적으로 상상도 하기 힘든 초인적인 능력을 발휘하여 믿기 어려운 기적적인 성취결과를 만들어내기도 한다.

감정은 이성적으로 완전히 통제가 쉽지 않지만 감정을 긍정적으로 잘 활용하기만 한다면 엄청난 에너지를 얻을 수 있는 촉매 역할을 하게 된다. 선수는 자신의 감정을 조절, 통제하여 긍정적으로 활용할 수 있을 때 운동수행과 경기력을 향상시킬 수 있다. 심상에 감정을 긍정적으로 활용하여 조건형성시키게 되면 심상이 현실로 이루어게 된다.

# 심상훈련방법

　멘탈코칭센터에서 운동선수들을 대상으로 멘탈 상담과 훈련을 진행해보면 의외로 선수들과 코치가 심상훈련에 대한 이해와 신념이 부족하다는 것을 알 수 있다. 심상훈련의 효과는 많은 연구와 실제 사례로 증명이 되었지만 심상훈련을 전문적으로 학습할 기회가 없었기 때문에 그 효과를 애써 외면하게 된다.

　우리 뇌는 신체적인 훈련과 마음으로 상상한 훈련의 차이를 의식적으로는 짧게 구분할 수 있지만 잠재의식에서는 그것을 구분하지 못한다. 그래서 심상훈련을 통해 원하는 동작이나 기술, 전략, 전술 등을 반복하게 되면 현실에서의 훈련과 비슷한 효과를 얻을 수 있게 되는 것이다. 이렇게 분명한 효과가 증명된 심상훈련을 스포츠 현장에서 잘 활용하지 못하고 있는 이유는 구체적인 훈련방법을 모르거나 그 효과에 대한 확신이 없기 때문이다.

코치와 선수들이 막연하게 심상훈련의 효과에 대해 알고 있지만 구체적인 방법을 모르거나 효과에 대한 신념이 약하기 때문에 쉽게 외면하게 된다. 이렇게 중요한 심상훈련의 효과를 극대화시키기 위해서는 선명도와 통제 가능성을 갖추어야 한다.


## 선명도


어두운 흑백 TV를 보는 것과 선명한 컬러 TV를 볼 때 뇌의 반응상태가 달라진다. 선명한 자극에 더 많은 신경회로가 활성화되기 때문에 기억이 더 강하게 남는다.

심상훈련에서도 선명도가 중요하다. 심상훈련에서 선명도란 실제 경험과 똑같은 내용을 오감적으로 명확하게 재생하거나 상상할 수 있는 능력이다. 심상을 할 때는 마음속의 이미지가 실제 이미지와 비슷하거나 똑같을수록 효과가 좋다. 그렇기 때문에 심상의 선명도를 높이기 위해서는 시각, 청각, 후각, 운동감각 등 모든 감각이 동원되어야 한다.

경기장의 모습, 조명, 바닥의 종류, 시설물, 심판, 관중, 방송 카메라, 현수막 등 주변 환경을 최대한 생생하게 떠올리는 것이 좋다.
심상을 할 때 경기장에서 실제로 느끼게 되는 긴장이나 스트레스, 불안감, 좌절감, 성취감, 기쁨, 흥분, 분노, 억울함 등과 같은 감정을 모두 생생하게 떠올린다. 이때 생생하게 떠오른 부정적인 감정을 분리하는 조절능력이 필요하다.

선명도가 약한 선수는 심상과정에서 불필요한 정보간섭 때문에 산만함을 경험하게 되는데 이러한 심상은 수행에 지장을 초래할 수 있다. 이런 선수는 심상을 이용하여 먼저 자신의 주변에 있는 장소나 물건, 사람들을 상상하고 점차 경기 장면으로 옮겨가는 기초적인 멘탈 훈련을 하는 것이 도움이 된다. 처음에는 집중이 안되거나 심상이 떠오르지 않는 경우도 있지만 반복적인 기초훈련을 통해서 연상 기능이 활성화되면 누구든지 선명도를 단계적으로 향상시킬 수 있다.

## 통제 가능성

심상훈련에서 통제 가능성은 원하는 동작과 기술의 이미지에 어느 정도 일치시키는가의 문제로 심상의 조절과 통제능력을 의미한다.

심상을 할 때 선명한 이미지를 떠올리는 것도 중요하지만 더 중요한 것은 그 이미지를 자신이 원하는 대로 조절할 수 있어야 한다는 것이다. 선명한 이미지를 떠올릴 수는 있지만 그것이 실수하는 장면과 같은 부정적인 상태로 초점이 모아진다면 전혀 도움이 안 될 뿐만 아니라 오히려 심리적 간섭을 일으켜 혼란을 주는 역효과가 나기 때문이다.

그래서 이미지를 자신이 원하는 대로 바꿀 수 있는 조절, 통제하는 능력이 중요한 것이다.

축구에서 페널티킥을 실패하는 장면, 테니스에서 연속적인 더블 폴트 장면, 골프에서 퍼팅을 실패하는 장면, 농구 프리스로를 실패하는 장면, 높이뛰기에서 바를 건드리는 장면이 반복적으로 상상이 되면 조절 능력에 문제가 생기게 된다.

이미지를 조절하고 통제할 수 있는 멘탈 능력을 가지고 있어야만 실수하는 부정적인 장면이 아니라 자신이 원하는 올바른 이미지를 상상할 수 있다. 조절력과 통제 가능성도 선명도와 마찬가지로 반복적인 훈련을 통해 얼마든지 점진적으로 향상시킬 수 있는 것이다. 이러한 심상 능력은 개인의 집중력 수준과 관련이 있지만 지속적이고 반복적인 훈련을 통해 얼마든지 능력을 향상시킬 수 있다.

만약 부정적인 장면이 떠오르면 즉시 '안돼', '아니야', '그만' 등을 외치며 패턴 깨기를 실시하여 뇌를 일시적인 정지상태로 만들어야 한다.

일시적 공백상태에 있는 뇌에 심호흡으로 안정감을 느끼게 해주면서 긍정적인 장면으로 초점을 전환하여 선명도를 높인다. 초점은 얼마든지 선택이 가능하기 때문에 잘못된 장면에 대해서는 신속하게 초점을 전환하여야 하는 것이다.

# 훈련방법

　멘탈코칭센터에서는 운동선수의 심상훈련을 다음과 같은 내용과 순서로 진행하고 있다.

　첫째, 심상의 원리와 효과에 대해 충분한 이해와 믿음을 갖게 한다. 효과에 대한 이해와 믿음이 없는 상태에서는 동기부여가 되지 않기 때문에 집중력도 약해질 수밖에 없다.

　둘째, 심상에 방해받지 않는 조용한 장소를 선택하는 것이 좋다. 빛과 소음, 온도 등 심상훈련에 적합한 환경을 조성해야 한다.

　셋째, 심상훈련 전 멘탈 호흡을 3회 실시하고 필요하다면 이완훈련까지 실시한다. 멘탈 호흡훈련으로 이완과 안정감을 유지한 상태에서 심상훈련을 실시하는 것이 좋다.

　넷째, 심상 주제를 떠올리고 모든 감각을 사용하여 전체적으로 연속된 동작과 기술을 심상한다. 동작이나 기술 같은 주제를 선택하고 그 주제에 알맞은 방법으로 심상훈련을 실시하는 것이 좋다.

　다섯째, 실제 경기상황이나 훈련상황과 동일한 시간과 속도로 심상한다. 심상훈련의 원리가 뇌의 착각기능을 활용하는 것이기 때문에 시간과 속도가 일치될 때 더 효과가 좋아진다.

　여섯째, 심상훈련을 할 때는 성공적으로 운동을 수행하는 장면이나 동작과 기술을 완벽하게 수행하는 이미지를 선명하게 떠올린다. 심상훈련을 통해 완벽한 장면이 반복되면 뇌에 그 장면과 관련된 전용신경회로를 구축하여 내현기억화시킨다.

일곱째, 심상훈련을 마칠 때는 멘탈 호흡으로 집중되고 차분한 상태를 체험하며 안정된 심리상태를 유지한다. 심상훈련의 시작과 마지막을 호흡훈련으로 세팅하게 되면 샌드위치 효과가 생긴다.

여덟째, 편안한 상태에서 현실 세계로 돌아온다. 이때 중요한 것은 심상훈련을 통해 자신의 운동수행능력과 집중력, 멘탈이 더 향상되었다는 신념을 강화하는 것이다.

심상훈련은 환상이나 망상과는 다르다. 운동선수들이 심상을 할 때 효과를 얻지 못하거나 오히려 역효과를 얻게 되는 이유가 바로 환상이나 망상과 같은 엉뚱한 방법으로 심상훈련을 하기 때문인 경우가 많다. 현실성이 결여된 엉뚱한 환상이나 망상은 오히려 정보간섭이 될 수 있다. 이렇게 잘못된 방법으로 심상훈련을 반복하게 되면 잘못된 이미지에 의해 전용신경회로가 구축되어 오히려 운동수행에 방해가 되는 정보간섭을 일으키게 된다.

심상은 실제로 일어날 수 있는 것이나 과거에 실제로 경험했던 사실적인 내용을 시각화하는 것이다. 그렇기 때문에 운동선수가 심상을 적용하는 단계에서 가장 중요한 것이 심상훈련의 효과에 대한 이해와 긍정적인 신념이다. 심상훈련에 대한 긍정적인 신념이 약하면 심상훈련의 효과가 약해질 수밖에 없기 때문이다.

## 완벽한 운동수행 심상훈련

운동선수가 신체적인 동작이나 기술 등을 훈련이나 경기상황에서 일관성 있게 안정적으로 수행하는 것이 말처럼 쉽지가 않다. 그래서 훈련과정에서 동작이나 기술 등의 반복적인 피드백을 통해 완벽한 수행을 위한 수정과정을 거치게 된다.

하지만 심상훈련은 선수들의 완벽한 운동수행과 반응을 위해 정확한 이미지를 만들고 수행을 완벽하게 수정할 수 있도록 도움을 줄 수 있다. 그뿐만 아니라 호흡훈련과 이완훈련, 동영상 시청, 오디오 듣기, 심상 리허설 등과 같은 다양한 방법을 활용하여 선수들의 자신감과 집중력, 동작, 기술 등을 향상시키고 심리적 안정을 유지시켜준다.

## 심상에 대한 신념

　인간의 뇌는 착각의 챔피언이기 때문에 선명한 이미지로 운동수행을 상상한 것과 실제로 신체적인 훈련을 한 것의 차이를 구분하지 못한다. 그래서 오감을 동원하여 생생하게 이미지를 만들고 반복적인 심상훈련을 실시하면 뇌는 그와 관련된 전용신경회로를 구축하여 완벽한 운동수행을 할 수 있도록 돕게 된다.

　예를 들어 테니스 선수들은 빠른 페이스로 통과하는 볼을 본 다음 상대방의 코너로 강하게 넘기는 심상 리허설을 반복하면 실제 신체훈련을 했을 때와 비슷한 수행능력의 향상을 얻을 수 있다.

마찬가지로 탁구나 배드민턴, 배구와 같은 다른 스포츠 종목에서도 심상훈련을 하면 긍정적인 효과를 얻을 수 있게 된다.

　야구선수들의 경우 타자는 강하고 탄탄한 스윙을 상상하고 수비수는 직선 타구로 날아오는 볼을 시각화하며 투수는 완벽한 제구가 되는 이미지를 상상한다. 골퍼들은 자신의 스윙을 느끼고 상상을 한다.

그리고 공이 날아갈 궤도를 보고 공이 어디로 갈지를 심상을 통해 선명하게 보게 되면 뇌에 전용신경회로가 구축된다.

이렇게 구체적인 시각화를 통해 완벽한 수행과 결과를 얻게 되는 자신의 모습을 반복적으로 리허설하게 되면 심상훈련의 효과에 대한 확고한 신념체계가 만들어진다. 운동선수가 경기장에서 자기 자신의 운동수행능력과 결과에 대한 강한 성공신념을 갖게 되면 수행과정에서의 심리적 안정감을 바탕으로 자신감과 집중력이 높아져 원하는 성취를 실현시킬 가능성을 더 높일 수 있게 된다.

## 전체적 심상훈련

전체성을 상실한 심상훈련은 자칫 심리적 간섭을 일으켜 운동수행을 방해할 수도 있기 때문에 주의를 기울여야 한다. 그렇기 때문에 선수들은 운동수행 향상의 필요성에 따라 동작이나 기술, 수행과정에 대한 전체적인 심상훈련을 진행하는 것이 필요하다.

야구에서 투수가 공을 던지려 할 때 베이스에 주자가 있고 그 주자가 반복적으로 도루를 준비하고 있다면 투수는 완벽한 스트라이크를 던지는데 정보간섭이 생겨 혼동을 겪을 수도 있다. 이때 공을 던지는 단순한 심상훈련만 했던 선수는 공을 던지는 데는 도움을 받을 수 있지만 수시로 변화하는 경기장의 다른 상황에 대처하거나 극복하는 데는 어려움을 겪게 될 수도 있을 것이다.

그래서 심상훈련을 통해 공을 던지는 것뿐만 아니라 상황 변화에 대한 구체적인 전략을 수립하게 되면 경기에 대한 자신감을 높일 수 있고 경기상황이 바뀌어도 그 환경에 잘 적응하여 자신의 안정감과 집중력을 유지할 수 있게 된다. 선수는 운동수행에 필요한 모든 것들을 고려해야 하기 때문에 통합된 전체성으로 심상훈련을 반복하여 수행과정에서 발생하는 문제를 극복할 수 있게 해야 한다.

## 심상의 일상화

성공한 선수들은 휴식시간이나 누워있는 동안에도 심상훈련을 한다. 대부분의 선수들이 심상훈련 초기에는 자신의 심상 기술을 발전시키기 위해 조용하거나 사람들이 없는 장소를 선택한다. 그러나 심상훈련을 반복하게 되면 심상과 관련된 전용신경회로를 구축하여 심상이 능숙해지면서 장소에 구애받지 않고 사람들이 많이 있는 곳에서도 심상훈련을 할 수 있게 된다.

심상은 라커룸에서도 할 수 있고 필드나 수영장, 자동차 안에서도 가능하다. 그뿐만 아니라 평소 훈련과정에서도 할 수 있고 중요한 경기 중에도 할 수 있다. 이렇게 다원화된 심상훈련을 통해 굵게 형성된 전용신경회로가 구축되면 실제 연습과 경기상황에 긍정적인 연결로 첨가 되어 운동수행을 향상시킬 수 있게 된다.

## 훈련일지의 활용

우리 뇌의 기억용량은 한계가 있기 때문에 지나간 시간에 대해서는 기억을 희미하게 만들거나 망각시키게 된다. 선수는 자신의 목표에 부합하는 훈련과정과 그렇지 못한 과정에 대한 객관적이고 합리적인 피드백을 얻기 위해 훈련일지를 작성해야 한다.

우수한 능력을 가진 선수는 훈련과정이나 경기상황에서 있었던 모든 상황과 결과, 느낌, 피드백들을 훈련일지에 적어둔다. 심상훈련을 할 때 훈련일지에 적혀있는 상황을 회상하며 긍정적인 수행상황을 떠올려보고 이때의 심상훈련내용을 다시 기록으로 남기게 되면 선수 자신의 심상 능력을 발전시키는데 큰 도움이 된다.

예를 들어 경기장에 도착해서 어떤 스트레칭을 했는지, 경기장 주변 환경은 어떠했는지, 경기는 어떻게 잘 풀렸는지, 더 수정하거나 보완할 내용은 무엇인지 등을 자세히 기록하게 되면 실제 경기에서 심리적 안정과 집중력, 자신감을 높일 수 있는 선명한 심상훈련을 하는데 소중한 자료로 활용할 수 있다.

# 동영상의 활용

대부분 타인의 운동수행 장면이나 환경에 대해서는 객관적이고 합리적인 관점에서 상상을 하는데 큰 어려움을 겪지 않는다. 이와 같이 다른 사람의 모습과 행동은 객관적으로 쉽게 상상하면서 정작 자기 자신의 모습과 행동은 객관적인 관점에서 상상하며 선명한 이미지를 만들지 못하는 선수들이 많다.

이런 경우 자신의 운동수행 장면을 동영상으로 촬영하여 반복해서 보는 것이 도움이 된다. 이때 선수 자신이 할 수 있는 가장 완벽한 동작을 녹화하기 위해 천천히 정확하게 하는 것이 가장 중요하다. 그리고 천천히 느린 동작으로 완벽한 운동수행을 하는 장면만을 편집하여 반복해서 볼 수 있도록 제작한다. 이렇게 자신의 영상을 수차례 본 후 심상훈련을 통해 자신의 운동수행 장면을 내현기억화시키게 되면 자동화되어 완벽한 운동수행을 하는데 도움이 된다.

이러한 동영상 활용방법은 자신의 모델이 되는 선수의 영상을 활용하여 심상을 할 수도 있다. 모델의 완벽한 수행 장면을 반복적으로 보고 심상을 통해 내현기억화시키게 되면 나중에는 자기 자신이 모델이 했던 완벽한 수행 장면을 하고 있는 심상훈련이 가능해진다. 이렇게 되면 모델의 우수성과 탁월성이 자신의 뇌에 프로그래밍되어 실제 수행 향상의 효과를 거두게 된다.

PART 6
# 목표와 동기

# 목표설정

뇌는 선명하고 분명한 목표를 성취하기 위해 심리적, 생리적, 신체적 움직임과 반응을 통합하여 조절하고 통제한다. 뇌는 목표가 추상적이거나 희미해서 특정되지 않으면 막연하고 모호한 반응을 할 수밖에 없다. 정확성이 요구되는 스포츠에서 막연하고 추상적인 목표는 선수가 원하는 결과를 얻지 못하게 만든다. 목표가 분명하지 않으면 주의의 초점을 맞출 수 없어 목표와 멀어지기 때문이다.

위대한 성취를 이룬 운동선수들의 공통점은 분명한 목표가 있었으며 그 목표가 선명하고 아주 컸다는 사실이다. 선명하고 큰 목표가 그들을 이끌었으며 힘들고 지치거나 시련이 찾아왔을 때 그 선명한 목표가 그들을 인도해주었다.

스포츠에서 목표가 중요한 이유는 분명한 목표를 정하고 나면 목표를 실현하기 위한 모든 자원과 에너지가 동원되고 그것을 현실로 창조해내는 힘을 얻기 때문이다. 그 힘이 운동 과정에서 겪게 되는 여러 가지 어려움과 좌절을 극복하고 성취할 수 있는 굳건한 의지와 끈기가 되어 목표에 자신을 가까이 끌어당기는 자성을 갖게 해준다.

목표를 분명하게 세우면 목표를 성취하기 위해 자신의 생각과 느낌, 말, 행동을 반복하며 주변 사람, 환경의 모든 자원과도 하나로 일치시켜 시너지 효과를 얻게 된다.

  스포츠에서 목표는 초점 맞추기로 이해할 수 있다.

아무리 큰 돋보기도 초점을 일치시키지 못하면 작은 에너지도 얻지 못한다. 하지만 작은 돋보기라 할지라도 일치시키기를 통해 초점을 맞출 수만 있다면 원하는 강한 에너지를 활용할 수가 있게 된다.

코치와 선수가 자원이 없어 변화와 성공을 할 수 없는 것이 아니라 목표가 분명하지 않거나 희미해서 자신의 생각과 느낌, 말, 행동을 목표에 일치시키지 못하고 있을 뿐이다.

  선수의 멘탈 상태와 마음의 지도를 긍정적으로 변화시켜 행동할 수 있게 하는 힘은 선명한 목표에 있다. 코치와 선수가 세운 목표가 빨리 성취될 수도 있고 늦게 성취될 수도 있지만 그 목표가 크고 선명하다면 반드시 성취될 수밖에 없다. 그것은 마음에 목표를 분명하고 깊게 새긴다면 마음속 내비게이션이 작동되어 목표가 끌어당기는 힘에 의해 성취가 실현될 수밖에 없기 때문이다.

  선수가 원하는 목표를 성취하기 위해 가는 길에는 수많은 난관과 시련이 기다리고 있으며 그 과정에서 좌절과 실패를 경험하기도 한다.

이때 목표가 희미하거나 크기가 작다면 쉽게 포기할 수도 있지만 크고 분명한 목표를 가진 선수는 자기 앞에 놓인 수많은 걸림돌을 성취를 위한 소중한 자원과 디딤돌로 만들 수 있는 힘을 갖게 된다.

목표를 설정할 때는 그 목표가 실현될 수밖에 없도록 7가지 단계를 적용하여야 한다.

## 구체적인 목표를 진술하라

'나는 최고의 선수가 되겠다', '나는 반드시 성공할 것이다'와 같이 막연하고 추상적인 기대나 바램이 아닌 구체적이고 긍정적인 목표를 진술해야 한다. 구체적으로 실제 행동적 차원에서 명확하게 무엇을 하는지에 대해 진술을 함으로써 뇌에 프로그래밍시킨다.

- 나는 지금보다 훈련시간과 강도를 두 배 이상 올려 1년 뒤에 우리 팀에서 최고의 수비수가 되겠다.
- 체력훈련을 하루에 두 시간 하고 멘탈트레이닝을 한 시간씩 실천하여 1년 안에 지금의 실력을 두 배로 향상시키겠다.
- 나는 3년 안에 국가대표 선수가 되어 올림픽에 출전하겠다.
- 경기력에 영향을 미치는 심리적 안정감을 일관성 있게 유지하

기 위해 자율훈련을 하루 3회 이상 실시하겠다.

## 현재 상황에 대해 진술하라

인간의 뇌는 본능적으로 즐거움과 보상을 추구하고 고통을 회피하려는 성향을 가지고 있다. 구체적인 목표와 차이가 있는 현재 선수의 상황이나 능력에 대해서는 고통으로 지각하기 때문에 사실적으로 진술하는 것이 중요하다. 구체적인 목표를 추구하는데 걸림돌이 되는 부정적인 현재 상태를 변화시키지 못할 때 겪게 될 고통을 떠올림으로써 목표성취를 위해 행동의 변화를 유도하는 회피적 동기를 자극하여 지렛대의 효과를 얻을 수 있다.

- 중요한 경기에서 긴장과 불안이 심하다.
- 나는 목표에 대한 확신이 없어 동기가 약하다.
- 나는 현재 우리 팀에서 중간 정도의 실력밖에 안된다.
- 나의 불확실한 미래를 생각하면 걱정이 된다.
- 현재 상태를 그대로 유지하는 것은 자존감이 떨어지고 심한 열등감을 계속 느끼게 한다.
- 경기장에서 코치를 지나치게 의식한다.

# 구체적인 실행에 대해 진술하라

목표를 이루기 위해 구체적으로 어떠한 준비와 행동을 하고 있는지에 대해 사실대로 진술한다. 선수 자신이 노력하고 있는 과제와 코치나 다른 사람으로부터 도움을 받고 있는 구체적인 사항 등에 대해 디테일하게 진술하는 것이 좋다.

- 부지런한 훈련습관을 만들기 위해 기상시간을 두 시간 앞당겨 실천하고 있다.
- 주 1회 멘탈 전문 코치의 도움을 받아 멘탈 훈련을 하고 있으며 어떠한 상황에서도 최상의 멘탈 상태를 유지하고 있다.
- 올림픽에 출전하는 국가대표 선수가 되기 위해 멘탈 훈련과 기술훈련, 체력훈련을 과거보다 한 시간씩 더 늘리고 성공한 국가대표 선수를 철저하게 모델링하고 있다.
- 멘탈이 강한 선수가 되기 위해 하루 3회 이상 자율훈련을 실천하고 있으며 멘탈 호흡과 이완훈련, 트랜스 훈련을 매일 반복하면서 멘탈이 매우 강해지고 있는 것을 느낀다.
- 하루 훈련을 마치고 훈련일지를 기록하여 훈련과정에서 느낀 장단점을 스스로 분석하며 피드백하고 있다.
- 목표설정 후 구체적인 목표가 하나씩 이루어져 가는 변화를 느끼며 더 큰 변화와 발전을 위해 멘탈코칭을 받고 있다.

- 근육량을 늘리기 위해 웨이트 트레이닝 시간을 한 시간 추가하고 균형 있는 식사를 하고 있다.
- 긍정적 사고를 습관화시키기 위해 아침 기상 멘탈트레이닝과 자화를 실시하고 있다.

## 생생하게 결과진술을 하라

결과진술은 뇌의 착각기능을 활용하는 방법이다. 인간의 뇌는 착각의 챔피언으로서 상상과 현실을 구분할 수 있는 기능이 없기 때문에 선명한 상상을 반복적으로 하게 되면 그것을 사실로 받아들이고 그와 관련된 믿음을 만들어 스스로를 통제하게 된다. 미래결과에 대한 긍정적인 체험을 지금-여기에서 선명하게 상상으로 체험하게 되면 뇌에 굵은 회로를 만들어 현재 상태를 바꾼다.

성공한 결과에 대한 오감적인 선명한 상상은 미래를 가상으로 경험하면서 그것을 뇌에 기억으로 남기게 되어 성공신념을 만드는 것이다. 미래의 목표가 이미 달성된 상태에서의 오감적 경험에 대해 진술하고 경험함으로써 뇌는 착각을 통해 실제 현실에서 결과를 성취할 수 있도록 모든 방법을 찾아 작동시키게 된다.

- 가슴에 국가대표의 상징인 태극기를 달고 있는 나의 당당한 모습이 너무나 자랑스럽다.
- 대한민국을 대표하는 국가대표 선수로 국제대회에서 안정된 상태로 좋은 성적을 냈던 나 자신의 경험을 방송 인터뷰에서 밝히고 있는 모습이 자랑스럽다.
- 국가대표로 성공한 나 자신을 격려해주는 관중들에게 손을 흔들어 감사의 인사를 한다.
- 성공한 스포츠 선수가 된 나 자신의 일상적 생활과 경제적 성취, 명예 등이 나를 행복하게 해준다.
- 나 자신의 목표설정과 성공 경험을 후배 선수들에게 들려주며 멘탈의 중요성을 강조한다.

## 확실한 증거를 제시하라

어떤 사실에 대한 진실성을 확인하는 수단으로 사용되거나 사실의 진위를 판단하기 위한 자료를 증거라고 한다. 그래서 증거에 대해서는 의심없는 믿음을 보내게 되면서 그 믿음에 통제당하게 된다.

선수가 목표를 달성한 후에 어떤 변화가 있는지 구체적인 증거를 만들어 제시하는 방법이다. 자신의 목표가 이루어졌음을 증명해줄 수 있는 구체적인 증거를 만들어 미래기억으로 프로그래밍시키게 되면 뇌는 착각을 일으켜 그것을 현실로 인정해버리게 된다.

결과진술에 이어 증거를 제시하게 되면 강력한 믿음이 생겨 그 믿음이 실제로 그러한 현실적인 결과를 만들어버린다. 우리 뇌는 그것이 사실이든 아니든 상관없이 확실한 증거가 제시되면 그것을 사실로 받아들여 믿음을 만들기 때문에 증거가 중요한 것이다.


- 성공한 이후에 스포츠 꿈나무들을 위해 거액의 기부금을 내고 방송국에서 촬영한 영상을 본다.
- 국가대표 선수 유니폼에 나의 이름이 선명하게 새겨져 있다.
- 금메달을 들고 승리를 기뻐하는 모습이 찍힌 사진을 본다.
- 성공한 자신이 TV와 신문에 인터뷰했던 내용을 증명하는 사진과 영상을 사람들이 보고 있다.
- 경기에서 우승 후 트로피를 들고 행복해하는 나의 모습이 실린 신문기사를 본다.


## 생태를 점검하라


목표를 달성한 이후에 선수 자신이 얻는 것과 잃는 것에 대해 생태를 점검하게 되면 지향적 동기와 회피적 동기가 부여된 상태에서 행동을 하게 됨으로써 현실에서의 목표성취를 앞당기게 된다.

## 【목표를 달성하면 얻게 되는 것】

목표를 달성하면 얻게 되는 것이 뇌에 선명하게 새겨지면 강력한 지향적 동기가 생기기 때문에 목표에 가까이 가게 된다.

| 목표를 달성하면 얻게 되는 것 ||
|---|---|
| 자신감과 당당함 | 마음의 여유 |
| 자아실현 | 긍정적인 생각 |
| 코칭능력 | 운동실력 |
| 자존감과 자기효능감 | 경제적 여유 |
| 지혜 | 활력 |
| 발표력과 리더십 | 건강 |
| 인기 | 나눔과 행복 |

## 【목표를 달성하면 잃게 되는 것】

목표를 달성하면 잃게 되는 것이 뇌에 선명하게 새겨지면 강력한 회피적 동기가 생기기 때문에 목표에 가까이 가게 된다.

| 목표를 달성하면 잃게 되는 것 | |
|---|---|
| 불안과 두려움 | 부정적 사고 |
| 투사 | 열등감 |
| 비난과 무시 | 눈치 |
| 게으름과 가난함 | 패배의식과 트라우마 |
| 좌절과 시련 | 우울함과 소심함 |
| 간섭과 통제 | 무력감 |

## <u>실행</u>

'백문이 불여일견이요, 백견이 불여일행'이라는 말에는 백번 듣는 것보다 한번 보는 것이 중요하며 백번 보는 것보다 한번 실행하는 것이 더 중요하다는 의미가 포함되어 있다. 선수가 자신의 선명한 목표를 구체적으로 설정하고 뇌를 아무리 긍정적으로 착각시켜도 그것을 행동으로 옮기는 실천이 뒤따르지 않는다면 현실에서 그 어떤 변화와 성취도 기대할 수 없기 때문이다.

중요한 것은 실행이다. 목표설정에 의한 실행이 있을 때 원하는 성취를 이룰 수 있게 된다. 완전한 준비상태에서의 실행이 아니라 목표로 이동하기 위한 실행을 먼저 하게 되면 목표가 가까이 다가온다. 실행은 큰 것부터 빨리 시작하려고 하면 부담감과 저항심리가 생길 수 있기 때문에 쉽게 도전할 수 있는 작은 것부터 찾아서 하는 것이 좋다. 이러한 실천을 '스몰 스텝 전략'이라고 부르며 작은 걸음이 쌓여 어느덧 목표에 다가가게 된다.

그렇기 때문에 구체적이고 선명한 목표가 설정되면 망설이지 말고 즉결즉행할 수 있어야 한다. 아무리 훌륭한 목표를 설정하고 계획을 수립해도 즉시 실행할 수 없다면 원하는 성과를 얻기 어렵다. 왜냐하면 지금 바로 변화를 위한 실행을 하지 못하는 선수는 내일도 모레도 실행이 어려워지기 때문이다.

# 목표가 나를 이끈다

운동선수에게 목표설정은 차량이 어디로 가야 하는지를 안내해주는 내비게이션과 같은 중요한 역할을 한다. 목표설정에 따라 선수가 목표 성취를 위해 자신의 자원과 에너지를 일치시켜 미래의 바람직한 상태와 결과를 얻을 수 있기 때문이다.

선수의 운동수행과 경기력을 향상시키기 위해서는 선수 자신의 멘탈 상태와 체력, 기술 등도 중요하지만 구체적이고 선명한 목표설정이 더 중요하다. 왜냐하면 운동수행능력과 경기력이 아무리 좋아도 방향성을 결정하는 목표설정이 되어 있지 않다면 엉뚱한 곳에 초점이 맞추어져 에너지를 낭비할 수도 있기 때문이다.

선수가 먼저 자신과의 라포를 구축하고 호기심과 실험정신을 바탕으로 선명하고 구체적인 목표를 설정하는 것이 그렇지 못한 경우보다 성취 가능성을 높이고 더 높은 성과를 거두게 해준다.

스포츠 선수들을 대상으로 하는 멘탈 훈련에서 목표설정을 아주 중요하게 다루는 이유는 목표를 설정하는 그 자체도 중요하지만 그보다 올바른 목표를 설정해야 함을 강조하여 선수가 목표설정을 직접 실행할 수 있게 함으로써 동기부여가 될 수 있도록 하는데 중요한 의미가 있다. 일반적으로 목표설정이 선수들의 노력을 증진시키고 흥미를 향상시키는 정도로 이해하고 있는 경우가 많다.

하지만 목표설정은 훈련과정에서 가장 기본적으로 전제되어야 하는 조건이다. 바다에서 배가 어디로 가야 하는지 목표가 설정되지 않은 상태에서 앞으로 나아가기 위해 최선을 다한다면 배가 어디에 도착할지 알 수가 없다. 그래서 목표설정은 운동선수가 훈련을 하기 전에 먼저 준비하여야 할 전제조건이면서 지속적으로 점검하고 피드백하는 습관을 만들어야 하는 것이다.

목표성취를 위해서는 매일 목표에 다가가기 위해 보다 더 적극적으로 훈련하고 노력하는 습관을 만들어야 하는데 그것이 말처럼 쉽지가 않다. 하지만 이런 습관에 의해 쌓이는 작은 변화와 성취가 설정된 목표에 더 가까이 다가갈 수 있게 해준다. 목표란 목적이나 의도와 유사한 용어로서 두 가지 관점에서 이해할 수 있다.

첫째, 목표란 현재에 이루어지지 않았지만 자신의 자원과 에너지를 일치시켜 미래에 얻고자 하는 성취결과이기 때문에 선수가 미래의 어느 시점에 도달하는 상태라고 할 수 있다.

둘째, 목표는 과거나 현재의 의사결정과 행동 개입의 결과로써 얻어지는 것으로 현재나 미래의 행동에 가해지는 여러 가지 제약이라고 말할 수 있다. 여기서 여러 가지 제약이란 목표성취에 도움이 되지 않는 정보간섭을 배제시키는 것을 말한다.

목표설정이란 일반적으로 특정한 시간 내에 과제에 대한 효율성의 기준을 성취하는 것으로 이해할 수 있다. 예를 들어 100m 달리기를 3개월 안에 '11초'에 주파하겠다고 하면 목표설정이 되는 것이다.

목표설정이 중요한 이유는 뇌에 목표가 프로그래밍되어 전용신경회로가 구축되면 신념체계가 만들어지고 그 신념체계에 따라 현실적인 모든 성취가 결정되기 때문이다.

## 주관적 목표와 객관적 목표

주관적 목표는 '최선을 다하여 열심히 한다', '재미있게 한다'와 같이 개인에 따라 주관적으로 다르게 해석될 수 있으며 자신을 위해 설정한 목표를 말한다. 객관적 목표는 구체적 시간 내에서 구체적인 수행 기준에 도달하는 것으로 일반적이고 구체적인 목표이다.

목표설정을 현실적인 성취로 만들기 위해서는 주관적인 목표와 객관적인 목표가 모두 필요하다. 어느 하나를 선택하고 나머지를 차단하는 것이 아니라 목표성취에 도움이 되는 목표를 설정하는 것이 중요하다.

# 결과목표와 수행목표, 과정목표

결과목표는 결승전 우승, 국가대표팀 선발, 프로팀 입단 등과 같이 통제할 수 없는 미래의 성과나 결과에 대한 것이다. 이러한 결과목표는 일반적으로 선수들이 가장 많이 사용하는 목표의 유형이면서 가장 쉬운 방법이기도 하다.

수행목표는 스스로 정하는 수행에 대한 구체적인 연습을 말하는 것으로 일정 기간 동안의 수영 및 달리기 연습, 구체적인 자유투 확률, 규칙적인 횟수 등이 예가 될 수 있다.

과정목표는 수행과 관련하여 통제할 수 있는 생각과 행동에 기초를 두는 것이다. 이러한 과정목표는 선수의 불안 통제 및 집중력, 자신감 향상을 통해 수행을 향상시켜준다.

성공한 선수들은 결과목표도 중요하게 설정하지만 수행 및 과정목표에 초점을 일치시키고 최선을 다해 훈련한다. 왜냐하면 미래의 결과는 선수가 통제할 수 없으며 선수가 통제할 수 있는 것은 오로지 지금 현재에서의 수행과 과정뿐이기 때문이다. 그래서 지금 현재에 최선을 다하라는 뜻에서 '진인사대천명'이라고 하는 것이다.

운동수행과정에서 수행 및 과정목표에 초점을 둔 선수들이 결과지향적인 선수보다 상대적으로 불안감이 적고 자신감이 더 높으며 효율적인 수행을 나타낸다. 수행목표와 과정목표에 초점을 일치시켜 반복 훈련을 하는 과정에서 결과목표에 가까이 가기 때문이다.

# 단기목표와 장기목표

일반적으로 장기목표라고 하면 10년 이후의 미래를 생각하기 쉽지만 그것은 '꿈'의 영역이다. 목표는 3년 정도의 시간 안에서 장기목표를 세우고 1년 정도의 시간 안에서 중기 목표를 세워 지금 현재에서 설정한 단기목표를 발판삼아 중기 목표와 장기목표를 이루어야 한다.

스포츠에서 대부분의 코치들은 전형적인 결과목표와 비슷한 장기목표를 설정한다. 그로 인하여 많은 선수들이 단기목표 실현이라는 계단을 만들지 못해 장기목표를 실현하는데 실패하게 되는 것이다.

장기목표를 이루기 위해서는 단계적으로 구성된 단기목표 내의 수행목표를 실행함으로써 가능하다. 스포츠에서 운동선수가 원하는 것을 성취하기 위해 필요한 것은 단기목표와 수행목표의 디딤돌을 활용하여 장기목표와 결과목표를 이루어야 하는 것이다. 왜냐하면 스포츠에서 과정이 없는 결과는 없기 때문이다.

장기목표는 선명하고 구체적으로 설정하여 뇌에 전용신경회로를 구축해야 하지만 훈련과정과 경기과정에서는 단기적인 수행과 과정목표에 초점을 일치시켜야 한다. 단기적인 목표의 성취가 누적되면서 장기적인 목표로 가까이 다가갈 수 있기 때문이다.

## 【단기목표】

- 3개월에서 1년 이내의 목표를 설정한다.
- 매일 해야 하는 할일의 목록을 만든다.
- 계획 진행상황을 정확하게 관리한다.
- 매일 계획 달성 정도를 확인한다.
- 장기목표로 가기 위한 디딤돌을 만든다.


## 【장기목표】

- 3년 내외의 목표를 설정한다.
- 장기목표와 단기목표를 일치시킨다.
- 3개월 단위로 목표달성 정도를 확인한다.
- 목표에 생각과 느낌, 말, 행동의 초점을 일치한다.
- 꿈과 연계하여 설정한다.

# 목표설정의 중요성

    선수들은 모두가 자신만의 꿈과 목표를 가지고 있으며 그 꿈과 목표를 실현하기 위해 초점을 모으고 그것을 달성하기 위한 최상의 전략을 선택한다. 그리고 그 전략에 자원과 에너지를 일치시켜 그것을 이루기 위해 최선을 다하게 된다. 자신의 분명한 꿈과 목표에 초점이 모아지면 먼저 마음속에 꿈과 목표를 이루기 위한 선명한 그림이 만들어진다. 마음속의 선명한 그림에 초점이 지속적으로 일치되면 자신의 모든 자원과 에너지가 모아지고 외부의 비슷한 자원과 에너지도 일치되면서 성취를 위한 끌어당김의 자성을 갖게 되는 것이다.

    목표에 초점을 일치시키게 되면 자신의 자원과 에너지를 목표성취를 위해 동원하기 때문에 어떤 목표를 어떻게 설정하는가가 중요하다. 목표설정은 선수들이 목표를 이루기 위해 생각하고 느끼며 말하고 행동하는 방법을 계획하고 실행하는데 있어서 매우 중요한 역할을 한다. 즉 효과적인 목표설정을 통해 동기를 유발하고 내면의 잠재된 자원과 에너지를 목표성취를 위해 효과적으로 사용할 수 있게 해준다.

그래서 그 무엇을 이루고 싶다면 먼저 자신의 마음속에 그 무엇을 만들어야 한다. 선수의 마음속에 선명하게 그려진 목표는 반드시 현실적인 성취를 실현시켜준다. 많은 선수들이 도전하지만 자신의 목표를 이루지 못하는 이유가 분명한 마음속의 이미지가 없기 때문이다.

## 효과적인 행동을 위한 계획

'열심히 하면 성공한다', '최선을 다해 노력해라' 등과 같은 말은 듣기에 그럴듯해 보이지만 타깃과 방향이 정확하지 않기 때문에 효율적인 성과를 얻기가 어렵다.

스포츠 멘탈코칭에서는 선수들이 단순히 열심히 하거나 최선을 다하도록 요구하는 것보다 목표를 설정하고 목표에 초점을 일치시켜 자신의 자원과 에너지를 동원할 수 있게 하는 것이 더 중요하다.

구체적이고 선명한 목표설정을 하고 자신의 생각과 느낌, 말, 행동을 목표에 초점을 일치시킬 수 있을 때 목표가 끌어당기는 힘에 의해 목표에 가까이 가게 되는 것이다.

선수의 모든 생각과 느낌, 말, 행동은 선수 자신이 스스로 정한 목표에 의해 영향을 받는다. 즉 목표는 일치된 초점을 만들어 생각과 느낌, 말, 행동을 목표성취를 위해 통합시켜주기 때문에 최상의 운동수행을 할 수 있게 해준다.

- 목표설정은 생각과 느낌, 말, 행동의 초점을 일치시켜준다.
- 목표설정은 주의집중상태를 유지하거나 증가시킨다.
- 목표설정은 목표에 다가가기 위한 노력을 증가시킨다.
- 목표설정은 운동 과정에서 저항이나 방해를 받아도 목표성취를 위한 노력을 지속시킨다.
- 목표설정은 성취를 위한 전략을 개발하고 동기를 부여한다.

목표설정은 선수가 목표에 도달하기 위한 생각과 느낌, 말, 행동을 반복할 수 있게 해주기 때문에 목표 쪽으로 이동하게 만들어준다. 목표설정이 선수들을 더 연습에 열중하게 만들고 수행에 필요한 적절한 시간을 사용하도록 만들어주며 동기를 부여한다. 제대로 된 목표설정이 단순하게 바램만 가지고 희망하는 것보다 적극적으로 원하고 행동하도록 만들며 노력하는 태도를 갖게 해주기 때문에 목표성취의 가능성을 더 높이게 되는 것이다.

모든 선수들은 자신만의 목표가 있으며 그 목표가 성취되기를 원한다. 하지만 모든 선수들이 제대로 된 목표를 설정하고 그것을 성취하기 위해 자원과 에너지를 동원하지 않는다. 소수의 선수들만이 목표를 어떻게 이룰 것인가에 대한 구체적인 계획과 전략을 세우고 실천하며 강인한 멘탈을 가지고 자신의 행동을 이끌어낸다.

## 효과적인 생각을 위한 계획

목표설정을 하게 되면 목표달성을 위해 어디로 가야 하는지 방향성을 찾게 되고 무엇을 먼저 해야 하는지에 대한 우선순위를 매김으로써 목표성취를 위해 어떻게 행동할 것인지 구체적인 전략과 기술을 동원할 수 있게 된다.

### 【초점 일치시키기】

경기 중에 나타나는 과도한 긴장이나 불안, 호흡곤란, 무기력, 자의식, 자포자기 등과 같은 대부분의 부정적인 반응은 잘못 설정된 목표가 원인인 경우가 많다. 인간의 뇌는 한순간에 한 가지밖에 초점을 일치시킬 수 없기 때문에 설정된 목표와 그것을 성취하기 위한 수행과 과정에 초점을 일치시킬 수 있어야 한다.

지금 현재에서 자신의 의지로 통제할 수 없는 결과목표나 지나친 주변 의식, 스타가 되는 상상 등에 초점을 일치시키게 되면 심리적 간섭과 압박감이 생기게 된다. 결국 선수 자신이 통제할 수 없는 것에 초점을 두면 불필요한 각성이 높아지기 때문에 자신이 통제할 수 있는 수행과 과정에 초점을 두는 것이 중요한 것이다.

이와 같이 효과적인 목표설정은 선수들의 동기를 부여하는 적절한 계획을 세우게 할 뿐만 아니라 특정 상황에 알맞은 수행과 관련된 목표에 초점을 두게 만든다. 우리는 지금 현재 초점을 어디에, 어떻게 보내느냐에 따라 상태가 결정되기 때문에 지금 현재 자신이 통제할 수 있는 과정목표를 이루기 위한 전략, 기술에 초점을 일치시켜야 한다.

## 【자기만의 기준을 설정하기】

효과적인 목표설정은 선수들이 획일적이고 비현실적이며 사회적 기준에 의해 통제되는 경직된 경계에서 벗어나 선수 스스로가 목표설정에 적극적으로 참여하고 스스로 그 목표를 수용할 수 있는 개인적 기준을 설정하는 것이 중요하다.

많은 선수들이 경쟁상황에서 심리적 압박을 받거나 관중의 시각, 매스컴의 보도 등에 의해서 부정적인 영향을 받기도 한다.

그렇기 때문에 선수들은 지금 현재 자신이 통제할 수 있는 목표나 과정에 초점을 두고 스스로 정한 목표에 도달하기 위하여 노력해야 한다. 이런 과정목표를 달성하기 위한 훈련과정을 통하여 성취를 위한 행동을 스스로 통제하게 되는 것이다.

## 【문제가 아닌 원하는 것을 생각하기】

누구든지 문제에 지속적으로 초점을 일치시키고 문제에 대한 생각과 느낌, 말, 행동을 반복하게 되면 문제의 수렁에 빠지게 될 수밖에 없어진다. 다시 한번 강조하지만 인간의 뇌는 한순간에 한 가지밖에 초점을 일치시킬 수 없기 때문에 문제에 초점이 일치된 생각과 느낌, 말, 행동을 전환하여 긍정적인 원하는 상태에 초점을 일치시켜야 한다.

- 긴장하지 말아야지.
  - ☞ 편안하게 하면 된다.

- 이번에도 실패하면 어쩌지?
  - ☞ 먼저 멘탈 호흡으로 나의 상태를 편안하게 만들고 수행에 초점을 맞추자.

부정적인 생각과 느낌, 말, 행동은 부정적인 결과를 얻게 될 가능성을 높이게 된다. 그래서 문제에 잘못 맞추어진 초점이 아닌 원하는 것에 맞추어진 초점을 활용하여 목표를 설정하여야 한다.

효과적인 목표설정은 다양한 상황에서 발생할 수 있는 부정적인 생각과 느낌, 말, 행동을 긍정적으로 전환하는 것이다. 과정과 수행을 지향하는 목표는 현재에 초점을 일치시켜 성취를 위한 긍정적인 행동에 집중할 수 있도록 해준다.

## 【멘탈 관리】

마음과 몸은 심신상관성에 의해 하나의 통합된 전체성으로 작동되기 때문에 마음의 상태가 몸의 상태에 영향을 미치고 몸의 상태가 마음의 상태에 영향을 미치게 된다.

특히 스포츠에서 멘탈 상태가 운동상황에 많은 영향을 준다.

다양한 스포츠 상황에서 선수들은 각성과 불안, 분노, 좌절, 슬픔 등과 같은 부정적인 감정을 경험할 수 있다. 효과적인 목표설정은 이러한 상황에서 발생하는 마음의 동요나 감정의 기복을 스스로 조절, 통제할 수 있게 도움을 준다.

# 목표설정의 원리

## 구체적인 목표를 설정하라

'열심히 하자', '최선을 다하자'와 같은 추상적이고 일반적인 목표는 주의의 초점이 모아지지 않기 때문에 정확한 수행을 방해하게 될 수도 있다. 추상적이고 모호한 목표는 구체적인 방향성과 방법이 없기 때문에 선수가 자신의 목표에 초점을 일치시키지 못하고 혼돈을 느끼게 만든다. 반면에 구체적인 목표는 초점을 일치시키고 방향성과 방법을 제공해주기 때문에 원하는 성취를 실현시켜준다. 이러한 성취경험들이 축적되어 자기효능감을 높여주고 운동수행에도 긍정적인 영향을 미치기 때문에 구체적인 목표를 설정하는 것이 중요하다.

## 측정 가능한 목표를 설정하라

효과적인 목표를 설정하기 위해서는 측정 가능한 목표를 설정하는 것이 중요하다. 목표는 시간, 정확도, 긍정적인 행동의 빈도와 같이 측정이 가능해야 한다.

일반적으로 선수들은 '완벽하게 연습하기', '빠른 판단 내리기'와 같이 측정할 수 없는 목표를 설정하는 경우가 많다. 목표가 추상적이고 모호하여 측정이 불가능하게 설정될 경우 목표의 진행과정을 평가하거나 피드백하는데 어려움을 겪게 된다. 설정한 목표의 진행과정을 살펴보고 피드백하기 위해서는 '100m 달리기 기록 11초 달성하기', '하루에 3회 심상훈련으로 자유투 성공률 20% 높이기' 등과 같이 목표를 상세하게 설정해야 한다.

## 도전적이고 성취 가능한 목표를 설정하라

효과적인 목표를 설정하여 원하는 성과를 얻기 위해서는 도전적이면서 성취 가능한 목표를 설정해야 한다. 만약 너무 쉬운 목표를 설정할 경우 동기가 부여되지 않거나 지루함을 느끼게 되어 목표를 이루는 것에 대한 필요성을 느끼지 못하게 된다. 반대로 너무 지나치게 어려운 목표를 설정할 경우 선수 스스로 확신을 갖지 못하여 좌절감과 불안감이 높아지게 되어 도전을 포기하게 된다.

그렇기 때문에 목표는 선수 스스로 한계를 뛰어넘을 수 있도록 도전적인 것으로 설정해야 한다. 선수들의 특성과 능력에 알맞은 도전적인 목표를 설정하되 최선을 다해 자신의 한계를 뛰어넘을 수 있는 성취 가능한 목표를 설정하는 것이 효과적이다.


## 적절한 목표를 설정하라


선수가 목표에 동기화되기 위해서는 선수 자신에게 가치롭고 의미있는 목표가 설정되어야 한다. 효과적인 목표는 선수 자신의 특성을 살리고 스스로에게 가치와 의미를 부여할 수 있는 것이다. 선수에게 주의를 집중시키고 동기를 부여해 줄 수 있는 목표설정이 중요하다.

선수가 받아들이기 어려운 가치 없는 목표나 의미 없는 목표를 설정하게 되면 목표가 거부되기 때문에 운동수행을 향상시키기 힘들다. 그러므로 선수 개인의 목표와 팀의 목적에 대한 충분한 토론과 소통을 통해 적절한 목표설정을 해야 한다. 그렇기 때문에 현재에 집중하고 평가할 수 있는 적절한 목표를 설정해야 하는 것이다.

# 시간을 정해둔 목표를 설정하라

　우리의 삶은 시간선을 가지고 살아가기 때문에 시간선에 설정해둔 목표에 따라 자신의 자원과 에너지 동원을 위한 각성 수준이 달라진다. 그렇기 때문에 구체적인 시간선에 목표를 설정하게 되면 그 시간선에 맞추어진 목표를 이루기 위한 시스템이 자동적으로 구현된다. 언제까지 목표를 이루겠다는 설정이 되는 순간 그 목표가 이루어질 수 있는 시스템이 가동되는 것이다.

　'우리는 언젠가 반드시 성공할 것이다', '열심히 하다 보면 좋은 결과가 나올 거야'와 같은 시간적인 명시가 없는 목표를 설정하는 것이 아니라 목표를 달성하는 시점에 대해 구체적인 계획을 세우는 것이 필요하다. 예를 들어 '1년 안에 프로팀에 입단하겠다', '3개월 안에 80kg인 체중을 70kg으로 감량하겠다', '3년 후 국가대표 선수가 되기 위해 하루 1시간씩 멘탈 훈련을 실시하고 훈련 강도와 빈도, 시간을 지금보다 30% 높일 것이다'와 같이 시간에 대한 제약을 두어야 한다. 즉 어려운 목표를 달성하기 위해서는 집중된 행동을 유지해야 하기 때문에 시간의 제약을 주는 것이 도움이 된다.

　자신이 바라는 목표에 대한 구체적인 시간을 정함으로써 현실적이고 성취 가능한 목표를 설정할 수 있다. 단기목표와 같이 시간이 정해진 목표는 최종의 장기목표를 달성하기 위한 나침반 역할을 한다.

# 운동선수의 초점

볼록렌즈로 빛을 한곳에 모으면 강한 열에 의해 불이 붙게 되는데 불이 붙을 수 있도록 빛이 모아지는 지점이 바로 초점이다. 이처럼 초점을 모으게 되면 흩어진 에너지가 집중되기 때문에 강력한 에너지를 얻을 수 있다. 돋보기의 크기가 문제가 아니라 돋보기의 초점을 맞추는 것이 중요한 것이다. 돋보기가 아무리 크다고 해도 초점을 제대로 일치시키지 못하면 아무런 에너지도 얻을 수 없게 된다. 결국 우리의 초점이 존재가 되기 때문에 운동선수가 자신의 꿈과 목표에 초점을 일치시키게 되면 그 꿈과 목표는 현실적 성취로 변한다.

성공한 운동선수는 모두가 자신만의 분명한 꿈과 목표를 가지고 있으며 그 꿈과 목표를 실현하기 위해 최상의 전략을 선택하여 그 전략에 최선을 다한다. 선수들이 가진 저마다의 꿈과 목표가 다를 뿐이지 자신의 꿈과 목표가 없는 선수는 없다.

다만 자신의 꿈과 목표가 크고 분명해서 그것을 인식하고 표현할 수 있는 선수가 있는가 하면 자신의 꿈과 목표가 작거나 희미해서 인식하지 못하거나 표현을 하지 못하는 선수가 있을 뿐이다. 이처럼 선수들은 긍정적이든 부정적이든 인식할 수 있든 인식할 수 없든 그것과 상관없이 누구나 자신만의 꿈과 목표를 분명히 가지고 있는 것이다.

성공한 선수는 성공을 위해 최선을 다하는 분명한 전략이 있고 실패한 선수는 실패를 위해 최선을 다하는 분명한 전략이 있다.

스포츠에서 성공과 실패의 결과는 선수가 자신의 꿈과 목표에 초점을 일치시키고 각자의 전략을 선택하여 그 전략에 최선을 다해 얻은 결과이다. 자신만의 분명한 꿈과 목표에 초점을 일치시키고 실현하기 위한 전략을 선택하여 그 전략에 최선을 다하게 되는 것이다.

자신의 분명한 꿈과 목표에 초점이 모아지면 먼저 마음속에 꿈과 목표를 이루기 위한 선명한 그림이 만들어진다. 마음속의 선명한 그림에 초점이 일치되면 자신의 모든 자원과 에너지가 모아지며 자기 안에 있는 마음의 그림과 비슷한 외부자원과 에너지에도 초점이 일치되어 끌어당김의 강력한 자성을 갖게 된다. 끌어당김의 강력한 자성을 가진 연결의 끈이 NCR적인 마음속의 꿈과 목표를 CR적인 현실로 바꾸어주는 멘탈의 힘이다. 그래서 그 무엇을 이루고 싶다면 자신의 마음속에 먼저 그 무엇을 만들어야 하는 것이다.

선수가 크고 선명한 꿈과 목표에 자신의 초점이 일치되어 마음속에 선명하게 그려지면 그것을 성취하기 위한 성공전략을 선택하게 된다.

중요한 것은 우리 삶의 모든 결과는 자신의 꿈과 목표에 초점을 일치시키고 그것을 이루기 위한 최상의 전략을 선택하여 그 전략에 최선을 다한 결과라는 사실을 깨닫는 것이다.

그렇기 때문에 자신의 꿈과 목표에 대해 초점이 일치되지 않는 삶의 전략은 자신이 원하는 성취를 이룰 수 없게 만든다. 결국 많은 선수들이 간절히 원하는 성취의 결과를 이루지 못하는 이유가 자신의 분명한 꿈과 목표를 잃어버렸거나 알아차리지 못하기 때문이다.

자신의 꿈과 목표를 잃어버리거나 희미해지게 되면 초점이 모아지지 않게 되어 엉뚱한 전략을 선택하여 엉뚱한 방향으로 최선을 다해 자신의 자원과 에너지를 사용하게 될 수도 있다. 그렇게 되면 헤아릴 수 없을 만큼 복잡한 신경회로가 초점이 없는 상태를 만들거나 목표와 상관없는 엉뚱한 초점을 만들게 된다.

이렇게 수많은 신경회로에 의해 만들어진 산만한 마음이 목표달성에 별로 중요하지 않거나 도움이 되지 않는 사소한 일에 초점을 잘못 보내게 되면 그 초점에 모든 자원과 에너지가 일치되어 엉뚱한 것을 이루기 위한 전략을 잘못 선택하여 최선을 다하게 되면서 실패하는 선수가 될 수밖에 없는 것이다.

이와 같이 선수들이 자신이 원하는 성취결과를 얻지 못하는 가장 큰 이유가 자신의 꿈과 목표에 초점을 일치시키지 못할 때 생기는 부정적인 정보간섭에 의해 사소한 일에 초점을 맞추게 되면서 자원과 에너지가 분산되거나 일치되지 못하기 때문이다. 그래서 자신의 목표가 성취되는 결과를 바란다면 자신의 꿈과 목표를 반복해서 더 선명하게 생각하고 느끼며 말하고 행동할 수 있도록 초점을 일치시켜야 한다.

성취의 자원과 에너지가 없는 선수는 없다. 다만 초점이 분산되어 자원과 에너지가 없는 상태에 머물러 있을 뿐이다. 누구든지 자신이 간절히 원하는 꿈과 목표에 초점을 일치시키기만 한다면 원하는 성취를 현실적으로 실현시킬 수가 있다. 삶의 모든 성취결과는 꿈과 목표에 초점을 맞추고 그것을 성취하기 위한 성공전략을 선택하여 그 전략에 최선을 다해 얻는 것이기 때문이다.

누군가 할 수 있다면 다른 사람도 할 수 있다는 것이 멘탈의 평범한 원리이다. 다만 많은 선수들이 이 평범한 원리를 알아차리지 못하고 믿지 않기 때문에 성공한 선수와 멀어진 상태에 머물러 있을 뿐이다. 중요한 것은 성공과 실패를 결정짓는 것은 선수의 자질이 아니라 초점을 어디에 일치시키고 지속하는가에 의해 결정된다는 사실이다.

그렇기 때문에 누구든 자신의 목표에 초점을 일치시키고 반복할 수만 있다면 목표를 성취할 수 있다. 이렇게 초점이 모아지는 곳에 에너지가 모아지게 되면 원하는 목표가 자연스럽게 성취될 수 있게 된다. 결국 초점이 모아지는 곳에 선수의 생각과 느낌, 말, 행동이 일치되기 때문에 원하는 성취가 실현될 수밖에 없는 것이다.

# 운동선수의 초능력

스포츠 선수는 자신이 설정한 목표를 달성하기 위해 모든 자원과 에너지를 사용하여 정신적, 신체적인 한계에 도전한다. 그래서 반복적으로 힘든 훈련을 통해 CR의 신체를 단련하고 반복적인 멘탈 훈련을 통해 NCR의 긍정적인 상태와 성공신념을 만들어 신체와 멘탈이 서로 돕는 완전한 심신 일치 상태를 만든다.

이 상태에서 선수가 자신의 목표에 초점을 일치시키고 목표와 관련된 생각과 느낌, 말, 행동을 반복할 때 생기는 힘이 바로 초능력이다. 멘탈적 관점에서의 초능력에 대한 정의는 신비스럽거나 비과학적인 마법이 아닌 누구나 가지고 있으면서도 그것을 일상적으로 사용하지 않는 잠재된 능력이라고 정의한다.

이러한 초능력은 누구나 가지고 있는 평범한 자원이다.

작은 돋보기라도 초점을 일치시키면 물체를 태울 수 있는 초능력적인 에너지를 사용할 수 있게 되지만 아무리 큰 돋보기라도 초점을 일치시키지 못하면 그 어떤 에너지도 사용할 수 없게 된다. 마찬가지로 성공할 수 있는 선수와 실패할 수 있는 선수가 따로 있는 것이 아니다. 선수가 자신의 목표에 생각과 느낌, 말, 행동을 일치시켜 잠재된 초능력을 사용할 수 있는가의 차이를 가지고 있을 뿐이다.

자신의 신체적인 기능과 멘탈의 힘이 상보적으로 하나가 되어 목표에 초점을 일치시킬 수 있을 때 누구나 숨겨진 자신의 초능력을 사용할 수 있게 된다. 성공한 선수는 태어나는 것이 아니라 만들어지는 것이기 때문에 생각과 느낌, 말, 행동 이 네 가지 자원을 일치시켜 초능력을 사용할 수만 있다면 누구나 성공한 선수가 될 수 있는 것이다.

초능력적인 자원은 누구나 가지고 있는 평범한 자원이지만 안타깝게도 그것을 자신의 삶에서 성취 에너지로 사용하는 사람은 극소수이다. 운동선수들은 누구나 자신만의 목표를 가지고 있다. 어떤 선수라도 자신의 생각과 느낌, 말, 행동을 목표에 일치시키고 반복한다면 남들이 사용하지 못하는 놀라운 초능력을 사용할 수 있게 되어 원하는 성취를 이룰 수 있게 된다.

어느 누구도 자원이 없는 선수는 없다. 어느 누구도 잠재된 능력이 없는 선수는 없다. 어느 누구도 초능력이 없는 선수는 없다. 다만 성공한 선수는 자신의 잠재된 자원과 초능력을 사용할 수 있도록 초점을 일치시키는 멘탈 능력의 차이를 가지고 있을 뿐이다.

# [ 전략 ]

  전략이란 일반적으로 어떤 목표에 도달하기 위한 최적의 방법을 말한다. 전략은 부분의 합이 전체라는 관점을 뛰어넘는 '전체는 부분의 합보다 크다'라는 관점이다. 즉 전체는 부분의 단순 총합 이상이라는 것이다. 또 다른 관점으로 본다면 전략이란 문제를 해결하거나 과제를 수행하기 위해 하는 체계적인 인지적 조직활동을 뜻하기도 한다.

스포츠에서 전략은 설정한 목표를 이루기 위한 초점을 일치시켜 최상의 상태를 선택하는 것이라고 할 수 있다.

  운동선수가 자신이 설정한 목표를 성취하기 위해서는 지금 당장 하고 싶은 것을 선택하는 것이 아니라 지금 당장 꼭 해야만 하는 것을 선택하고 실천하는 것이 중요하다. 많은 선수들이 목표를 선택하는데 꼭 필요한 일을 뒤로 미루며 지금 하고 싶은 쉬운 선택을 먼저 하기 때문에 성공한 선수가 되지 못하고 평범한 선수로 남게 된다.

성공한 선수가 되기 위해서는 지금 당장 힘들고 고통스럽더라도 지금 꼭 해야만 하는 일을 즉결즉행할 수 있어야 한다. 당장의 편안함을 위해 지금 꼭 해야 할 선택을 적당한 핑계와 합리화로 미루거나 지금 즉시 실천하지 않는 잘못된 선택을 하게 되면 훗날 더 큰 좌절과 고통을 겪을 수도 있다. 미래 삶의 모든 성취결과는 지금 현재에서 선수 자신이 어떤 전략을 선택하여 그 전략에 최선을 다했는지에 따라 얻게 되는 결과일 뿐이기 때문이다.

성공한 선수는 성공에 대한 확고한 신념을 가지고 성취하기 위해 최상의 성공전략을 선택한다. 그리고 그것을 성취하기 위해 자신의 에너지와 모든 초점을 일치시키고 자신의 행동에 최선을 다하여 성공이라는 결과를 얻는데 성공하게 된다. 실패한 선수는 대부분 성공에 대한 확고한 신념을 갖고 있지 못하며 성공과는 거리가 먼 엉뚱한 신념을 가지고 최상의 실패전략을 선택한다. 그리고 그것을 성취하기 위해 자신의 에너지와 초점을 일치시키고 자신의 행동에 최선을 다하여 실패라는 결과를 얻는데 성공하게 된다.

성공한 선수와 실패한 선수의 차이점은 서로의 선택한 전략이 다르다는 것이고 공통점은 자신이 선택한 전략에 모두가 최선을 다하고 있다는 사실이다. 모두가 자신의 사명과 목표를 성취하기 위해 서로 다른 전략을 선택하여 그 전략에 최선을 다하기 때문에 삶의 성취결과는 전혀 다르게 나타날 수밖에 없는 것이다.

그렇기 때문에 성공한 선수가 되기 위해서는 목표에 초점을 일치시키고 그것을 성취하기 위한 성공전략을 세워 그 전략에 최선을 다해야 한다. 성공전략은 연극 무대에서 배우가 훌륭한 연기를 할 수 있게 만들어주는 시나리오로 비유할 수 있다. 연극 무대에서 훌륭한 작품을 완성하기 위해 배우는 시나리오에 최선을 다해 자신의 모든 자원과 재능을 발휘하게 된다. 무대에서 보여주는 배우의 연기는 시나리오에 의해 표출되는 결과물일 뿐이다.

- 성공하고 싶다면 성공전략을 선택하면 된다.
- 행복하고 싶다면 행복전략을 선택하면 된다.
- 실패하고 싶다면 실패전략을 선택하면 된다.
- 불행하고 싶다면 불행전략을 선택하면 된다.

자신의 목표에 초점을 일치시키고 목표성취에 도움이 되는 것은 그 무엇이든 선택하고 실행해야 하며 목표성취에 방해가 되는 것은 그 무엇이든 차단할 수 있는 전략을 세우고 실행해야 하는 것이다.

진정 자신이 원하는 것을 이루고 싶다면 그것을 이룰 수 있는 자신의 분명한 전략을 세우고 행동해야 한다. 우리 삶의 모든 성취결과는 우리가 선택한 전략에 최선을 다해 창조된 결과물이기 때문이다.

# 스포츠 동기

일반적으로 동기란 행동의 방향과 강도를 나타내며 특정한 방식으로 행동하도록 하는 내·외적인 힘의 결합이다. 궁극적으로 스포츠에서의 동기는 선수가 목표를 달성하기 위한 개인의 노력과 방향, 지속성을 통해 자발적으로 최선을 다하는 것이다.

선수의 행동은 개인의 상태와 다른 사람들, 환경의 영향을 받아 동기화된다. 다시 말해 선수의 동기는 특정한 방식으로 행동하도록 하는 내적인 힘과 외적인 힘이 복잡하게 얽혀 있는 상태로 볼 수 있다. 스포츠 동기에 의해 이루어지는 것은 선수의 선택과 노력, 지속이다. 스포츠 동기는 어떤 스포츠팀에 소속될 것인지, 포상금과 연금, 명예, 운동을 얼마나 열심히 할 것인지, 체력훈련을 얼마나 더 많이 할 것인지 따위의 모든 선택과 결과를 관장한다.

위대한 성취를 이룬 훌륭한 운동선수들이 특별한 능력을 가지고 있기도 하지만 남다른 동기를 가지고 다른 선수들보다 더 많이 훈련을 하여 뛰어난 성과와 경력을 이루어낼 수 있었다. 동기는 선수가 수행 향상과 경기력을 높이기 위해 목표와 방향을 설정하고 그것을 이루기 위한 행동의 지속이라는 연료에 불을 붙이는 것과 같은 것이다.

훌륭한 성취를 이룬 선수들은 실패에 굴하지 않기 위해 더 많은 노력을 투자하거나 자신의 생활을 보다 효과적으로 관리하기 위해 동기를 탄탄히 다진다. 그들은 성과를 이루기 위해 고난과 역경에 굴하지 않고 실력을 갈고 닦기 위해 집중해서 반복적으로 부지런하게 연습한다. 일반적으로 선수가 운동에 참여하는 동기는 다음과 같다.

## 감각동기

- 적절한 감각적인 자극
- 흥미와 설렘
- 속도감
- 지루하지 않고 도전적
- 격렬함

## 친애동기

- 원만한 의사소통
- 팀 동료들과의 협동
- 구성원 간의 상호 존중하는 문화
- 팀 응집력
- 우정 어린 분위기
- 코치나 동료와의 친밀감
- 높은 사기

## 성취동기

- 목표달성
- 과업 지향적
- 모험심
- 자신감
- 책임감
- 지위 향상

- 우월감
- 코치의 격려
- 대회 입상
- 경제적 능력

## 공격동기

- 공격성
- 에너지 발산
- 존재감
- 통제 욕구
- 영향력 강화
- 유전적 영향
- 코치의 격려
- 욕구 분출

# 동기에 대한 관점

## 코치와 선수의 관점

선수들과는 무관하게 코치의 주관적인 관점에서 일방적으로 동기를 부여하는 것이다. 예를 들어 역도경기에서 선수의 각성과 승부욕을 불러일으키기 위해 따귀를 때린다든지 겨울 전지훈련에서 얼음 물속에 들어간다든지 공동묘지에서 극기훈련을 하는 것과 같은 것을 말한다. 또는 심리학 서적이나 영상을 이용하여 동기를 강화하기도 한다.

이러한 동기화 훈련이 일부 선수들에게 도움이 되기도 하지만 대부분의 선수들은 이러한 방법들에 대해 구시대적 코칭 방법으로 생각하고 크게 동기화되지 않는 것이 현실이다. 그런데도 코치는 더 나은 과학적인 동기화 전략과 프로그램을 도입하기보다 자신의 주관적인 신념체계로 과거의 코칭 방법을 그대로 사용하는 경우가 많다.

## 동기화 여부에 따른 관점

현재 선수의 일시적인 동기화 상태를 관찰하고 그것을 절대적 준거로 삼아 생략, 왜곡, 일반화된 세상모형으로 선수를 판단하게 될 수도 있다. 이러한 오류는 코치 자신의 합리적인 동기유발전략이 부재하기 때문에 나타나는 잘못된 관점이다.

선수의 동기는 코치의 동기부여와 유발에 의해 만들어지는 것이라는 관점이 필요하다. 하지만 잘못된 관점을 가지게 되면 선수의 동기는 전적으로 선천적이고 고정된 것으로 보기 때문에 훈련을 통해 동기를 발전시킬 수 없다는 편향된 사고를 하게 된다. 이러한 관점은 코치가 이미 동기화된 선수만을 선택하게 만들고 동기가 부족한 선수는 제외시켜야 한다는 잘못된 판단을 하게 만든다.

이것은 코치가 선수들의 동기를 개발하기보다는 현재의 상태에서 편안하게 코칭하기 쉬운 선수만을 선택하려는 무책임한 태도이다.

이러한 편향된 관점을 갖게 되면 선수의 잠재된 가능성을 발견하고 이끌어낼 수 있는 기회를 잃게 될 수도 있다. 훌륭한 선수는 태어나는 것이 아니라 만들어지는 것이라는 코치의 관점이 필요하다. 탁월한 리더십과 의사소통능력으로 선수의 동기를 높여주어야 할 책임이 코치 자신에게 있다는 사실을 깨달아야 한다.

## 타고난 소질에 따른 관점

타고난 재능은 선수들마다 다를 수 있다. 아무리 타고난 재능이 훌륭하다고 해도 타고난 재능만으로 훌륭한 선수로 성장할 수는 없다. 운동은 반복 훈련을 통해 뇌에 전용신경회로를 구축하고 이렇게 구축된 전용신경회로와 완전한 조합을 이룬 신체적인 기능을 만들어가는 과정이기 때문에 재능보다는 훈련이 더 중요하다. 만약 타고난 선천적인 재능이 훈련보다 중요하다는 편향된 관점을 갖게 되면 반복 훈련의 가치가 훼손될 수 있다.

이러한 편향된 관점은 천부적인 재능을 가진 선수는 연습 없이도 최상의 플레이를 할 수 있기 때문에 열심히 연습에 전념하기 위한 동기가 필요 없다고 본다. 하지만 아무리 타고난 운동 재능을 가지고 있다 하더라도 훈련에 전념하기 위한 동기가 없이는 좋은 성적을 낼 수 없다. 그 어떤 선수도 훈련 없이 자신의 실력을 끌어올려 원하는 목표를 성취할 수 없기 때문이다. 타고난 재능이 있는 선수가 동기화될 때 더 큰 성취를 이룰 수 있게 되는 것이다.


## 동기의 전체적인 관점


동기는 내적인 동기와 외적인 동기가 상호작용하여 선수의 정서와 행동에 영향을 미치게 된다. 운동선수가 어떻게 생각하고 느끼고 말하고 행동하는지에 대한 내적인 동기에 영향을 주는 외적인 요인들과 끊임없이 상호작용하는 것이다.

동기는 선수가 가져야 할 당연한 의무이기 때문에 선수는 어떤 경우라도 코치에게 책임을 전가시켜서는 안된다. 마찬가지로 코치도 선수가 자신의 목표를 달성하기 위해 최선을 다할 수 있도록 환경을 조성하고 동기를 강화하기 위한 프로그램을 개발하는데 노력을 해야 한다. 그래서 코치는 선수 개개인의 욕구와 감정, 행동 패턴을 유심히 관찰하여 관심과 피드백, 격려를 보내고 성공신념을 심어주기 위한 코칭을 충실히 해야 하는 것이다.

모든 선수들에게 일관되게 적용될 수 있는 동기 전략은 존재하지 않는다. 중요한 것은 기존의 이론이나 기법에 선수들을 적용시키는 경직된 코칭이 아니라 선수 개개인과 팀에 맞는 새로운 이론과 프로그램을 개발하고 적용하여 성과를 거두는 코칭이 제공되어야 하는 것이다.

# 내적동기와 외적동기

탁월한 실력을 갖고 있는 우수선수나 규칙적으로 운동을 하는 사람들은 대게 내적동기 수준이 높게 나타난다. 선수가 내적동기와 외적동기가 모두 높을 때 강한 성취행동이 나온다. 그래서 최고의 실력을 가진 국가대표급 선수나 프로선수들의 경우 내적동기와 외적동기가 모두 높은 경향을 보인다.

내적동기는 자신의 내부로부터 오는 동기를 말한다. 외부적인 보상이 제공되지 않더라도 운동 참여 자체가 순수하게 기쁨과 만족감, 성취감을 주어 동기화되는 것이다. 이와 같이 외부적 보상이나 압력에 의해 운동에 참여하는 것이 아니라 자기가 하고 싶고 즐거워서 동기화되는 것을 내적동기라고 한다.

인간은 내적으로 동기화되었을 때 물질적 보상이나 외적인 강요에 집착하지 않고 스스로 행동을 할 수 있는 지향성을 가지기 때문에 더 많은 노력을 하여 성취결과를 만들어낸다. 내적동기는 누가 시켜서 억지로 하는 것이 아니기 때문에 인간의 자결성, 자율성, 유능하고자 하는 내적인 욕구에서 시작된다고 볼 수 있다. 즉 내적동기가 높은 사람은 자결성이 높아지고 자결성이 높은 사람은 내적동기가 높아지는 상관성을 가지고 있는 것이다.

외적동기는 특정한 운동수행에 대하여 어떤 보상이 약속되었을 때 행동이 유발되는 것을 말한다. 상금이나 트로피, 메달, 상품, 진학, 프로 진출 등의 외부적인 보상을 얻기 위해 동기화되는 것이다.

보상이 따르는 외적동기는 자결성의 연속체에서 동기 수준이 낮은 쪽에 속하여 내적동기보다는 자결성을 많이 포함하고 있지는 않지만 외적동기 유형들은 자결성과는 또 다른 의미를 내포하고 있다.

중요한 것은 검은 고양이든 흰 고양이든 쥐만 잡으면 되는 것이다.

내적동기든 외적동기든 운동수행 향상과 경기력을 높이는 방향으로 동기화되는 것이 중요하다.


## 호기심과 내적동기


인간의 호기심과 실험정신은 새로운 과제나 목표를 이루기 위한 도전을 멈추지 않게 만든다. 새로운 운동과제를 학습하고 탐구하는 동안 얻어지는 기쁨이나 만족을 위해 운동에 참여하는 것이다.

운동을 통해 새로운 지식과 기술을 알고자 하는 동기로써 무엇인가를 배우며 탐색하고 이해하고자 노력하는 과정에서 재미나 즐거움을 느끼기 위해서 활동하는 것으로 이해할 수 있다.

## 자극과 내적동기

인간의 뇌는 근본적으로 쾌락을 추구하고 고통을 회피하도록 세팅되어 있다. 좋은 기분을 추구하는 동기로써 미적 체험, 몰입 체험, 최상체험, 감각 체험 추구를 말한다. 그래서 재미있고 흥분되는 운동 참여가 동기화된다.

## 성취와 내적동기

인간은 목표지향성을 가지고 있기 때문에 자신이 원하는 목표를 이루기 위해 움직이게 된다. 중요한 목표를 성취하기 위해 운동에 참여하거나 도전을 할 때 기쁨이나 만족을 통해 동기화되는 것을 말한다. 무엇인가를 이루려고 하는 동기로써 결과 자체에 관심을 갖기보다는 성취의 과정에 초점이 모아진다.

## 확인 규제

특정 행동을 중요하다고 판단하고 자신의 선택에 따라 행동을 하는 경우이다. 개인적으로 설정한 목표나 과제 때문에 행동을 실천하는 것을 말한다. 확인 규제가 운동의 동기라면 순수한 즐거움이 아니라 건강증진, 외모개선 등과 같은 운동의 결과를 목표로 한다.

## 의무감 규제

자기 스스로 압력을 느껴서 행동하는 것을 의미한다. 운동을 안 하면 죄책감이 느껴지기 때문에 운동을 한다면 여기에 해당된다.

어떤 행동을 하는 이유를 내면화시키는 것으로 예를 들어 프로선수가 체력훈련을 더 열심히 하지 않으면 창피를 당한다는 부담감 때문에 연습에 몰두하는 경우이다.


## 외적 규제

외적 보상을 받거나 처벌을 피하기 위해 행동하는 것을 말한다. 외부의 압력 때문에 운동을 하거나 보상을 바라고 운동을 하면 외적 규제가 작용하게 된다. 어떤 행동이 외적 보상이나 타인에 의해 규제당하는 것으로 예를 들어 상급학교인 중학교와 고등학교, 대학교 진학을 위해 동기화되어 운동하는 것을 말한다. 동계 전지훈련에 참가하지 않으면 주전에서 밀려날 수도 있기 때문에 동기화되어 운동을 한다면 외적 규제에 해당되는 것이다.

# 동기유발전략

선수가 자신의 목표에 주의의 초점을 모으고 지속할 수 있게 하기 위해서는 선수 개인에게 맞는 동기유발전략을 사용해야 한다.

선수들이 내적동기와 같이 자결성이 높은 동기 수준을 개발하고 유지하여 목표를 이루기 위해서는 코치의 탁월한 리더십이 요구된다.

때로는 내적동기를 유발하기 위해 선수의 호기심과 지적욕구, 자극체험 욕구, 성취욕구를 자극해야 하고 때로는 외적동기를 유발하기 위해 확인 규제, 의무감 규제, 외적 규제가 작용할 수 있도록 다양한 전략을 적절히 사용해야 한다.

선수의 동기를 유발하는 전략은 선수마다 다를 수 있으며 코치가 어떤 전략을 선택하는가에 따라 엔진을 가동하는 점화플러그의 역할을 하는 것이다. 코치는 선수가 운동수행 향상과 경기력을 높이기 위해 자신이 가진 잠재된 능력과 에너지를 과제나 목표를 달성하는데 초점을 맞추고 실행할 수 있도록 선수 개인에게 맞는 동기유발전략을 사용할 수 있는 리더십을 발휘해야 한다.

## 목표설정과 초점 맞추기

목표가 나를 이끈다고 했다. 선수가 달성하고자 하는 바람직한 미래의 상태를 만드는 것이 목표이며 그 목표가 현실적인 성취로 실현되기 위해서는 에너지 동원을 할 수 있는 목표에 초점 맞추기가 필요하다. 인간의 의식은 선명하고 구체적인 전경을 떠올리기 위해 끊임없이 초점을 찾는다. 그래서 초점이 일치된 것에 생각과 느낌, 말, 행동을 일치시키게 된다. 목표가 중요한 것은 초점을 일치시켜 고도의 집중력을 활용할 수 있는 상태를 유지시켜주기 때문이다.

특히 어린 선수들을 가르치는 코치라면 동기에 있어서 가장 중요한 단계는 스포츠 과제나 목표에 초점을 일치시키고 집중상태를 유지하게 만드는 것이라는 것을 잘 알고 있을 것이다. 실현 가능성이 있는 선명하고 구체적인 목표가 설정되면 어린 선수들은 그 목표를 이루기 위해 호기심과 실험정신으로 도전하며 흥미를 느끼고 성취감을 느낄 수 있기 때문에 운동에 더 집중할 수 있게 된다.

목표와 현실의 차이를 분명하게 인식하도록 하고 목표가 달성되었을 때 얻게 되는 긍정적인 요인과 잃게 되는 부정적인 요인에 대한 구체적인 피드백을 통해 선수가 목표에만 초점을 일치시킬 수 있도록 환경을 만들어주어야 한다.

## 자신감 향상

자신감이란 어떤 일을 잘할 수 있다는 자기 자신에 대한 믿음이다. 자신감과 유사한 자기효능감은 어떤 특정 과제를 성공적으로 잘할 수 있다는 자기 자신에 대한 믿음이다. 자기효능감이 쌓이게 되면 자기 자신이 무엇이든 잘할 수 있다는 자신감을 갖게 된다.

스포츠에서 자신감은 스포츠 상황에서 자신과 상대 선수, 환경에 대한 객관적이고 안정적인 인식과 합리적인 반응을 통해 자신이 가진 능력을 충분히 활용할 수 있도록 도움을 주는 긍정적인 심리상태이다. 따라서 자신감이 낮게 되면 작은 시련과 실패에도 쉽게 포기하거나 자신의 능력을 일부밖에 사용하지 못하게 된다. 코치는 선수가 자신감을 가질 수 있도록 성공체험과 언어적 격려, 관심과 믿음을 보내야 한다.

# 책임감 부여와 조절

선수의 동기는 일상생활이나 훈련, 경기상황에서 자결성과 자기통제력, 책임감이 충분히 주어졌을 때 유발될 수 있다. 억압적이거나 강제적인 코칭이 아니라 선수 개인의 목표와 수행 역할에 대한 긍정적인 언어코칭을 통해 스스로의 행동에 대한 책임감을 가질 수 있도록 리더십을 발휘해야 한다.

코칭에 대한 이해가 부족한 일부 코치들은 선수들에게 자결성과 자기통제력을 요구하며 책임감을 부여하는 것이 코치가 가진 권위와 통제력을 상실하게 되는 것이라는 착각을 하는 경우도 있다.

이러한 태도는 자기중심적 편향성에 의한 집착일 뿐이다. 코치의 역할은 선수가 최상의 멘탈 상태에서 최고의 경기력을 발휘할 수 있도록 도움을 주는 것이다.

스포츠에서 심판의 역할이 있고 코치의 역할이 있듯이 선수의 역할도 분명히 있다. 경기에서 운동수행을 하는 주체는 선수이고 그 결과에 대한 책임도 선수가 진다. 심판은 공정한 심판을 통해 원활한 경기진행을 도와주는 역할을 하는 것이고 코치는 선수가 가진 가능성과 잠재력을 발견하고 성장시켜 선수와 코치가 원하는 목표달성을 할 수 있도록 도움을 주는 역할을 하는 것일 뿐이다.

선수가 중요하고 가치 있는 책임감을 기를 수 있는 훈련계획과 전략, 자발적 준비운동, 주장 선출과 같은 활동을 스스로 할 수 있도록 유도

하고 코칭해주어야 한다. 그리고 코치는 훈련과정에 대한 객관적인 관찰과 합리적인 평가를 통해 선수들이 책임감을 가질 수 있도록 도와주는 리더십을 발휘하는 것이 필요하다.


## 외적 강화 인자의 사용


인간의 뇌는 근본적으로 쾌락을 추구하고 고통을 회피하도록 세팅되어 있다. 행동주의 심리학적 관점에서 보면 인간의 행동에 강화와 처벌을 조건화시키면 행동이 형성되거나 수정될 수 있다고 본다.

강화나 보상, 처벌을 통한 행동 형성이나 수정은 행위에 대한 보상이 예상되거나 주어지면 그 행위의 강도와 빈도, 시간이 증가되고 처벌이 예상되거나 주어지면 그 행위의 강도와 빈도, 시간이 감소된다.

상황과 대상에 따라 보상이나 처벌이 주어지는 외적 규제가 운동선수를 동기화시키는데 탁월한 효과를 얻기도 하지만 잘못 적용시키거나 남발하게 되면 선수의 동기를 파괴하는 부작용이 생길 수도 있다는 점을 알아야 한다. 외적 보상은 운동 참가 초기에 내적동기가 부족할 때 흥미를 유발하는 효과가 있지만 외적 보상이 반복되면 내적동기가 감소되기 때문에 운동발달과정에서는 내적동기와 외적 보상을 상황과 대상에 맞게 적용하는 코칭이 필요하다.

# PART 7
# 주의집중과 루틴

# [ 집중력 ]

스포츠에서 지금 해야 할 과제에 주의를 집중하는 것보다 더 중요한 것은 없다. 특히 선수는 경기 중에 매 순간마다 불필요한 정보간섭을 차단하고 과제를 수행하는데 정신력을 모아야 한다. 그리고 경기 중 변화하는 상황과 대상에 주의를 기울이고 초점을 전환하며 유지하는데 상당한 정신적인 노력을 하게 된다. 집중은 공부를 할 때나 일을 할 때뿐만 아니라 운동을 할 때도 가장 중요하게 여기는 심리적 기술이며 선천적으로 타고나는 것이기보다 훈련을 통해 만들어지는 것이다.

어떤 분야에서 탁월한 능력을 발휘하거나 성과를 내는 것은 개인과 소속된 구성원이 얼마나 목표와 과제에 주의집중을 하는가에 의해 결정된다. 특히 스포츠에서 심리기술이 차지하는 비중이 높아지면서 집중력에 대한 관심과 연구가 많이 진행되고 있다. 이러한 집중력이 선수의 운동수행 향상과 경기력을 높이는데 긍정적인 기능을 하게 된다는 사실을 모르는 사람은 없다.

심리기술 중에서 선수와 코치가 가장 관심을 가져야 할 부분이 바로 집중력이다. 운동수행에 불필요한 심리적 걸림돌을 차단하고 운동과제와 수행에만 주의를 모으고 집중할 수 있을 때 원하는 결과를 얻을 수 있는 가능성이 높아지기 때문에 주의집중능력을 가장 중요한 심리기술이라고 하는 것이다.

축구에서 골키퍼가 날아오는 공을 막는 순간, 유도에서 지고 있을 때 경기 종료 몇 초를 남기고 한판승을 거두는 순간, 극한의 고통 속에서도 승리를 위해 투혼을 발휘하는 순간 등 수많은 스포츠 상황에서 초인적인 능력을 발휘하게 만들어 기적적인 승리를 할 수 있게 해주는 것이 바로 선수가 가진 집중력이다.

## 주의와 집중

주의는 선수가 관심을 모아야 하는 과제나 대상을 선정하는 능력으로 선수 자신의 현재 상황으로부터 지속적으로 정보를 수용하고 인지하는 능력이다. 특정한 과제나 목표에 초점을 일치시키는 주의는 집중을 하기 위한 전 단계라고 할 수 있다.

집중은 주의로부터 받아들인 자극과 정보를 선수 자신이 처한 상황에 맞게 가장 적합한 주의 상태를 유지하는 능력을 말한다.

주의만 있고 집중이 없다면 노력의 강도가 지속되지 않기 때문에 원하는 성과를 얻을 수가 없게 된다. 그래서 주의만 있고 집중이 없는 상태를 산만함이라고 하는 것이다.

주의가 초점을 모으는 '방향'이라고 한다면 집중은 그 초점을 계속 유지하는 것이기 때문에 '강도의 지속'이라고 할 수 있다.

이렇듯 주의와 집중은 상호 유기적인 관계를 맺고 있으며 집중을 위해서는 집중할 수 있는 목표나 과제가 있어야 하기 때문에 주의가 전제될 수 있는 목표가 중요하다. '목표가 우리를 끌어당긴다'라고 하는 이유가 목표라는 주의를 선택하고 그 주의에 집중할 수 있을 때 목표를 이루기 위해 필요한 모든 시스템을 가동하기 때문에 목표가 우리를 끌어당기게 되는 것이다.

이러한 주의집중상태는 시간이 경과하면서 여러 가지 정보간섭에 의해 초점이 전환되기 때문에 분산될 수밖에 없다. 하지만 운동선수는 최상의 운동수행과 경기력 향상을 위해 고도의 주의집중상태를 계속 유지할 수 있는 능력을 가지고 있어야 한다. 선수가 필요한 주의집중상태를 유지하기 위해 목표에 초점을 일치시키고 반복 훈련을 통해 전용 신경회로를 구축하여 불필요한 심리적 간섭들을 차단하는 능력을 높여야 하는 것이다.

그래서 스포츠에서는 집중도 중요하지만 정보간섭에 의해 분산된 주의를 다시 한곳에 모으고 유지할 수 있는 재집중능력을 높이기 위한 심리훈련이 필요한 것이다. 재집중은 분산된 주의를 다시 한곳에 모으는 것과 서로 다른 내용에 초점을 맞추는 두 가지 유형으로 구분된다.

그리고 주의집중과 유사한 개념인 집중력은 특별한 과제에 주의집중을 유지하기 위한 능력으로 주의의 한 가지 양상으로 볼 수 있다. 즉 선수가 경기상황과 관련된 단서에 집중하여 이를 유지하는 능력이라고 할 수 있는 것이다.

스포츠 경기에서 주의의 집중은 경기가 계속 진행되는 동안 여러 가지 정보간섭과 혼란을 일으키는 자극에 주의가 흩어지지 않고 끊임없이 변화하는 상황에서도 오랫동안 초점을 바꾸지 않는 상태를 말한다. 주의는 관심을 기울일 대상을 선정하는 능력이고 집중은 가장 적합한 주의를 유지하는 능력이기 때문에 주의와 집중의 향상은 집중력 향상과 매우 연관성이 크다고 할 수 있다. 선수가 얼마나 집중력이 높은가에 따라 자신의 잠재된 능력을 운동수행에 사용할 수 있기 때문에 집중력이 곧 운동능력과 직결되는 것이다.

# [ 주의의 용량 ]

주의의 용량은 주의를 목표나 과제 상황에 대한 개인의 기대나 우선 순위에 따라 과제간에 적절하게 배분될 수 있는 에너지로 이해할 수 있다. 주의의 용량은 한계가 있기 때문에 선수는 수행을 위한 주의의 초점을 모으고 분산, 전환할 수 있는 능력을 가져야 한다.

선수가 자신이 가지고 있는 능력을 최대한 활용하여 최상의 운동수 행을 통해 경기력을 향상시키기 위해서는 집중력을 높이는 멘탈 훈련 이 필요하다. 선수가 자신의 집중력을 더 효과적으로 향상시키기 위해 서는 주의에 관한 특성을 알아야 한다.

먼저 인간의 뇌는 한 번에 처리할 수 있는 정보의 양이 제한되어 있 어 한순간에 한 가지밖에 초점을 일치시킬 수 없기 때문에 초점을 어디 에, 어떻게 일치시키고 전환할 수 있는 능력을 갖추는 것이 중요하다.

우리 뇌의 주의 용량은 한계가 있기 때문에 선수가 운동수행과정에서 한 번에 하나 이상의 초점을 일치시키거나 지속하는 것이 어렵다.

운동수행과정에서 발생하는 실수나 수행붕괴는 대부분 선수가 주의를 집중하지 못할 때 발생한다. 초점이 정확하게 일치되지 않게 되면 선수가 자신의 능력을 엉뚱한 곳에 사용하기 때문에 수행붕괴와 산만한 상태를 만들게 되는 것이다.

예를 들어 양궁에서 과녁에 정확하게 초점을 일치시키지 못하게 되면 불필요한 정보간섭이 생기기 때문에 원하는 성과를 얻을 수 없다. 일반적으로 우리가 의식적 초점을 일치시킬 수 있는 주의의 한계와 범위는 7±2 정도이며 사람에 따라 적게는 5 정도, 많게는 9 정도로 주의를 기울일 수 있다. 잠재의식적 용량은 무한하지만 의식적 주의의 용량은 한계가 있기 때문에 제한된 용량을 운동수행에 도움이 되도록 사용할 수 있어야 한다.

그래서 수많은 반복 훈련을 통해 뇌에 수행과 관련된 전용신경회로를 구축하여 의식적 노력 없이도 운동수행을 할 수 있도록 해야 하는 것이다. 반복 훈련을 통해 대부분의 운동기술과 동작을 자동화시켜두어야 제한된 주의 용량을 최상의 운동수행에 활용할 수 있기 때문이다. 이러한 자동화는 의식적으로 주의를 덜 기울여 정신적 에너지를 최대한 효율적으로 활용할 수 있게 해주기 때문에 여유 있는 주의의 용량으로 새로운 상황 변화에 안정적이고 효율적으로 대처할 수 있는 능력을 가지게 해준다.

그래서 주의의 용량을 운동수행에 효율적으로 활용하기 위해서는 정확한 기술과 동작에 대한 반복 훈련을 통해 자동화시키는 시스템을 구축하는 것이 가장 중요하다. 이와 같이 수없이 많은 반복 훈련을 통해 운동수행이 잠재의식적 차원에서 자동화되면 의식적 용량이 전체성을 가지고 최상의 운동수행을 할 수 있도록 돕게 된다.

결국 제한된 주의의 용량으로 전체성을 가지고 최상의 운동수행을 할 수 있는 능력을 갖기 위해서는 끊임없는 반복 훈련을 통해 관련된 전용신경회로를 구축하여 자동화시켜야 한다. 왜냐하면 반복적인 훈련을 통해 구축된 전용신경회로가 자동화되지 않으면 눈앞의 운동과제나 기술, 동작 등에 의식적 주의를 계속 기울여야 하기 때문에 주의의 용량이 초과된다.

이렇게 되면 지나친 각성상태를 만들어 운동수행의 붕괴나 오류를 겪게 될 수도 있기 때문에 반복 훈련을 통해 의식적 관여 없이 수행이 자동화될 수 있도록 해야 한다. 최상의 운동수행을 할 수 있는 최고의 선수가 되기 위해서는 반복 훈련을 통해 완벽한 수행을 할 수 있는 자동화 상태를 만드는 것이 가장 중요하다.

# 주의의 준비

스포츠에서 운동수행과 경기력에 영향을 미치는 요인 중에서 주의집중능력은 아무리 강조해도 부족함을 느낄 정도로 중요하다. 특히 집중력을 발휘하게 해주는 주의의 준비과정에 따라 선수가 가진 기량이 달라지기 때문에 주의의 준비상태에 대한 이해가 필요하다.

선수는 최상의 운동수행을 하기 위해 운동을 수행하기 전에 자신의 모든 감각을 동원하여 어떤 것에 주의를 기울일지 탐색하고 선택하는 주의의 준비과정을 거치게 된다. 이때 선수의 멘탈 상태나 경기상황과 주변 환경에 따라 주의의 수준이 달라진다.

예를 들어 선수의 멘탈 상태를 유지하는 정서가 심하게 불안하다면 운동수행에 필요한 정보를 알아차리지 못하게 되고 오히려 불필요한 정보간섭에 초점을 일치시키기 때문에 주의의 준비과정에서 심한 불안과 산만함을 겪게 된다. 특히 각성과 불안 수준이 높은 선수의 경우 운동수행에 필요한 주의의 준비과정에서부터 주의의 폭이 좁혀지면서 운동수행에 필요한 중요한 자극과 정보를 놓쳐버린다.

이렇게 되면 운동수행에 불필요한 불안과 관련된 부정적인 자극과 정보에 초점을 일치시키게 되면서 극심한 불안상태에 빠지게 된다. 그렇기 때문에 긴장과 불안을 자주 경험하는 선수의 경우 각성과 불안을 조절, 통제할 수 있는 멘탈 훈련을 통해 적정 각성 수준을 유지할 수 있는 능력을 갖추어야 한다. 그래서 선수가 완벽한 운동수행과 경기력을 향상시키는데 필요한 주의를 준비하는 방법을 익히는 것이 경기력을 향상시키는 전제조건이 되는 것이다.

선수가 가진 심리적, 생리적, 신체적인 각성 수준과 불안 수준에 의해 어떤 것에 주의를 기울일지에 대한 준비상태가 달라진다. 심리적 압박에서 자유로울 수 없는 경쟁적인 스포츠 상황에서 선수가 높은 긴장감이나 불안감을 갖게 되면 주의의 폭이 지나치게 좁아지면서 운동수행에 필요한 중요한 단서까지 제한되기 때문에 정보처리능력에 문제가 생기게 된다. 이렇게 되면 운동수행에 꼭 필요한 정보는 생략되고 운동수행과 상관없거나 불필요한 것들에 초점이 모아지면서 산만한 심리상태를 유지한다.

산만한 심리상태에서는 완벽한 운동수행을 위한 초점이 모아지지 않기 때문에 에너지 동원이 충분하지 않고 오히려 잘못 맞추어진 엉뚱한 곳에 불필요한 에너지를 분산하게 된다. 완벽한 운동수행과 관련된 각성상태가 세팅되지 못하게 되면 주의의 초점이 운동수행과 상관없는 곳까지 흩어지기 때문에 자신의 주의력을 상실하게 되는 것이다.

결국 선수의 각성상태와 불안 수준이 너무 낮거나 너무 높게 되면 성공적 운동수행에 필요한 중요한 자극과 정보를 알아차리고 적절하게 처리하는데 실패하게 된다.

만약 선수가 중요한 경기상황에서 긴장감이 흐를 때 운동수행에 필요한 적정 각성 수준 유지에 실패하게 되면 심한 경우 멘탈붕괴에 빠지게 될 수도 있다. 멘탈이 붕괴되는 상태에 빠지게 되면 아무 생각을 못하거나 합리적인 판단을 하지 못하게 되고 현재 상황으로부터 도망가려는 반응을 나타내거나 그 자리에서 멍한 상태로 혼란에 빠져 자신의 정상적인 능력을 잃어버리게 된다.

따라서 선수는 평소 훈련과정에서 운동수행에 가장 적합한 각성 수준을 유지할 수 있는 전략을 마련하고 반복적인 훈련을 실시해야 한다. 적정 수준의 각성과 불안은 운동수행과 경기력을 향상시키는데 도움을 주지만 너무 낮거나 높은 각성 수준은 불필요한 정보간섭과 주의의 폭을 좁혀 운동수행에 지장을 초래하게 된다. 적정 수준의 각성은 종목별 운동의 특성과 선수 개인의 성격, 특성불안 수준, 운동기술과 동작의 숙련도에 따라 차이가 있다.

예를 들어 사격이나 골프, 양궁과 같은 폐쇄 종목의 경우 적정 각성 수준이 일반적으로 중간보다 약간 낮은 상황에서 최고의 수행을 나타낸다. 반면에 축구나 농구와 같은 구기종목과 태권도, 유도 등과 같은 투기종목의 경우 적정 각성 수준이 일반적으로 중간보다 약간 높을 때 최고의 수행을 나타내게 된다. 역도와 같이 짧은 시간에 엄청난 에너지를 동원할 수 있는 상태를 만들기 위해서는 최고로 높은 각성 수준을 유지하는 것이 필요하다.

평소 훈련과정에서는 자신의 실력을 충분히 발휘하지만 중요한 경기 상황만 되면 각성 수준이 지나치게 높아지면서 집중력을 상실하게 되어 경기를 망치는 선수들이 많다. 실제로 멘탈코칭센터에는 이러한 각성과 불안 수준을 조절하지 못해 자신의 능력을 제대로 발휘하지 못하는 선수들이 많이 찾아온다.

멘탈코칭센터에서는 선수들의 개인 멘탈 상담과 멘탈 호흡훈련, 이완훈련, 심상훈련과 같은 멘탈트레이닝을 통해 각성 수준을 스스로 통제할 수 있는 멘탈 능력을 갖추도록 도움을 주고 있다. 그들이 가진 각성과 관련된 심리적인 문제를 해결하기만 해도 훌륭한 선수로 성장할 수 있는 기반을 다지게 된다.

적정 각성 수준은 선수들이 편안하고 안정적인 정서상태를 바탕으로 심리적, 신체적인 에너지와 활력을 얻고 운동수행에 필요한 자극과 정보에 효율적으로 초점을 맞출 수 있게 해준다. 그뿐만 아니라 불필요한 정보간섭에 초점을 보내지 않고 완벽한 수행을 하고 최상의 기량을 발휘하기 위한 가장 중요한 전제조건이다.

# 주의의 선택

　나는 누구인가에 대한 질문에 가장 합리적인 대답은 지금 현재에서 자신의 생각과 느낌, 말, 행동의 초점이 일치된 상태를 반복하거나 지속하는 것이라고 정의할 수 있다. 그 대답이 절대적인 정의나 진리라고 말할 수는 없지만 자신의 존재와 정체성을 설명하는 중요한 실마리가 되는 것은 분명하다.

　우리가 어떤 것에 초점을 일치시킨다는 것은 수많은 자극과 정보 중에서 필요한 특정 정보에만 주의를 집중시키는 것을 말한다. 주의의 선택과 집중은 관련 없는 정보는 차단하고 운동수행에 필요한 전용신경회로를 구축하여 선수의 실력을 만든다.

　스포츠 경기 중에는 특정 기술과 동작, 상대 선수, 동료, 관중 등 수많은 자극과 정보가 주어지지만 운동수행에 도움이 되는 특정한 정보 외에 나머지 불필요한 정보를 모두 차단시켜야만 완벽한 수행을 통해 원하는 성과를 얻을 수 있다. 이와 같이 선수가 완벽한 운동수행을 통해 원하는 성과를 얻을 수 있는 에너지를 동원하기 위해 전제되어야 할 조건이 주의의 선택이다.

우수한 실력을 가진 성공한 선수들은 주의의 선택 능력이 일반 선수들과 다르다. 그들은 대외적으로 경기장의 소음이나 미숙한 경기 운영과 심판 판정, 상대 선수의 반칙, 지고 있는 점수에 대한 생각 등과 대내적으로는 경기 결과에 대한 걱정, 불안에 대한 걱정, 자신의 나쁜 컨디션 등에 자신의 초점이 모아지지 않도록 하기 위한 주의의 선택 능력을 가지고 있는 것이다.

최고의 경기력을 자랑하는 구기종목의 프로선수들은 상대편의 포지션과 움직임뿐만 아니라 볼이 날아오는 속도와 방향을 견지함에 있어 일반 선수들보다 초점을 일치시킬 수 있는 탁월한 실력을 가지고 있다. 이러한 현상은 선수의 주의의 용량과 볼이 날아올 것이라는 예감과 볼의 궤적, 상대 선수의 움직임, 빈 공간에 대한 인지능력, 경기 전체를 보는 시야 등에서 경기상황과 관련된 자극과 정보에 더욱 효과적으로 주의를 기울이는 것으로 볼 수 있다.

그렇기 때문에 최고의 기량을 가진 선수들은 경기상황에서 더욱 효과적인 시각적 스캐닝 패턴을 자동화할 수 있도록 하기 위해 반복 훈련 과정에서 주의의 선택 능력뿐만 아니라 초점을 완벽하게 실행하기 위한 전체성을 완결시키게 된다.

많은 훈련을 거듭한 엘리트 투기종목 선수들은 상대 선수의 공격과 방어를 예감하기 위해 상대 선수의 손과 발에 주의를 기울이는 동시에 상대 선수에게 반격으로 타격하기 위하여 상대 선수의 몸통이나 머리의 빈틈에 초점을 맞추게 되는 반응을 자동화시킬 수 있도록 끊임없는 반복 훈련을 실시한다.

국가대표급의 실력을 갖고 있는 프로축구선수들도 공의 소유상황에 초점을 맞추고 동료에게 패스하기 위해 동료의 움직임을 살피며 상대 선수와 주변 상황을 세밀하게 분석할 수 있는 능력을 의식적 노력 없이도 할 수 있도록 자동화시킨다. 축구선수가 경기 중에 수많은 변수가 작용하는데도 불구하고 자로 잰 듯이 패스가 되며 골을 넣을 수 있게 되는 것은 전체성을 가지고 운동수행에 필요한 주의의 선택을 수시로 할 수 있는 능력이 자동화되어 있기 때문이다.

선수가 이러한 완벽한 주의의 선택에 의해 최상의 운동수행을 할 수 있을 때 최고의 선수가 될 수 있다. 성공한 우수한 선수들은 일반 선수들에 비해 훈련이나 경기상황에서 필요한 주의를 적절히 선택하여 효과적으로 사용하는 방법적인 측면에서 탁월성을 보여준다. 결국 주의의 선택 능력이 운동수행과 경기력에 영향을 미치기 때문에 우수한 선수의 전제조건이 되는 것이다.

# 주의집중의 조합과 전환

 스포츠에서 주의집중력은 선수의 실력을 증명할 수 있는 가장 중요한 전제조건이다. 선수가 자신의 능력을 충분히 발휘하여 원하는 목표를 달성하기 위해서는 훈련과정에서뿐만 아니라 실제 경기장에서 경기 시작부터 종료 때까지 지속적으로 요구되는 가장 중요한 멘탈 능력이 바로 주의집중이다.

 스포츠에서 선수가 자신이 가진 실력을 충분히 발휘하기 위해서는 자기 자신이 가진 내적 자원과 에너지를 상대 선수나 경기상황에 일치시켜 완벽한 운동수행을 할 수 있어야 한다. 모든 스포츠는 특정 시간과 상황에 가장 알맞은 특별한 형태의 주의집중상태를 요구하기 때문에 선수가 주의집중능력을 갖추고 활용할 수 있다는 것은 원하는 수행 향상과 경기력을 높일 수 있는 능력을 가지고 있다는 것을 의미한다.

코치는 선수가 효과적인 운동수행과 경기력을 향상시키는데 도움이 되는 주의집중에 대한 훈련계획을 수립하고 반복적으로 훈련을 진행해야 한다. 주의집중의 유형은 크게 범위와 방향으로 나타낼 수 있다.

첫째, 주의집중의 범위이다.

넓은 주의집중은 경기상황을 미리 예측하고 계획, 평가하는데 필요한 능력이며 좁은 주의집중은 작은 자극이나 정보에 주의를 완전히 집중하게 하여 운동수행에 최적의 멘탈 상태를 유지할 수 있게 해준다.

예를 들어 축구 골키퍼의 경우 경기장의 모든 선수들에게 주의를 기울일 때는 넓은 주의집중을 사용하지만 페널티킥이나 날아오는 공을 막을 때는 좁은 주의집중이 요구된다. 종목과 포지션, 상황에 따라 주의집중의 범위가 다르기 때문에 경기상황에 알맞은 최상의 주의집중능력을 가질 수 있는 반복적인 훈련과정이 필요하다.

둘째, 주의집중의 방향이다.

경기 전이나 경기상황에서 선수들의 주의 방향은 내적으로 자신의 멘탈 상태를 안정시키고 신체를 모니터링하며 운동수행에 필요한 최상의 에너지를 동원할 수 있도록 자신의 내적인 방향으로 초점을 일치시킨다. 내적인 방향의 주의집중능력이 중요한 이유는 많은 선수들이 내적인 방향으로 주의집중을 하지 못해 자신의 자원과 에너지를 동원할 수 없는 상태에서는 완벽한 운동수행을 할 수 없기 때문이다.

반대로 경기상황에서 경기장과 상대 선수, 관중, 심판, 목표물 등을 시각적으로 고정하기 위해 외적인 방향에 초점을 일치시킨다.

내적인 일치가 완벽하게 이루어졌더라도 외부 자극과 정보, 목표물을 제대로 알아차리고 초점을 일치시킬 수 없다면 정상적인 운동수행을 할 수 없게 된다. 따라서 훈련과 경기상황에서 주의집중은 어느 한 가지 유형만 요구되는 것이 아니라 범위와 방향의 조합과 배열을 통해 경기상황에 가장 효과적인 주의집중상태를 만들어야 하는 것이다.

- 넓은−외적 주의집중은 선수가 경기상황을 전체적으로 판단하고 외부정보를 습득하는데 필요하다.
- 넓은−내적 주의집중은 수집된 정보를 전체적으로 분석하고 내적으로 계획을 수립하는데 필요하다.
- 좁은−외적 주의집중은 하나 또는 두 개의 좁혀진 외부 자극과 단서에 초점을 맞추어야 할 때 필요하다.
- 좁은−내적 주의집중은 선수가 자신의 심리적, 생리적, 신체적인 특정 부분에 초점을 일치시키고 생각과 감정을 내부로 돌려 멘탈 상태를 조절하는데 필요하다.

코치와 선수가 주의집중에 대해 오해하거나 착각하는 이유가 경기상황의 변화에 주의집중을 유연하게 전환하지 못하고 주의집중을 하나씩 독립된 것으로 보거나 고정된 것으로 보기 때문이다.

실제로 주의집중은 하나씩 독립되거나 고정된 것이 아니라 연속선상에서 배열되고 조합되며 이러한 조합과 배열은 경기상황에 따라 수시로 변화하게 된다. 선수들은 다양한 경기상황에서 주의의 전환이 수시로 이루어지기 때문에 그 상황에 가장 적합한 주의의 범위와 방향의 조합과 배열이 중요한 것이다.

예를 들어 골프의 경우 골퍼는 필드를 걸으며 주변 상황을 넓은 관점에서 외부적인 단서들에 초점을 일치시키고 평가하게 된다. 이때 바람의 방향이나 그린의 폭, 숲이나 벙커, 물웅덩이, 관중들을 볼 때는 넓은─외적 주의집중을 한다. 이러한 외부적인 정보를 입력한 후 현재의 정보와 비슷한 과거의 경험 상황을 떠올리고 적합한 클럽을 선택하기 위하여 입력된 정보를 분석하고 공을 어떻게 칠 것인지에 대해 넓은─내적 주의집중상태로 연속선상에서 배열이 옮겨가게 된다.

이렇게 넓은─외적 주의집중과 넓은─내적 주의집중을 통해 계획이 수립되면 각성 수준을 조절하기 위해 깊은 심호흡을 하고 이전에 경험하였던 완벽한 수행을 상상하는 단계로 초점이 전환되면 현재의 집중력을 유지하기 위한 인지 루틴과 수행 루틴의 절차를 밟아 지금 눈앞에 놓인 공에 초점을 일치시키게 되는 좁은─내적 주의집중상태이다. 그리고 마지막으로 볼을 보고 샷을 하는 좁은─외적 주의집중으로 주의 전환이 일어날 때 완벽한 스윙을 할 수 있게 되는 것이다.

멘탈코칭센터에서 운동선수들을 코칭하다보면 선수가 자원이 없거나 기능이 절대적으로 부족해서가 아니라 운동수행에 집중할 수 있는 주의집중능력이 부족해서 자신의 실력을 충분히 발휘하지 못하는 성장의 걸림돌을 가지고 있는 선수들이 많다는 것을 알 수 있다.

# 주의집중 향상 전략

    스포츠에서 주의집중능력은 선수의 실력과 경기력으로 나타나기 때문에 가장 중요한 훈련과정 중의 하나이다. 어떤 스포츠 종목이든 주의집중과 주의전환능력에 문제가 생기면 완벽한 운동수행과 원하는 경기 결과를 얻을 수가 없기 때문이다.

    결국 위대한 성취를 이룬 우수한 선수와 일반 선수는 주의집중능력에서 차이가 난다고 볼 수 있다. 그래서 선수가 자신의 꿈과 목표를 이루기 위해서는 운동수행에 가장 기초적이면서 중요한 주의집중능력을 높이는 훈련을 반복해야 하는 것이다.

    최고의 선수로 성장하기 위해서는 주의집중에 대한 이해를 바탕으로 주의집중능력을 향상시키기 위한 구체적인 전략을 수립하고 성실하게 실천하여야 한다. 선수와 코치는 주의집중에 대한 정확한 이론적 기반위에 그것을 훈련과정과 경기에서 실행에 옮길 수 있을 때 효율적인 운동수행을 통해 원하는 성취를 이룰 수 있게 된다.

## 1단계 : 전용신경회로 구축하기

인간의 뇌는 착각의 챔피언이기 때문에 그 무엇이든 반복하면 그것을 사실로 받아들이고 사실로 받아들인 것에 대해서는 강한 믿음을 만들어 스스로 그 믿음에 통제당하게 된다.

운동은 수많은 반복 훈련을 통해 뇌에 전용신경회로를 구축하여 중추신경계와 말초신경계가 완벽한 화음을 이루어 하나의 시스템으로 작동될 수 있게 만드는 과정이다. 선수가 반복적인 훈련을 통해 땀을 흘리며 연습한 만큼 뇌는 광케이블과 같은 굵은 전용신경회로를 구축하여 자동적 처리능력을 갖게 된다. 그래서 목표를 이루기 위해서는 올바른 전략을 수립하고 그 전략에 최선을 다하는 반복적인 훈련을 통해 자동화시켜야 하는 것이다.

벤저민 프랭클린은 "가치 있는 길로 나아가는 데는 그 어떤 지름길도 없다"라고 했다. 이 말은 어떤 성취를 이루기 위해서는 목표와 그 목표를 이루기 위한 구체적인 전략을 수립하고 그 전략에 최선을 다하는 반복적인 훈련의 중요성을 상기시켜주는 의미가 있다.

어느 누구도 최선을 다하지 않는 선수는 없다.

중요한 것은 자신의 목표와 그 목표를 이루는데 필요한 전략에 주의집 중의 초점을 일치시켜 최선을 다하는 선수가 있고 그렇지 못한 선수가 있을 뿐이다. 두 선수의 전략의 차이가 실력 있는 선수와 그렇지 못한 선수를 만든다는 사실이다.

성공한 스포츠 선수들은 정규 운동시간뿐만 아니라 휴식시간이나 집 에 있을 때도 운동기술 향상 및 멘탈 강화를 위한 심리기술훈련을 반 복하는 전략을 선택하기 때문에 성공적인 운동수행을 위한 완벽한 전 용신경회로를 구축하게 된다. 그들은 자신의 목표를 이루기 위한 전략 에 최선을 다하기 위해 끊임없는 반복 훈련을 한다. 수없이 많은 반복 훈련을 통하여 완벽한 수행을 할 수 있는 자동화된 전용신경회로를 구 축하기 때문에 불안과 같은 불쾌한 감정상태에 영향을 받지 않고 자신 의 운동수행에만 초점을 일치시켜 몰입할 수 있게 된다.

2008년 베이징 올림픽 태권도 여자 57kg급에서 금메달을 획득한 임 수정 선수는 "점수가 뒤지고 있는 상황에서 한 번도 진다고 생각하지 않았다"라고 말했다. 남자 유도 60kg급에서 금메달을 획득한 최민호 선수는 "하루에 한 번씩 눈물이 나려는 걸 꾹꾹 참고 베이징 올림픽에 서 꼭 금메달을 따서 한없이 울자는 생각으로 연습했다"라고 말했다.

두 선수 모두 승리하기 위한 멘탈 전략을 세우고 의식적 개입 없이도 자동화된 전용신경회로가 활성화될 수 있는 자신의 멘탈 상태를 만들 었기 때문에 원하는 성과를 얻을 수 있게 되었다. 승리할 수밖에 없는 완벽한 전략을 수립하고 반복적으로 최선을 다해 훈련을 진행하면서 승리와 관계없는 모든 불필요한 신경회로를 차단해버렸던 것이다.

승리는 요행으로 주어지는 것이 아니라 구체적이고 선명한 목표설정을 하고 필요한 전략을 수립하여 실행해야 얻을 수 있다. 승리는 전략에 초점을 일치시키고 주의집중된 상태에서 끊임없는 반복 훈련을 통해 자동화된 전용신경회로를 구축하여 얻은 대가일 뿐이다.

## 2단계 : 선택적 주의능력 기르기

인간의 뇌에는 초당 엄청난 양의 자극과 정보가 입력되기 때문에 전용신경회로가 구축되어 있지 않은 선수는 운동을 수행하는데 불필요한 정보간섭이 자연스럽게 일어날 수밖에 없다. 운동수행에 불필요한 정보간섭 때문에 선수는 자신이 가진 능력을 제대로 발휘하지 못하는 걸림돌을 가지게 될 가능성이 높아진다. 스포츠는 인간의 한계에 도전하는 실험과정이며 무에서 유를 만들어가는 자기 자신과의 처절한 싸움과도 같은 것이다.

그래서 인간의 한계에 도전하는 극한상황에 의도적으로 노출시켜 자기 자신을 극복하고 과제에만 주의집중을 할 수 있도록 하기 위한 훈련과정을 수립하기도 한다. 훈련과정에서 선택적 주의집중능력을 발달시키게 되면 완벽한 운동수행을 할 수 있는 유연한 멘탈을 가질 수 있게 된다. 이러한 원리를 이용하여 의도적으로 정보간섭이 일어나는 상황 속에서 훈련을 반복하며 운동수행에 도움이 되는 정보를 우선적으로 받아들이고 반응하는 능력을 기르는 것이다.

일종의 오버 트레이닝 개념과 비슷하다. 연습상황에서 과중한 자극과 정보를 반복적으로 부여하여 선택적 주의능력을 향상시키게 되면 실제 경기상황에서의 적응능력을 향상시키고 선수들의 멘탈을 강인하게 만들 수 있다.

예를 들어 연습경기나 훈련과정에서 다양한 주의산만 요소들을 의도적으로 개입시키는 것이다. 주의산만 요소로는 시끄러운 소음이나 큰 음악소리, 거친 플레이, 비가 오거나 추운 날씨와 더운 날씨 같은 열악한 환경상태 등이 있다. 최악의 조건 속에서 실시하는 훈련이 초기에는 주의집중에 많은 정보간섭이 생기지만 차츰 과제에 주의집중을 할 수 있게 되면서 실제 경기상황에서 안정감을 바탕으로 주의집중능력이 크게 향상될 수 있다.

이렇게 열악한 환경적 조건 속에서 훈련을 반복적으로 하게 되면 선수들은 실제 경기상황에서 예상치 못한 열악한 상황을 직면하게 되더라도 자신의 주의집중을 잃지 않고 경기에 임할 수가 있게 된다.
경기상황에서 느끼는 정보간섭보다 훨씬 열악한 조건에서 주의집중훈련을 했기 때문에 부정적인 영향을 받지 않을 수 있게 되는 것이다.

골프황제 타이거 우즈의 부친 얼 우즈는 타이거 우즈가 연습을 할 때 의도적으로 수많은 주의산만 요소들을 부과하였다.
타이거 우즈의 백스윙 중간에 골프장갑의 접착면을 떼거나 퍼트 전에 퍼팅 라인을 가로질러 볼을 굴렸으며 벙커샷 전에 여러 가지 소음을 내기도 하면서 트러블 샷을 구사할 때 타이거의 앞을 가로막고 자신을 넘겨 샷을 할 것을 요구하기도 하였다.

이렇게 얼 우즈가 기괴한 훈련 기법을 고집했던 것은 오로지 한 가지 목표가 있었다. 타이거 우즈가 여러 가지 어려운 상황에서도 선택적 주의집중능력을 유지하여 좋은 경기 결과를 얻을 수 있도록 하기 위한 마음이 있었기 때문이다.

우리나라 양궁선수들의 실력은 자타가 공인하는 세계 최강이다. 세계대회나 올림픽에서 우리나라 양궁선수들이 거둔 성적은 그저 열심히 했기 때문에 얻을 수 있었던 것은 아니다. 엄청난 훈련을 반복한 것뿐만 아니라 멘탈을 강화하기 위한 과학적인 프로그램과 많은 노력을 하였기에 가능했던 것이다.

우리나라 양궁선수들은 최고의 멘탈 상태를 유지하기 위해 시드니 올림픽을 앞두고 잠실야구장에서 수많은 관중들의 함성과 응원소리가 들리는 가운데 불필요한 정보간섭을 차단하고 오로지 과녁에만 집중할 수 있는 상태를 만들기 위한 멘탈트레이닝을 실시하였다. 베이징 올림픽을 준비할 때도 올림픽공원에서 일반인들이 지켜보고 있는 가운데 주변을 의식하지 않고 평상심을 유지하며 과녁에만 주의의 초점을 일치시키는 훈련을 했었다. 이와 같이 초점을 흩트릴 수 있는 다양한 정보간섭을 극복하고 선택적 주의집중능력을 향상시킴으로써 원하는 결과를 얻을 수 있게 되었던 것이다.

# 3단계 : 경기 중 주의집중훈련

'훈련은 실전처럼 실전은 훈련처럼'이라는 말이 있듯이 성공한 선수들은 자신만의 주의집중훈련전략을 수립하고 그 전략에 최선을 다하기 위한 훈련을 반복하고 있다.

우수한 선수들의 특징은 주의집중능력을 향상시키기 위해 훈련 전, 훈련 중, 휴식시간, 집에서 쉬는 시간, 팀 미팅 시간, 실제 경기상황에서도 멘탈트레이닝을 반복적으로 실시한다. 일반 선수들도 훈련과정에서 집중력을 향상시키기 위한 훈련을 하지만 우수한 선수들은 훈련시간뿐만 아니라 휴식시간이나 경기 전과 후, 경기 중에도 멘탈트레이닝을 하는 차이를 보이는 것이다.

왜냐하면 우수한 선수들은 모든 훈련과정을 실제 경기라고 생각하며 주의집중상태에서 최선을 다하고 실제 경기에서는 훈련과정이라고 생각하며 안정된 상태에서 최고의 운동수행을 할 수 있는 최상의 상태를 만들게 된다. 훌륭한 선수로 성장하기 위해서는 경기 결과에 관계없이 매 경기를 훈련의 과정으로 생각하며 편안하고 안정적인 상태에서 경기에 임하는 마음의 자세가 필요하다.

경기 중 주의집중 훈련의 효과를 극대화하기 위해서는 평소 훈련과정에서 안정적인 호흡훈련과 이완훈련, 패턴 깨기, 루틴 등의 멘탈 훈련을 반복하는 것이 도움이 된다.

## 4단계 : 초점 일치시키기

멘탈코칭센터에서 운동선수들을 대상으로 멘탈트레이닝을 진행하다 보면 불안 때문에 자신의 실력을 충분히 발휘하지 못하는 선수들을 많이 만나게 된다. 그 이유는 자신이 통제하지 못하는 미래의 결과목표에 초점이 일치되어 있기 때문이다. 불안은 미래에 좋지 않은 일이 생길지도 모른다는 걱정하는 마음이기 때문에 자신이 통제할 수 없는 미래의 결과목표에 초점이 모아지면서 불안이 생기게 되는 것이다.

스키 선수 케린 리가트너는 이런 이야기를 했다.

"나는 어떤 결과에 초점을 유지하는 것을 배운 적이 없다. 나는 수년간 금메달을 꿈꾸었고 나를 최고로 생각하며 내가 집중하는데 필요한 것에 집중을 유지하는 것을 배웠다. 그것은 나에게 가장 자연스러운 것이 되었고 모든 레이스를 끝마쳤다. 그것은 자연스럽게 일어났다."

이 말은 선수들이 결과목표에 맞추어진 초점을 과정목표에 일치시키는 것이 중요하다는 것을 강조하고 있는 것이다. 결과목표는 우리가 통제할 수 없는 것이지만 과정목표는 우리의 자유의지로 얼마든지 통제할 수 있기 때문이다.

중요한 것은 통제할 수 있는 과정목표에 초점을 일치시킬 수 있을 때 자연스럽게 결과목표성취가 앞당겨지게 된다는 사실이다.

그래서 운동선수들은 항상 생산적인 사고를 하고 원하는 결과를 성취하기 위해 자신의 수행과 과정목표에 초점을 일치시켜야 하는 것이다.

다시 한번 강조하지만 결과목표는 선수 자신이 통제할 수 있는 것이 아니기 때문에 결과목표에 초점을 일치시키게 되면 심리적으로 불안해지고 주의가 산만해지게 된다. 그렇기 때문에 선수들은 자신의 목표를 구체적이고 선명하게 설정하고 운동에 대한 열정을 깨달으며 즐거움과 수행 향상, 과제수행, 기술 습득 등에 초점을 일치시켜야 한다.

## 5단계 : 적정 각성 수준

지나친 각성은 주의의 폭을 좁히고 운동수행에 필요한 중요한 단서까지 차단해버리기 때문에 경기력에 부정적인 영향을 미치게 된다.
주의는 각성과 매우 밀접한 관계가 있기 때문에 선수들은 적정 수준의 각성상태를 유지하여 주의집중능력을 최대한 활용할 수 있어야 한다.

실제 선수들의 각성은 대부분 교감신경계가 지나치게 활성화되어 높은 긴장상태를 만들기 때문에 정상적인 운동수행에 방해를 받게 될 수밖에 없다. 그래서 어떤 상황에서도 안정감을 유지할 수 있는 차분한 마음을 가지기 위한 신체적인 이완훈련이 중요한 것이다.

우리 마음과 몸은 심신상관성에 의해 어느 하나가 바뀌게 되면 나머지 하나도 함께 바뀌게 되는 상관성을 가지고 있다. 선수들이 운동수행과정에서 가장 효율적으로 널리 사용하고 있는 멘탈 훈련방법이 바로 호흡훈련과 심상훈련이다.

멘탈코칭센터에서는 선수들의 신체적 이완과 정신적 안정감을 유지하기 위한 체계적인 훈련프로그램을 실시하고 있다. 호흡훈련에는 복식호흡과 흉식호흡이 있으며 두 가지 호흡훈련에 대한 세부적인 내용과 기술을 코치나 선수가 제대로 알고 활용할 수 있어야 한다.

그리고 각성 수준이 너무 낮을 경우에는 목표성취에 대한 자화와 성취 후의 느낌 등을 떠올리며 적절한 각성상태를 만들면 자기 자신의 실력을 충분히 발휘할 수 있게 된다.

## 6단계 : 루틴의 활용

'루틴'이란 최상의 운동수행을 발휘하게 하는 심리적, 생리적, 신체적인 안정상태를 일관성 있게 발현시키도록 조건형성된 것이다.

일반적으로 선수들이 최상의 기량을 발휘할 수 있게 만들어주는 습관화된 동작이나 소리, 암시 등을 말하며 안정된 상태를 일관성 있게 유지시켜주는 스위치나 앵커와 같은 개념이다.

스위치를 누르면 밝은 불빛이 비추어지고 그 불빛은 스위치를 새롭게 조작하지 않는 한 일관성 있게 유지된다. 앵커는 현재 상태를 안정적으로 유지시켜주는 닻과 같은 역할을 하게 된다. 그래서 루틴을 스위치,

앵커, 조건형성으로 설명할 수 있는 것이다.

완벽한 운동기술이나 동작을 수행하기 위해 루틴을 형성하여 잘 활용할 수만 있다면 경기상황에서의 심리적 불안 수준을 조절, 통제하여 운동수행과 과제에만 초점을 일치시킬 수 있게 된다. 또한 경기상황에서 선수에게 필요한 사고와 행동의 이상적인 과정을 상기시키거나 운동수행에 몰입할 수 있게 해주어 경기에 도움이 되지 않는 불필요한 정보간섭을 차단해준다.

루틴에 가장 많이 활용하는 기법이 호흡훈련이며 손동작, 몸 움직임, 스텝, 자세, 자기암시 등을 조건형성시켜 초점이 고정된 자신만의 주의집중 단서를 만들어야 한다.


## 7단계 : 멘탈 관리


경기 중 선수가 부상을 당하게 되면 심리적으로 위축이 될 뿐만 아니라 신체적으로도 매우 큰 부담이 된다. 그리고 중요한 경기에서 큰 점수 차이로 지고 있는 상황에서도 심리적 위축과 멘탈이 약해지면서 주의집중능력을 상실하기 쉽다. 그래서 "하늘이 무너져도 솟아날 구멍이 있다"라는 말처럼 아무리 나쁜 상황에서도 합리적인 사고와 행동을 할 수 있는 멘탈 능력을 갖추는 것이 필요하다.

선수가 문제 상황에 대한 합리적 반응으로 최선의 결과를 만들 수 있도록 하기 위해 다음과 같이 자신의 멘탈을 활용할 수 있어야 한다.

첫째, 지금 현재에서 펼쳐진 문제 상황을 직면하고 그것을 온전히 받아들이는 수용성과 용기를 가져라.

그것이 일시적으로 고통이 될 수 있지만 문제를 회피하지 않고 만날 수 있게 하여 문제를 해결할 수 있는 첫 단추를 끼우는 것이다.

둘째, 자신감 있게 자세를 유지하고 당당히 맞서라.

그 어떤 문제도 자신이 해결할 수 없는 것은 없다. 자신감과 당당함의 크기가 문제 상태를 해결할 수 있는 열쇠가 된다.

셋째, 마음과 몸을 이완하기 위한 깊은 호흡과 이완훈련을 실시하여 심신의 안정된 상태를 회복하라.

넷째, 내부적인 초점이 일치된 상태에서 외부적인 지금 현재의 수행과 과제에만 초점을 일치시켜라.

다섯째, 할 수 있다는 긍정적인 자기암시를 통해 자신의 숨겨진 자원과 에너지를 활성화시켜라.

돋보기가 초점을 일치시키게 되면 물체를 태울 수 있는 강력한 에너지를 발산시키지만 초점이 일치되지 않는 돋보기는 아무런 에너지도 얻지 못하게 된다. 마찬가지로 운동선수가 주의집중능력을 향상시키게 되면 초능력적인 힘을 발휘하게 되지만 주의집중능력이 떨어지게 되면 자신이 가진 실력의 일부분밖에 사용하지 못하게 되는 것이다.

# 에너지 관리와 주의집중

자동차가 움직이기 위해서는 연료를 태워 에너지를 얻어야 한다. 마찬가지로 운동선수가 운동수행을 원활히 하기 위해서는 신체적, 생리적, 심리적으로 충분한 에너지가 공급되어야 한다.

에너지를 간단히 말하면 사람이 활동하는 힘이며 일을 할 수 있는 동력이라고 할 수 있다. 일반적으로 인간의 기초대사는 에너지의 사용과 고갈된 에너지를 회복하는 과정의 연속이며 신체뿐만 아니라 심리적인 에너지도 마찬가지이다.

운동은 에너지를 사용하는 연속적인 과정이기 때문에 선수가 에너지를 회복하는 능력에 따라 운동수행능력을 지속적으로 발휘할 수 있게 된다. 운동에너지를 효율적으로 활용하기 위해서는 신체적, 생리적 상태뿐만 아니라 심리적인 상태도 매우 중요한 것이다.

우수한 선수들은 원하는 목표를 성취하기 위해 심리적으로 특별한 문제가 발생되지 않아도 멘탈 훈련과 상담을 정기적으로 받는 경우가 많다. 자신의 심리적 내성과 응집력이 정상적인 수준일 때 미리 멘탈을 더 강화시키기 위해 멘탈 상담과 교육, 훈련을 실시하는 것이다. 그러나 일반 선수들은 심리적 상태나 성과에 특별한 문제가 생겨야만 뒤늦게 멘탈의 중요성을 느끼고 문제 해결을 위하여 멘탈 상담과 훈련을 실시하기 때문에 더 오랫동안 심리적 고통을 겪게 된다.

심리적인 문제는 치료가 필요한 수준이 되면 회복시간이 많이 걸릴 뿐만 아니라 회복에 걸리는 시간만큼 운동수행과 경기력에 엄청난 지장을 받기 때문에 손해를 많이 보게 된다. 이렇게 심리적인 문제로 멘탈 전문 코치를 찾게 되는 선수들은 불안, 우울, 무기력, 집중력 저하, 자신감 상실, 목표상실, 감정조절, 관계 문제 등 다양한 심리적인 문제를 가지고 있는 경우가 많다.

따라서 코치는 선수의 심리적인 에너지를 효과적으로 관리하는 능력에 관심을 가지는 것이 중요하다. 선수들은 대부분 99% 이상의 시간과 에너지를 훈련에 할애하는데 실제 경쟁이나 경기에 임하는 시간과 에너지는 1% 이내로 훈련시간보다 상대적으로 매우 짧다. 선수가 실제 경쟁이나 경기에 임하는 1% 이내의 시간을 성공적으로 수행하기 위해 99%의 시간을 훈련하는 것이다.

그래서 훈련프로그램은 실제 경기에 가장 적합한 신체적, 심리적인 필요 에너지를 동원할 수 있도록 짜여져야 한다. 훈련은 선수가 실제 경기에서 최상의 컨디션으로 최고의 수행을 할 수 있도록 미리 세팅하는 과정이다. 그래서 평소 훈련과정에서 호흡훈련과 루틴, 이완훈련, 자기 확신, 초점 맞추기, 불안 조절, 전용신경회로 만들기, 심상훈련 등의 멘탈 훈련을 실시하여야 한다.

중요한 것은 훈련과정에서 99%의 시간 동안 오래도록 정신을 집중할 수 있는 능력을 키우고 반드시 원하는 목표에 도달할 수 있다는 끊임없는 자기암시와 멘탈 훈련을 하는 것이다. 그러면 선수들은 평소 훈련과정에서 놀랄만한 집중력과 에너지를 동원할 수 있게 된다.

선수들은 자신이 사용할 수 있는 에너지가 무한하며 훈련할 때 더 많은 에너지를 사용해야 최상의 수행을 할 수 있다고 생각한다.

에너지가 무한하다는 방심이 불필요한 곳에 많은 에너지를 사용하여 심리적 간섭을 발생시킬 수 있기 때문에 에너지의 낭비가 생길 수도 있다. 만약 선수가 사용하고 낭비한 신체적, 심리적인 에너지를 회복하지 못한 상태에서 에너지를 계속 소비한다면 에너지 체계가 무너지고 망가져 점점 주의집중능력을 잃어버리게 된다.

선수들은 에너지 회복시간의 중요성을 무시하는 경우가 많기 때문에 회복을 위해 수행 중인 훈련을 중단하는 것에 대해 선수로서 창피하고 나약함을 보이는 것이라 착각할 수 있다. 하지만 에너지가 회복되지 못하고 주의집중능력이 떨어진 무기력한 상태에서 계속적인 훈련을 진행하다 보면 나쁜 조건형성에 의해 운동수행에 지장을 받기 때문에 원하는 운동수행 향상과 경기력을 얻을 수 없게 된다.

# [ 몰입 ]

 어떤 목표나 일, 공부, 운동에 집중하여 완전히 몰두했을 때의 의식 상태를 몰입이라고 한다. 이때 사용되는 힘이 초능력이며 그 성취의 결과를 흔히 기적이라고 부른다. 우리가 공부나 일, 운동을 할 때 주의의 초점을 모으는 것은 그것과 관련된 뇌의 전용신경회로를 활성화시켜 최상의 상태에서 수행을 하기 위한 것이다.

 전용신경회로가 구축되어 불필요한 정보간섭을 모두 배제한 상태에서 그것을 얼마나 오랫동안 지속할 수 있는가가 개인의 몰입 능력이 된다. 우리 뇌는 목표에 반복적으로 주의의 초점을 일치시키고 집중하게 되면 관련된 전용신경회로가 활성화되어 수행에 불필요한 신경회로를 차단시켜 완전한 몰입 상태를 유지시킨다.

 만약 현재 하고 있는 일이나 공부, 운동에 완전히 몰입하지 못하게 되면 불필요한 정보간섭이 생겨 엉뚱한 전용신경회로가 활성화되면서 자신의 자원과 에너지를 낭비하게 된다. 몰입이 뇌에 전용신경회로를 구축하여 불필요한 신경회로를 차단시켜주고 정신과 신체를 가장 생산적인 상태로 유지시켜주어 스포츠나 상담, 교육, 경영 등 모든 분야에서 긍정적으로 활용될 수 있다.

특히 스포츠에서는 선수가 자신이 원하는 목표를 이루기 위해 원하는 곳에 자신의 자원과 에너지를 100% 이상 사용할 수 있어야 하기 때문에 몰입의 개념이 무엇보다 중요하다. 선수들이 훈련과정에서 몰입의 개념을 이해하고 몰입 상태를 반복적으로 경험하여 뇌에 전용신경회로를 구축하게 되면 경기상황에서도 몰입 상태를 유지할 수 있기 때문에 원하는 성과를 달성하는데 도움이 된다.

선수들은 몰입된 목표, 몰입된 과제, 몰입된 훈련 태도, 몰입된 멘탈 훈련, 몰입된 경기, 몰입된 일상, 몰입된 삶의 반복을 통해 자신의 잠재된 자원과 에너지를 100% 이상 사용하는 긍정적인 상태를 만들어야 한다. 선수는 자신의 숨겨진 모든 자원과 에너지를 활용하여 몰입 상태를 유지할 수 있게 될 때 원하는 성과를 얻을 수 있는 가능성이 더 높아진다. 그러기 위해서는 원하는 목표에 자신의 생각과 느낌, 말, 행동을 일치시켜 몰입 상태를 만들어야 자신의 숨겨진 자원과 에너지를 사용할 수 있게 된다.

성공한 운동선수들은 모두가 자신의 숨겨진 자원과 에너지를 목표에 일치시켜 100% 이상 사용할 줄 알았던 사람들이다. 이 말은 누구든지 자신이 간절히 원하는 목표에 생각과 느낌, 말, 행동을 일치시키고 반복하면 자원과 에너지를 100% 이상 사용하여 원하는 성취결과를 얻을 수 있다는 것을 의미한다.

성공한 선수와 일반 선수가 유전적 자원과 신체, 기술, 체력이 서로 비교도 안될 만큼의 월등한 차이를 가지고 있는 것이 아니다. 성공한 선수와 일반 선수를 결정짓는 핵심은 CR적인 차이가 아니라 몰입 능력이다. 성공한 선수는 자신의 목표에 생각과 느낌, 말, 행동의 초점을 일치시키고 그것을 이루기 위해 자원과 에너지를 100% 이상 사용할 수 있는 몰입 상태를 만들 수 있다.

그에 반해 일반 선수는 자신의 자원과 에너지를 100% 이상 사용할 수 없도록 제한하는 정보간섭을 가지고 있어 몰입 상태를 만들지 못하는 차이를 가지고 있을 뿐이다. 이처럼 선수가 중요한 몰입 상태를 유지하여 자원과 에너지를 100% 활용하기 위해서는 자신의 신체적, 정서적, 정신적, 영적 에너지를 관리하는 방법에 대해 알아야 한다.

## 신체적 에너지

운동선수에게는 신체적 에너지가 운동수행에 있어서 가장 기본적인 조건일 뿐만 아니라 생활의 활력과 감정을 조율하고 집중력을 향상시키며 면역력을 유지하는데도 매우 중요하다. 운동기능과 기술, 전략을 습득하고 경기력을 높이기 위해 집중된 상태에서 신체적 에너지를 동원할 수 있는 상태를 만들어야 한다.

- ■ 규칙적인 취침, 기상시간을 지킨다.
- ■ 충분한 영양섭취와 칼로리를 보충한다.
- ■ 수분 섭취를 충분히 한다.
- ■ 체력 강화 운동을 규칙적으로 한다.
- ■ 호흡과 이완훈련을 체계적으로 실시한다.
- ■ 에너지 소진시 회복을 위한 휴식을 한다.

## 정서적 에너지

우리 뇌는 근본적으로 쾌락을 추구하고 고통을 회피하도록 세팅되어 있다. 그래서 운동에 대한 즐거움, 호기심, 실험정신, 모험심, 기회라는 긍정적인 정서가 우러나도록 하는 것이 중요하다.

신체적 에너지와 정서적 에너지는 서로 구분은 할 수 있지만 실제로는 유기적으로 밀접한 관계를 맺고 있는 하나의 시스템으로 볼 수 있다. 신체적 에너지 상태가 정서적 에너지에 영향을 미치고 정서적 에너지 상태가 신체적 에너지 상태에 영향을 미치게 되는 것이다.

- 선수가 훈련과정에서 긍정적인 정서를 반복적으로 느낄 수 있는 경험을 반복하게 해준다.
- 운동에 대한 즐거움에 초점을 일치시킨다.
- 과정과 수행목표에 초점을 맞춘다.
- 호기심과 도전의식을 갖는다.
- 자결성과 자기통제력을 가진다.
- 자신의 정서를 알아차리고 표현한다.

## 정신적 에너지

선수가 훈련과정이나 경기상황에서 최선의 성과를 올리기 위해서는 집중력을 일관되게 유지해야 한다. 정신적 에너지가 활성화되어 원심성과 하향식으로 신체적 에너지와 정서적 에너지에 영향을 미치기 때문에 멘탈을 강화하는 훈련과정이 중요하다. 신체적, 정서적, 정신적 에너지 능력은 비국소성으로 연결되어 있어 서로가 서로에게 영향을 미치는 전체성을 가지고 있다.

- 훈련과정에서 집중력 훈련을 반복한다.
- 자기암시를 통해 긍정적인 자기 확신을 가진다.

- 루틴을 통해 안정적인 심리상태를 유지한다.
- 자율신경계를 조율하는 호흡훈련을 반복한다.
- 심상훈련을 습관화한다.
- 긍정적인 세상모형을 형성한다.

## 영적 에너지

영적 에너지는 선수에게 동기를 부여하고 인내력을 갖게 하며 방향을 설정하는데 큰 영향을 미친다. 여기에서 영적이라는 의미는 종교적 의미에 국한되지 않는다. 넓은 의미에서 선수가 가진 NCR적 자원 모두가 영적 에너지가 될 수 있으며 호기심, 실험정신, 용기, 자신감, 희생, 봉사, 열정, 끈기, 고결함, 정직함 등이다.

- 목표성취에 대한 확신을 가진다.
- 팀워크를 중요하게 여긴다.
- 운동에 대한 열정을 가진다.
- 영혼을 맑게 하는 종교생활을 한다.
- 매사에 정직한 생활을 한다.
- 할 수 있다는 긍정적인 상상을 반복한다.

# 몰입을 위한 회복

우리의 신체가 특정한 활동을 하기 위해서는 생화학적인 에너지를 필요로 한다. 에너지 동원이 원활하지 못하게 되면 마치 연료가 떨어져 움직이지 못하는 자동차처럼 정상적인 활동에 지장이 생기게 된다. 그래서 신체가 특정한 활동을 하고 나면 반드시 휴식을 통해 생화학적인 에너지를 보충해주어야 하는 것이다.

이것은 신체적인 에너지뿐만 아니라 정신적인 에너지도 마찬가지이다. 뇌가 정상적인 사고와 정서, 판단, 행동을 할 수 있게 하기 위해서는 생화학적인 에너지가 정상적으로 보충되어야 한다.

만약 정상적인 에너지가 보충이 안되면 뇌의 전체성에 치명적인 구멍이 생기고 이성적인 뇌와 정서적인 뇌가 균형을 잃어 합리성이 결여되기 쉽다. 그렇기 때문에 일이든 공부든 운동이든 그 과정에서 생긴 스트레스로 인해 방전된 정신과 신체의 에너지 보충이 중요한 것이다.

정신과 신체가 특정한 활동 후에 소진된 에너지를 보충해주는 것을 보상이라고 하며 보상이 일어날 때 소비된 에너지가 회복될 수 있다. 운동선수가 훈련의 강도, 빈도, 시간, 종류에 따라 사용하는 에너지가 달라진다. 중요한 것은 사용한 것과 같은 수준의 에너지를 재충전해주는 것이 반드시 필요한데도 그것을 소홀히 하기 쉽다는 것이다.

무조건 훈련의 강도를 높이는 것에만 초점을 맞추고 에너지를 재충전하는 균형을 맞추지 못하면 운동수행능력과 경기력이 현저히 떨어지게 된다. 스트레스와 회복 사이에 균형을 맞추는 것은 비단 경쟁적인 스포츠에서뿐만 아니라 일상적인 삶의 모든 과정에서 에너지를 관리하는 데 중요한 것이다.

에너지를 계속 소비하기만 하면 저장된 에너지의 용량은 점점 고갈되어갈 수밖에 없다. 자동차의 연료를 공급하지 않고 운행만 계속하게 되면 연료가 바닥나서 멈춰 서게 되는 것과 마찬가지로 선수에게는 훈련도 중요하지만 에너지 재충전도 매우 중요하다.

짐 로허는 세계 정상급 선수와 저조한 선수로 나누어지는 기준과 이유를 연구했다. 오랜 시간에 걸쳐 세계적인 테니스 선수들의 경기 장면이 담긴 영상을 보고 관찰하는 연구를 진행하였는데 경기 중 포인트 동안에는 선수들이 보여주는 패턴에 큰 차이를 발견하지 못했다.

그러나 포인트와 포인트 사이를 주목하였을 때 뚜렷한 차이점이 보였다. 선수 자신은 의식하지 못했지만 최고의 선수들은 포인트 사이마다 자신만의 독특한 행동을 보여주고 있었다. 고개나 어깨를 추스르거나 눈을 지그시 뜨고 어느 한곳에 집중하거나 숨을 고르거나 혼잣말을 하는 것 같은 패턴을 보여주었던 것이다. 우수한 선수들은 본능적으로 포인트 사이의 짧은 시간에 최대한 에너지를 회복시키는 충전 방법을 알고 있었던 것이다.

심전도 측정 장치를 달고 실험을 했을 때 우수한 실력을 보여준 선수들의 심박수가 포인트와 포인트 사이(약 16~20초)에 해당하는 시간에 심박수가 분당 20회 정도로 급격히 떨어지는 것이 관찰됐다. 이처럼 우수한 선수들은 효과적이고 집중적으로 에너지를 회복하는 전형적인 패턴을 통해 짧은 시간에 운동수행에 필요한 에너지를 재충전하는 방법을 찾아낸 것이다.

반면 성적이 저조한 선수들에게는 이러한 회복의 시간이 거의 관찰되지 않았다. 그리고 포인트 사이에 별다른 패턴이 없었고 포인트를 딴 것과 상관없이 심박수가 경기 내내 높은 수치를 나타냈다. 성공한 최고의 선수들은 더 효과적으로 휴식하고 다음 포인트에 잘 대비할 수 있는 패턴을 가지고 있었던 것이다. 최상의 운동수행능력과 집중력을 유지하기 위해서는 에너지 관리가 얼마나 중요한 것인지를 알 수 있게 해주는 연구결과이다.

멘탈코칭센터에서는 운동선수들의 방전된 에너지를 재충전하기 위해 훈련과정에서 명상이나 멘탈 호흡, 루틴, 초점 전환하기, 앵커링, 패턴 깨기, 자기최면, 마음공부, 중앙시야와 주변시야 훈련 등을 실시하여 긍정적인 효과를 얻고 있다.

# 루틴

　모든 스포츠는 멘탈 스포츠이다.

최상의 상태에서 최고의 운동수행을 할 수 있는 멘탈 전략을 세우고 원하는 결과를 성취하기 위해 필요한 훈련을 하는 과정에서 루틴이 차지하는 비중이 결코 가볍지가 않다. 그래서 운동선수들은 최고의 운동수행과 경기력을 유지하고 향상시키는데 도움이 되는 안정된 상태를 일관성 있게 유지하기 위해 루틴을 활용한다.

　특히 골프나 양궁, 사격, 테니스, 야구 등에서 탁월한 능력을 발휘하거나 위대한 성취를 이룬 선수들을 자세히 관찰해보면 자신만의 독특한 패턴을 만들어 경기에 활용하는 것을 알 수 있다.

이러한 루틴은 모든 스포츠에서 활용이 되고 있으며 멘탈을 강화하기 위한 훈련에서 아주 중요하게 다루고 있는 심리기술이다. 실제로 스포츠 현장에서 많은 선수들이 자신만의 루틴을 활용하여 경기력 향상에 도움을 얻고 있다.

스포츠에서 루틴이란 선수들이 최고의 운동수행을 발휘하는데 필요한 일관성 있는 상태를 유지하기 위한 자신만의 고유한 동작이나 절차를 말한다. 즉 안정적인 수행을 유지하기 위한 습관화된 동작이나 절차를 의미하는 것이다. 루틴은 탁월한 능력을 발휘하는 선수들에게 공통적으로 나타나기 때문에 성공적인 경기를 준비하기 위해서 루틴은 선택이 아니라 필수적인 훈련과정이다.

경기상황에서 루틴을 효과적으로 활용하기 위해서는 평소 훈련과정에서 반복적으로 루틴을 훈련해야 한다. 반복적인 훈련과정에서 루틴이 특정한 상태를 재연할 수 있게 하기 위해서는 뇌에 루틴과 관련된 전용신경회로를 구축하여 자동화된 시스템을 만드는 것이 필요하다. 그래야만 극한상황에서도 효율적인 운동수행을 할 수 있는 집중력을 발휘할 수 있을 뿐만 아니라 마음의 안정과 각성 수준을 조절할 수 있는 멘탈 능력을 발휘할 수 있기 때문이다.

헵의 학습이론으로 루틴을 이해하면 훈련과정에서 연결이 강화된 신경회로는 이후에 함께 활성화되어 연결이 또다시 강화된다. 이러한 연결과 활성화가 자동화되어 선수의 능력이 안정적으로 발휘할 수 있게 되면 광케이블처럼 굵은 전용신경회로를 구축하여 최상의 상태를 유지시켜주게 되는 것이다.

일반적으로 루틴은 경기 루틴과 수행 전 루틴으로 나눌 수 있다. 경기 루틴은 경기 전날 취침하기 전부터 경기장으로 가는 동안에 하는 일정한 자기 확신이나 행동, 다짐 그리고 경기장에 도착해서 자신만의 일련의 절차대로 이완훈련을 하고 경기장을 떠날 때까지 하는 일관된 자신만의 패턴을 말한다.

수행 전 루틴은 공을 던지기 전의 야구 투수, 공을 차기 전의 럭비 선수, 서브하기 전의 테니스 선수와 배구 선수, 스타트 직전의 단거리 육상 선수, 퍼팅 전의 골프선수처럼 수행을 하기 전에 하는 습관화된 동작을 말한다. 이 두 가지 루틴은 구분할 수는 있지만 분리될 수 없는 상관성을 가지고 있기 때문에 두 가지 모두 중요하다.

운동선수에게 루틴이 꼭 필요한 이유는 네 가지로 볼 수 있다.

첫째, 운동수행과정에서 불필요한 정보간섭을 차단시켜 운동과제와 수행에 일치된 주의와 집중을 유지시켜준다.

둘째, 운동수행에 필요한 과정을 선명하게 시각화시켜 다음 상황에 대한 자연스러운 친근감을 제공하여 심리적 안정감을 유지시켜준다.

셋째, 운동수행을 하기 전에 최상의 상태에서 수행과정을 재연시키는 정보를 제공함으로써 일관된 수행을 할 수 있도록 도와준다.

넷째, 루틴은 반복적인 훈련과정에서 조건형성된 전용신경회로를 활성화시키기 때문에 편안한 심리상태를 유지하게 해준다.

어떤 선수들은 루틴 훈련을 따로 하지 않았는데도 자신만의 독특한 습관을 자신도 모르게 훈련과 경기상황에서 사용하는데 이것도 루틴이다. 이처럼 무의식적으로 활용하고 있는 루틴을 완벽한 루틴으로 자리 잡게 하기 위해서는 계획된 심상의 순서, 각성 조절의 순서, 다른 인지전략을 거쳐 완벽하게 만드는 멘탈 훈련이 필요한 것이다.

# [ 수행 루틴 ]

인간의 뇌는 천억 개가 넘는 뇌세포가 서로 병렬적으로 시냅스 연결을 짓고 있기 때문에 그 연결의 숫자는 헤아릴 수 없을 만큼 많다. 그래서 뇌는 그 어떤 경계나 제한도 없이 무한한 창조를 할 수 있다. 뇌는 무한에 가까운 신경회로의 조합과 배열에 따라 NCR과 CR의 창조 능력을 가지고 있으며 뇌를 사용하는 방법을 깨닫기만 한다면 그 어떤 것도 현실로 만들 수 있는 힘을 가지고 있는 것이다.

이렇게 인간의 뇌가 무한한 능력을 발휘할 수 있는 탁월한 능력을 가지고 있으면서도 한순간에 한 가지밖에 초점을 일치시킬 수 없는 한계를 동시에 가지고 있다. 한순간에 한 가지에 초점을 일치시키고 내적, 외적 상황에 주의를 전환하는 능력을 주의집중력이라고 한다.

그래서 성공한 선수가 되기 위해 가져야 할 가장 중요한 NCR적 전제

조건이 바로 주의집중력이다. 왜냐하면 NCR에 CR이 속해 있고 CR에 NCR이 속해 있어 두 가지 중 어느 하나의 상태가 바뀌면 나머지 하나도 함께 바뀌기 때문이다. 그렇기 때문에 운동수행과정에서 운동선수의 NCR적 주의집중력에 의해 CR적 실력과 성과가 만들어지는 것이다.

인간의 뇌가 가진 이러한 특성에 의해 운동수행을 할 때 선택적 주의집중을 활용하여 중요한 몇 가지 정보만 선별하여 처리하게 됨으로써 최상의 수행을 통해 원하는 성과를 얻게 된다. 만약 선별적 주의집중에 의해 수행과정에 초점을 일치시키지 못하게 되면 뇌가 효율적인 기능을 할 수 없게 된다.

그래서 운동수행과정에서 수행에 필요한 정보에만 초점을 일치시키고 주의집중을 할 수 있는 능력이 중요한 것이다. 즉 운동수행에 불필요한 정보간섭을 사전에 차단하고 운동수행에 필요한 일련의 절차를 일정하게 수행함으로써 과제에 주의를 모으고 집중력을 유지할 수 있게 해주는 것이 바로 루틴이다.

## 수행 루틴의 이해

어떤 스포츠 종목이든 선수들은 각자 자신만의 수행 루틴을 활용하고 있다. 그것이 루틴이라는 사실을 알든 모르든 상관없이 어떠한 형태로든 수행 루틴을 활용하고 있는 것이다.

이러한 수행 루틴에 대한 정확한 이해를 바탕으로 최상의 운동수행을 발휘할 수 있게 해주는 자신만의 수행 루틴을 개발하여야 한다. 이러한 수행 루틴이 반복되어 전용신경회로를 구축하여 자동화될 수 있을 때 완벽한 수행 상태를 유지할 수 있다. 수행 루틴은 넓은 의미에서 선수가 운동수행 중에 사용하는 모든 루틴을 의미하며 인지적 요인과 행동적 요인으로 구성된다.

인지적 요인은 심리적 유연성, 마음의 쿠션, 기술적 단서, 이미지 트레이닝, 전체성의 관점, 인지 재구성, 긍정적 사고, 자신감 유지, 주의집중, 자기 진술, 의사결정과정 등과 같은 운동수행에 필요한 인지적 요인들로 구성된다. 행동적 요인은 멘탈 호흡, 특정 동작, 제스처, 신체적 이완, 기술 수행에 필요한 동작 등과 같은 행동이 요구되는 요인들로 구성되며 행동체계의 일관성 있는 재연과 안정된 상태를 유지시켜 운동수행에 도움을 주게 된다.

이러한 수행 루틴이 반복적인 훈련과정에서 언제나 일관성 있게 이루어질 경우 훈련상황과 실제 경기상황에서 뇌에 구축된 전용신경회로를 활성화시켜 동일한 수행을 할 가능성이 높아진다. 아울러 목표와 과제에 대한 주의집중능력의 향상과 몰입에 많은 도움을 주어 성공적인 수행을 이끌 수 있게 해준다.

# 【축구 페널티킥 루틴의 예】

① 공 놓기

   ☞ 행동적 루틴

② 뒤로 3보 걷기

   ☞ 행동적 루틴

③ 심호흡하기

   ☞ 행동적 루틴

④ 공 응시하기

   ☞ 행동적 루틴

⑤ 성공적인 슛 시각화하기

   ☞ 인지적 루틴

⑥ 심호흡하기

   ☞ 행동적 루틴

⑦ 어깨 이완하기

   ☞ 행동적 루틴

⑧ 자화 반복하기

   ☞ 인지적 루틴

⑨ 페널티킥 실행하기

   ☞ 행동적 루틴

이와 같이 루틴은 단순히 행동만 하는 것이 아니라 인지적인 부분도 함께 작용된다. 즉 행동적 루틴에 인지적 루틴이 연합될 때 더 강한 조건형성이 되어 큰 효과를 낼 수 있다. 마치 콘크리트 시멘트 작업을 할 때 모래뿐만 아니라 자갈이 들어가야 더 강해지는 것처럼 행동적 루틴과 인지적 루틴이 함께 연합되어 전용신경회로를 구축하는 것이 가장 안정적인 상태를 유지시켜준다.

## 인지적 루틴 전략

경기상황에서 내적인 심리상태나 외부의 자극이 개념적으로는 분리될 수 있지만 실제로는 상호작용을 통한 전체성으로 작동된다.
마음과 신체, 내적자극과 외적자극, 중추신경계와 말초신경계 그 외 모든 것이 비국소성으로 연결된 상태로 상호작용을 하고 있다. 이러한 모든 상호작용에 의해 선수의 인지적, 정서적 상태가 변화하고 생리적, 신체적인 변화가 생기게 되는 것이다.

스포츠에서 가장 중요한 능력인 집중력이란 선수가 특정 과제에 주의 초점을 유지하는 능력을 말한다. 따라서 운동선수들이 운동수행에 불필요한 내·외적인 정보간섭을 받거나 산만함과 불안한 정서 때문에 집중력이 흐트러지는 상태를 막기 위해 사용하는 방법이 루틴이다.

운동선수들이 체계적이고 전문적인 멘탈 훈련을 해야 하는 이유가 인지적 루틴 전략을 활용하여 더 나은 성과를 얻을 수 있기 때문이다.


## 인지 행동적 전략


　실내에 일정한 조명이 유지되는 안정된 상태를 만들기 위해서는 전기와 전구가 필요하다. 이렇게 조명이 들어올 수 있는 세팅을 해놓아도 스위치가 없다면 원하는 불빛을 얻을 수 없게 된다. 운동수행과정에서 사용하는 루틴은 일종의 스위치 역할을 하는 것이다.

　루틴은 스위치를 누르기만 하면 조건형성되어 있는 이상적인 상태를 일관성 있게 불러내어 선수들이 최상의 성과를 낼 수 있게 해준다.

따라서 이러한 루틴 전략은 선수들마다 개인 차이가 있기 때문에 인지적 루틴과 행동적 루틴을 선택하는 비율이 다르다. 인지적 루틴과 행동적 루틴을 구성하는데 고려되어야 할 요인들로는 과제의 특성, 개인의 기술적 수준, 개인의 선호도 등이 있다.

　첫째, 과제의 특성이다.

행동적 전략은 선수들이 바람직한 동작의 결과를 이끌어내는데 필요한 과제의 특성과 연관된 요인들을 회상하는데 도움을 주는 행동이며 학습단계에 부합되는 행동 비율이 달라진다.

그리고 인지적 전략은 과제가 우선적으로 요구하는 최적의 준비상태와 내적인 심리상태가 서로 다르기 때문에 비율 정도에 차이가 난다.

둘째, 개인의 기술적 수준이다.

학습의 인지적 단계에 있는 초보자는 어떻게 과제를 수행할 것인가에 강조를 둔 반면 학습의 자동화 단계에 있는 숙련자는 제한되지 않는 운동프로그램의 수행에 강조를 두기 때문에 개인의 기술적 수준에 따라서 인지행동적 전략이 달라진다.

셋째, 개인의 선호도이다.

개인에 따라 지배적으로 작용하는 세상모형과 지각 형태, 개인의 불안 수준의 차이 그리고 개인에 따른 전략 수행의 속도에 의해서 인지행동적 전략이 달라진다.

루틴은 선수가 능력을 최대한 발휘할 수 있는 이상적인 상태를 일관성 있게 유지하기 위해 필요한 전제조건이면서 최고의 전략이다.

인간의 정보처리능력은 제한되어 있다. 이러한 정보처리의 한계 때문에 각자 서로 다른 세상모형을 만들어 자신의 모형에 맞는 특정 정보에만 주의집중을 하게 된다. 그렇기 때문에 루틴 훈련을 통해 뇌에 전용신경 회로가 구축되면 운동수행에 필요한 일련의 절차를 일관되게 수행할 수 있는 집중력을 발휘할 수 있게 되는 것이다.

# 루틴의 효과

    루틴은 모든 스포츠 종목에서 다양하게 활용되고 있으며 운동수행에 미치는 긍정적인 효과도 확실히 검증이 되고 있다. 루틴의 주된 효과는 훈련과 경기 중에 선수의 지나친 각성과 불안을 통제하고 목표달성을 위해 과제와 수행에 초점을 일치시키면서 집중력을 가질 수 있도록 도움을 주는 것이다.

    또한 훈련과 경기 중에 수행에 방해가 되는 주변의 여러 가지 자극과 정보의 간섭을 차단해주는 효과가 있다. 실제 훈련과 경기 중에는 수많은 정보간섭이 생기지만 루틴을 활용하게 되면 불필요한 간섭을 완벽하게 차단시킬 수 있게 되어 수행에 도움이 된다. 그뿐만 아니라 안정적인 수행에 도움이 되는 각성 수준을 유지시켜주고 심리적인 안정감을 일관성 있게 만들어준다.

## 준비상태의 효과

　최상의 수행을 할 수 있도록 선수가 목표와 과제에 초점을 일치시키고 심리적, 신체적, 기술적, 전략적으로 안정된 상태에서 운동을 수행을 하도록 완벽한 준비를 할 수 있게 해준다. '유비무환'이라는 말은 준비가 완벽하면 근심이 없어진다는 뜻을 가지고 있다.

즉 반복적인 루틴 훈련을 통해 경기 전에 최상의 수행을 할 수 있는 준비가 완벽하게 되어 있다면 심리적으로도 매우 안정감을 느끼게 되어 불안을 통제하고 수행과 경기력 향상에 도움을 준다.


## 조절능력 향상 효과

　우수한 선수와 일반적인 선수의 차이는 초점에 대한 조절능력이 다르다는 것이다. 성공한 우수한 선수는 자기 자신이 스스로 조절 가능하고 통제할 수 있는 목표와 과제에만 최대화, 최상화할 수 있도록 하여 불필요한 스트레스, 에너지 소모 등을 낮추며 목표와 과제에 대한 집중력을 강화시킨다.

　예를 들어 경기 결과는 선수가 조절, 통제할 수 있는 것이 아니기 때문에 선수가 자신의 능력으로 조절, 통제할 수 있는 지금 현재의 과제나 수행에 초점을 일치시키기 위해 주의집중상태를 지속적으로 유지할 수 있는 루틴을 활용하는 것이다.

## 적응력 향상 효과

'스포츠는 살아있다'라는 말을 자주 들어봤을 것이다.

이 말은 스포츠가 수많은 변수들에 의해 예측이 불가능한 새로운 현상들이 많이 생기기 때문이다. 이와 같이 예측 불가능한 스포츠 환경에 좀 더 안정적인 상태에서 유연하고 긍정적으로 대처할 수 있도록 하여 최상의 수행을 할 수 있게 도움을 준다.

## 자각 능력 향상 효과

외부 자극과 정보에 좀 더 빠르고 효과적인 반응을 할 수 있는 자각 능력을 높여주어 안정적인 민감성과 유연성을 유지시켜준다.

외부 자극과 정보에 대해 통합된 전체성으로 정보처리와 적절한 반응을 할 수 있는 자각 능력을 높여주는 효과가 있다.

## 통찰 능력 향상의 효과

운동수행은 심리, 신체, 기술, 전략을 통합하여 전체성으로 이루어지게 된다. 그래서 긴장이나 불안과 같은 부정적인 상태로 인하여 심리나 신체의 어느 한 부분이 경직되면 전체성에 부조화가 생겨 수행에 문제가 발생하게 된다.

루틴은 이러한 문제를 사전에 막아줄 뿐만 아니라 통합된 전체성을 기반으로 통찰 능력을 높여주는 효과가 있다. 루틴은 훈련과정에서의 안정적인 상태를 재연할 수 있는 전용신경회로를 구축하여 통합된 전체성으로 수행을 일관성 있게 유지시켜주는 스위치 역할을 하는 것이다. 이렇게 중요한 루틴을 긍정적으로 잘 활용할 수 있을 때 전체성을 가진 멘탈이 강한 선수가 될 수 있다.

# 루틴의 적용

선수들은 안정적인 상태에서 일관성 있는 수행을 할 수 있도록 자신만의 독특한 루틴을 조건형성시켜 훈련과 경기상황에서 활용한다.

일반적으로 심호흡을 통한 이완과 심상으로 내적 시연, 특정 초점에 주의집중하기 등의 행동적, 정신적, 인지적 루틴 전략을 결합하여 훈련과 경기에서 활용하고 있다.

이와 같이 루틴을 조건형성시켜 경기상황에서 효율적으로 활용하기 위해서는 코치와 선수 모두 많은 노력과 시간을 투자하여 반복적인 훈련과 피드백을 통해 효과를 검증해야 한다. 이렇게 긍정적인 효과가 확실하게 검증되면 이후 훈련과 경기상황에서도 안정적인 수행을 할 수 있게 된다. 반복적인 훈련에 의해 루틴이 조건형성되어 완전히 자신의 일부가 되었을 때 안정된 상태에서 일관성 있는 수행을 지속적으로 유지할 수 있게 되는 것이다.

　루틴은 일종의 앵커와 스위치 역할을 하기 때문에 특정한 상태를 안정적으로 일관성 있게 유지하는데 큰 도움이 된다. 실제로 루틴은 훈련과 경기상황에서 뿐만 아니라 일상적인 생활 속에서도 폭넓게 적용이 가능하다. 집중된 상태를 일관성 있게 유지하며 공부를 하거나 일을 할 수 있도록 특별한 스위치를 활용한다면 성과가 달라지게 된다.

그뿐만 아니라 사람들과의 관계나 아침 기상, 취침 전, 기분전환이 필요할 때도 긍정적인 상태를 유지시켜주는 루틴을 활용하게 되면 큰 도움이 될 수 있다.

　스포츠에서는 경기 전날이나 경기장으로 이동, 경기장 도착 후, 준비운동할 때, 장비를 챙길 때, 경기 직전, 경기 중, 경기가 끝난 후까지 경기와 관련된 모든 상황에 루틴이 적용되어야 한다. 루틴은 자신의 준비상태를 수행에 가장 이상적인 상태로 유지시켜 최고의 성과를 얻게 해주는 마중물의 기능을 하게 된다.

## 멘탈 호흡하기

　인간은 잠시라도 숨을 쉬지 않고서는 살아갈 수 없다.

심리적인 상태와 신체적인 상태에 따라 호흡이 바뀌는 것은 자율신경계와 연관이 있기 때문이다. 멘탈 호흡은 흔히 깊은 호흡, 심호흡과 비슷한 개념이며 숨을 깊게 들이마실 때 교감신경계를 활성화시키고 길게 내쉴 때 부교감신경계를 활성화시키기 때문에 깊은 호흡이 심리적 내성과 응집력을 높여주어 마음의 쿠션을 강화시켜주는 효과가 있다.

그래서 선수들이 수행 전 루틴을 만들 때 필수적으로 포함시키는 것이 멘탈 호흡이다. 멘탈 호흡은 자율신경계의 각성과 이완상태를 조절, 통제하여 안정된 상태를 만들어주기 때문에 수행에 도움이 될 수 있도록 하는 가장 효율적인 방법이라고 할 수 있다. 멘탈 호흡을 통해 안정적이고 일관성 있는 상태를 유지하여 마음과 몸을 정상적인 상태로 설정하는 것이다.

이때 정신적으로는 고요함, 자연스러움, 안정감, 초점, 자신감, 이완의 감정과 같은 긍정적인 느낌을 포함하고 있으며 신체적으로는 안정된 이완과 편안함, 적절한 각성 등의 긍정적인 감각을 포함하고 있다.

## 리듬 만들기

루틴은 완벽한 수행을 위해 자신의 마음과 몸을 수행에 최적인 상태로 만들어야 한다. 그렇기 때문에 자연스럽고 부드러운 수행을 자동화할 수 있도록 자신에게 편안함과 안정감을 주는 리듬을 포함하여 고정된 루틴을 만드는 것이 필요하다.

　모든 스포츠는 종목마다 특정한 리듬이 있기 때문에 그 리듬을 활용하여 루틴을 조건형성시키게 되면 훈련과 경기상황에서도 자연스럽게 리듬을 활성화시킬 수 있게 된다. 리듬은 체조와 다이빙 루틴의 단서와 같은 일정한 사고가 연속적으로 일어날 수 있도록 반복 훈련을 통해 자동화될 수 있게 조건형성시켜준다.

　안정되고 일관성 있는 일정한 리듬을 만드는 루틴이 자동화되면 의식적 개입 없이도 자연스러운 리듬이 재현되어 운동수행과 경기력을 안정적으로 향상시켜준다.

## 수행 시연하기

　야구에서 타자가 타석에 들어서기 전과 후, 투수가 공을 던지기 전에 방망이를 휘두르는 시연을 통해 최상의 감각을 세팅하게 된다.
이러한 시연을 통해 평소 훈련과정에서의 완벽한 수행 상태를 재연시켜주는 전용신경회로를 구축하게 되는 것이다.

　그래서 수행 전 루틴을 만들 때 실제 수행과 같은 시연을 하는 것이 포함된다. 이때의 시연은 정신적, 신체적인 시연을 모두 포함한다.
시연을 통해 자신의 안정적이고 일관성 있는 완벽한 수행에 대한 감각을 끌어올리고 실제 훈련과 경기상황에서의 정확한 감각을 재연하는 것은 루틴에서 아주 효과적이다. 이렇게 반복된 수행 전 루틴이 자동화 되면 훈련과정에서의 안정적인 기량을 충분히 발휘할 수 있게 된다.

## 고정화하기

수행을 하기 전에 선수들은 최선의 수행에 필요한 고정된 하나의 초점 단서를 가지고 있어야 한다. 예를 들어 농구의 프리스로를 위한 루틴은 링이 고정된 단서가 된다. 선수는 시각의 초점을 목표의 중앙에 고정하여 수행에 불필요한 정보간섭을 배제한다. 인간의 뇌는 한순간에 한 가지밖에 초점을 일치시킬 수 없기 때문에 고정된 초점 단서 외에는 모든 간섭이 차단되는 것이다.

이러한 고정된 단서를 통한 정신적 준비단계 루틴은 다른 외부 자극에 대한 반응을 하지 않도록 해주기 때문에 자동적으로 안정된 수행을할 수 있게 이끌어준다. 선수의 실력은 훈련을 통해 만들 수 있지만 그실력을 경기에서 효율적으로 활용하기 위해서는 실력을 안정적으로 발휘하게 만드는 스위치 역할의 루틴이 필요하다.

# 양궁 루틴 전략

    우수한 능력을 가진 선수들은 안정적인 상태에서 자신의 능력을 일관성 있게 발휘할 수 있도록 하기 위해 '훈련은 실전처럼 실전은 훈련처럼'이라는 말을 실천에 옮긴다. 그래서 우수한 실력을 가진 선수일수록 경기상황에서 뿐만 아니라 반복적인 훈련과정에서 발생할 수 있는 모든 자극과 정보에 주의를 집중하여 최상의 운동수행을 할 수 있는 상태를 만들기 위해 노력한다.

    심지어 경기나 훈련상황뿐만 아니라 일상생활 속에서도 자신의 상태를 긍정적으로 유지하기 위해 최선을 다하게 된다. 이렇게 해야 하는 이유가 자신이 해야 할 구체적인 생각과 느낌, 말, 행동을 체계적이고 순차적으로 구성하여 뇌에 일관성을 유지시키는 전용신경회로를 구축하기 위함이다. 그래서 우수한 선수들은 자신의 안정적인 수행을 유지하기 위해 일관된 루틴을 적용하여 자동화시킨다.

특히 멘탈 비중이 높은 양궁은 작은 정보간섭도 수행에 큰 영향을 미치기 때문에 루틴이 중요하다. 세계 최강인 우리나라 양궁선수들의 강철 멘탈은 그냥 만들어진 것이 아니다. 양궁은 대표적인 멘탈 스포츠이기 때문에 자동화된 루틴을 조건형성시키기 위해 실시하는 반복적인 멘탈 훈련이 수행과 경기력 향상에 매우 중요한 의미를 갖게 된다. 양궁 경기는 철저한 개인경기이면서 기록경기이기 때문에 멘탈이 차지하는 비중이 다른 스포츠 종목보다도 높다고 할 수 있다.

양궁선수들은 한정된 시간 안에 활을 쏘아 과녁에 명중시켜야 하기 때문에 안정된 상태에서 주의집중하기 위하여 루틴을 조건형성시켜 활용한다. 모든 스포츠에 공통적으로 적용되는 것이지만 특히 양궁은 이러한 주의집중력이 경기력에 매우 중요한 영향을 미치게 된다.

즉 경기력에 방해가 되는 부정적인 생각이나 수행에 지장을 주는 불필요한 정보간섭을 완벽하게 차단시키지 못하게 되면 수행이 어려워지는 종목이 양궁인 것이다.

이러한 종목적 특성이 있는 양궁에서 루틴이 경기력 향상을 촉진시키는 기능들에 대해서는 여러 가지 관점에서 접근할 수 있다.

그중에서도 선수들이 경기상황에서 수행과 관련된 고정된 초점을 일치시키고 수행과 관련이 없는 불필요한 정보간섭에 의해 주의를 빼앗기는 것을 막기 위해 루틴을 활용하는 것이다.

## 취침 전 루틴 전략

인간의 뇌는 잠을 자는 동안 하루 전날의 모든 경험과 관련된 기억을 새롭게 정리정돈한다. 이 과정에서 의식적 영역은 기능을 하지 못하기 때문에 잠재의식에서 주도권을 가지게 된다. 그래서 잠들기 직전의 루틴이 잠재의식에 큰 영향을 미치게 되는 것이다.

먼저 5분간 멘탈 호흡훈련을 통해 편안함과 안정감을 느끼는 상태에서 긍정적인 심상을 하고 내일 경기에 필요한 장비를 챙긴다. 화살의 상태를 확인하고 깃, 노크, 포인트를 점검해본다. 그리고 조준기가 흔들리지 않도록 나사를 잘 조이고 노킹이 잘 매어져 있는지 다시 한번 확인한다.

약간의 긴장이 느껴지면 그 느낌을 설렘으로 전환하고 깊은 호흡을 3회 실시하여 최상의 안정감을 느끼며 '잘 될 거야. 난 그동안 훈련을 통해 최고의 선수가 되었어', '나는 할 수 있어', '나는 최고다'라는 생각과 자화를 통해 스스로에게 안정감과 자신감을 심어준다.

잠들기 전에 거울을 보면서 경기 때 해야 할 자세를 다시 한번 잡아보고 느낌을 기억한다. 자리에 누워 다시 호흡훈련을 3회 실시한 후에 '나는 할 수 있다', '나는 최고의 선수다'라고 되뇌며 심상을 통한 이완 훈련을 한 후 편안하게 잠을 청한다.

# 기상 후 루틴 전략

취침 전 루틴이 수면 중 잠재의식에 긍정적인 영향을 미쳤다면 기상 후 루틴은 하루의 시작을 긍정적인 전용신경회로를 활성화시키는 효과가 있다. 아침 기상 후 첫 행동과 말에 따라 하루의 생각과 느낌, 말, 행동이 영향을 받기 때문에 기상 후 루틴이 중요한 의미를 가진다.

천천히 눈을 뜬 후 기지개를 켜고 '잘 잤다', '상쾌한 아침이다', '오늘은 왠지 좋은 일이 많이 생길 것 같다', '내 꿈을 이루는 멋진 하루가 시작된다', '아자아자 파이팅'이라고 외치는 기상 멘탈 훈련을 한 후 자리에서 일어난다. 그리고 앉아서 멘탈 호흡을 5분간 실시하고 경기를 성공적으로 수행하는 이미지 트레이닝을 실시한 후 오늘 경기를 어떻게 풀어나갈 것인지 생각해본다.

그다음 창문을 열어 날씨를 확인하고 햇빛과 바람을 느껴본다. 경기 때 입을 경기복을 챙긴 후 씻으러 간다. 얼굴을 씻고 양치를 끝낸 후 거울을 보며 자세와 느낌을 다시 한번 잡아본다. '잘하고 있어', '오늘도 잘될 거야'라고 생각하며 경기복을 챙겨 입는다. 그리고 아침식사 전에도 깊은 호흡을 3회 실시하고 약간 부족한 느낌이 들 정도의 음식을 천천히 먹는다.

## 경기 1시간 전 루틴 전략

경기 전에 각성이 되거나 불필요한 정보간섭이 일어날 수 있기 때문에 이완된 상태에서 최대한 편하게 쉴 수 있도록 한다.

어느 정도 긴장이 되는 것은 당연한 것이라고 일반화시키고 멘탈 호흡과 이미지 트레이닝으로 마음을 차분히 가라앉힌다. '나는 잘할 수 있다', '자신 있게 하자', '다 잘될 거야'라는 긍정적인 생각을 반복하며 자신감을 충전한다.

## 경기 5분 전 루틴 전략

조준기 위치를 확인하고 화살을 다시 한번 점검한다.

의자에 앉아 조용히 자기 차례를 기다린다. 거리감을 익히기 위해서 틈틈이 타깃을 확인한다. 경기 1분 전이라는 방송이 나오면 의자에서 일어나 몸을 서서히 움직인다. 그리고 '집중력 있게 하자', '평소대로 하자'라는 말로 자신에게 파이팅을 외친다.

# 경기 후 루틴 전략

- 나는 오늘 경기에 최선을 다했기 때문에 매우 만족한다.
- 집중력을 유지하며 자신 있게 경기에 임했으며 최선을 다한 내가 참으로 대견하고 자랑스럽다.
- 이번 경기를 통해 앞으로 더 잘할 수 있다는 자신감을 얻게 되었고 나의 멘탈과 수행능력이 한 단계 더 올라선 것 같다.

2004년 아테네 올림픽에서 개인 및 단체전에서 2관왕을 차지한 양궁의 박성현 선수는 자신만의 루틴 동작으로 활을 쏘기 전 일정한 패턴 의식을 치른다. 가장 먼저 활에 화살을 꽂은 뒤 상의 양쪽 끝자락을 한 번씩 살짝 당긴다. 그다음 상의 칼라를 매만진다. 마지막으로 손가락으로 선글라스를 끌어올린다. 그리고 심호흡 후 시위를 당긴다. 이와 같은 동작은 한치의 오차도 없이 반복된다.

양궁은 기술과 체력도 중요하지만 극도의 집중력을 요구하는 멘탈 경기인 만큼 심리적인 요인이 더 중요하다. 세계 최강을 자랑하는 대한민국 양궁선수들이 가진 탁월한 멘탈은 그냥 만들어진 것이 아니라 철저하게 과학적으로 훈련을 반복한 결과이며 그중에서 루틴이 차지하는 비중이 결코 가볍지 않은 것이다.

# [ 골프 루틴 전략 ]

  루틴이란 간단하게 설명하면 반복에 의해 조건형성된 '습관화된 동작'
이라고 할 수 있다. 수많은 반복에 의해 특정한 절차를 연쇄적으로 일
으키는 전용신경회로가 구축되면 중독된 습관을 만들어 의식적 관여
없이도 자동적으로 특정한 상태를 안정적이고 일관성 있게 유지하게
만든다. 좀 더 폭넓은 관점에서 보면 우리의 일상생활 자체가 루틴과
관련이 있다고 볼 수 있는 것이다.

  우리는 아침에 눈을 뜨면 기지개를 켜고 일어나 화장실로 가서 씻고
하루를 시작하는 일상적인 패턴을 보이게 되는데 이러한 패턴은 의식
하지 않아도 전용신경회로에 의해 순서대로 자동화되어 일어나게 된다.
목욕을 할 때, 전화통화를 할 때, 밥을 먹을 때, 대화를 할 때, 연습장
에서 훈련을 할 때, 책을 볼 때도 우리는 의식하지 못하는 가운데 중

독된 습관에 의해 일정한 패턴을 보인다.

골프에서 목표성취를 위한 안정적인 수행과 탁월한 경기력을 결정하는 요인은 골프기술, 체력, 전략, 장비, 멘탈 능력 등이 있다. 먼저 골프기술은 드라이버 샷, 페어웨이 샷, 아이언 샷, 피칭 샷, 칩핑 샷, 벙커 샷, 트러블 샷 등으로 이루어지며 이러한 기술의 수준은 체계적이고 반복적인 훈련을 통해 얼마든지 향상될 수 있는 것이다.

그리고 골프는 중심운동이면서 신체의 통합된 협업시스템이 매우 중요하기 때문에 체력의 6대 요소가 모두 동원된다. 골프에 필요한 전략으로는 코스 공략과 생활관리 부분이 있으며 골프 장비는 볼, 클럽 등이 수행에 영향을 미치게 된다. 이러한 골프기술과 체력, 전략 등은 반복적인 훈련을 하게 되면서 실력이 어느 정도 수준 이상으로 올라가게되면 큰 차이가 없어진다.

하지만 이러한 여러 가지 요인들을 전체성으로 통합하여 최상의 운동수행을 할 수 있게 만드는 것은 멘탈적인 요인이다. 대표적인 멘탈 스포츠인 골프에서 가장 중요한 멘탈적인 요인들은 선수들마다 어느 정도의 차이를 보이게 된다. 멘탈적인 요인이 기술이나 체력, 전략, 장비 등의 요인들을 전체성으로 통합 운영하여 최상의 운동수행을 할 수 있게 만들어주기 때문에 가장 중요한 역할을 하는 것이 바로 멘탈적인 요인이라고 할 수 있는 것이다.

골프선수의 멘탈은 타고난 능력이 아니라 수많은 반복 훈련을 통하여 증대될 수 있는 능력이기 때문에 반복적인 훈련을 통해 조건형성된 루틴이 수행과 경기력 향상에 큰 영향을 미치게 된다. 골프에서 루틴을 활용했을 때의 효과는 다음과 같다.

- 경기 전 안정된 상태에서 경기에 필요한 것들을 빠뜨리지 않고 확인할 수 있다.
- 경기상황이 갑자기 바뀌거나 불리한 상태에서도 안정적으로 경기를 치를 수 있다.
- 순서대로 일관된 패턴을 가지게 됨으로써 경기의 불확실성을 최소한으로 줄일 수 있다.
- 어떤 상황에서도 자신을 지킬 수 있는 안정적이고 긍정적인 생각과 느낌, 말, 행동의 일관성을 높일 수 있다.
- 편안하고 안정적인 상태에서 자신감과 집중력을 높여주고 긴장이나 불안을 줄여준다.
- 자동화된 정해진 패턴을 반복적으로 활용하기 때문에 에너지 소비량을 줄여준다.

20세기 골프황제 잭 니클라우스는 골프에 영향을 미치는 비중을 멘탈 50%, 셋업 40%, 스윙 10%라고 했다. 그만큼 골프에서 멘탈이 중요한 비중을 차지하고 있는 것이다.

21세기 골프황제 타이거 우즈도 정확한 루틴을 통해 일관된 샷을 하는 것으로 유명한 선수이다. 타이거 우즈는 어떠한 상황에서도 자신만의 독특하고 일관된 루틴을 함으로써 내·외부의 불필요한 자극과 정보간섭에도 흔들리지 않고 안정적인 상태에서 일관된 스윙을 할 수 있기 때문에 최고의 선수가 될 수 있었던 것이다.

## 타이거 우즈의 퍼팅 루틴

① 공 뒤편으로 다가서며 전체적인 퍼팅 상황을 살핀다.
② 경사를 판단하기 위해 라인 측면을 살피며 홀을 향해 걷는다.
③ 홀 주변을 살핀다.
④ 공으로 돌아와서 그 뒤에 웅크리고 앉아 가장 효과적인 속도와 커브를 결정한다.
⑤ 공 옆에 서서 연습 스트로크를 두 번 한다.
⑥ 공 뒤에 퍼터를 가져가고 양발을 내민다.
⑦ 라인과 홀을 두 번 더 본 뒤에 퍼팅을 한다.

## 타이거 우즈의 라운딩 전 루틴

① 75분 전 연습 그린에 도착한다.

② 75분 전 ~ 55분 전 20분간 두 개의 볼을 가지고 그린을 돌며 퍼팅 연습을 한다. 거의 8자 형태로 돌아가면서 퍼팅을 한다. 모두 60번 정도의 퍼팅을 하는데 대부분 롱퍼팅이다.

③ 55분 전 ~ 20분 전 35분간 몇 번의 피칭 샷으로 몸을 푼다. 웨지를 몇 번에 걸쳐 최대로 때려본다.

숏 아이언, 미들 아이언, 페어웨이 우드, 드라이버를 각 5분씩 연습한다. 다시 웨지 연습을 한다. 첫 번째 티에서 사용할 클럽 으로 한 번 연습하는 것으로 마무리한다.

④ 20분 전 ~ 15분 전 5분간 벙커 샷, 러프 피치 샷, 플롭 샷을 한다. 공간 여유가 없는 라이에서 짧은 피치 샷을 한다.

⑤ 15분 전 ~ 7분 전 8분간 3.6m 이내 숏 퍼팅을 22번 연습한다.

⑥ 7분 전 티로 걸어간다.

스코어 카드를 챙기고 동반자 등과 인사를 나눈다.


골프는 대표적인 멘탈 스포츠이기 때문에 안정적인 멘탈 상태에서 일 관된 수행을 유지하기 위해 루틴이 매우 중요한 의미를 가진다.

# 사격 루틴

사격 경기는 올림픽 경기종목으로 사격장에서 총기 및 화약을 사용하여 표적을 쏘아 맞추어 점수로 승부를 가르는 경기이기 때문에 철저한 개인경기이면서 기록경기이다.

사격 경기는 일정한 거리에 설치된 표적을 총으로 맞추어 그 정확도를 점수로 겨루는 방식이기 때문에 안정된 심리상태와 일관된 집중력이 매우 중요한 종목이라고 할 수 있다. 그래서 선수들은 경기를 하는 동안 안정적인 상태에서 일관성 있게 집중력을 유지하기 위한 자신과의 싸움에서 이겨야만 원하는 목표를 달성할 수 있는 대표적인 종목이 바로 사격 경기인 것이다.

더욱이 경기력 수준이 올라갈수록 체력이나 기술보다는 심리상태나 자신감, 집중력 등의 멘탈적 요인들이 더 중요한 역할을 한다.

그렇기 때문에 코치는 선수들에 대한 개별적인 관찰과 관리, 피드백을 통해 사격 경기에 있어서 멘탈적 요인의 중요성과 경기에 미치는 영향력을 인식시키고 대처방안을 제시해주는 것이 필요하다.

특히 사격 경기에서 루틴의 중요성과 훈련방법에 대한 구체적인 정보를 제공하고 훈련과정을 준비하여 활용할 수 있도록 할 필요가 있다. 따라서 사격선수를 위한 루틴은 격발 과정의 집중력 전환과 경기 수행을 분석하는 피드백을 통해 선수에게 가장 적합한 프로그램을 만드는 것이 중요하며 격발 중의 내부환경, 반동 및 추적, 바람의 조건 등도 포함되어야 한다.

사격에서의 루틴은 크게 격발 루틴 프로그램과 실수 극복 프로그램으로 나눌 수 있다. 실수 극복 프로그램도 격발 루틴 프로그램과 마찬가지로 실수에 대한 생각이 다음 격발에 연결되어 부정적인 영향이 미치지 않도록 하는데 가장 좋은 단서를 찾아 루틴화하는 반복적인 훈련과정이 필요하다.

- 최고의 수행을 했던 지난 경기 때에 나타난 주요 구성요소를 시각적으로 떠올린다.
- 유사성을 활성화시켜 안정적인 상태와 최상의 수행이 재연될 수 있도록 하기 위해 시각적으로 실제 경기상황과 유사한 느낌이 들도록 만든다.
- 경기상황에서 앵커링의 효과가 나타날 수 있도록 강력한 감각, 언어를 사용하여 조건형성시키는 훈련을 반복한다.

■ 루틴 훈련은 고정된 룰이 중요한 것이 아니라 자신의 안정적인 상태와 일관성 있는 수행에 도움이 되는 내용으로 구성한다.

■ 어떤 경기상황에서라도 최상의 운동수행을 통해 최고의 성과를 낼 수 있는 상태를 만들 수 있어야 한다.

■ 심상, 자화, 호흡, 자신감 있는 행동, 이완, 목표설정, 생각의 전환 등 여러 심리기법을 루틴에 포함시킨다.

## 격발 루틴의 예

① 깊게 호흡을 하고 편안한 상태에서 자연지향을 잡자.

② 총이 편안하고 익숙하다. 좋은 느낌이다.

③ 총을 만질 때 잘될 것이라는 느낌과 함께 자신감이 생긴다.

④ 내 총은 정확하게 10점에 맞히는 능력을 가지고 있다.

⑤ 견착 후 압력이 좋은 느낌이다.

⑥ 총을 품는 느낌으로 거총을 하며 안정감이 든다.

⑦ 마치 카메라 렌즈를 줌인하는 것처럼 표적지가 크게 보인다.

⑧ 격발 후 마음의 눈으로 10점에 명중된 것을 확인했다.

⑨ 오늘 사격 아주 잘했어. 수고했어.

PART 8
# 리더십과 멘탈

# 코치의 리더십

리더십은 다른 사람들을 올바른 방향으로 이끌어가는 지도자의 능력이라 할 수 있다. 개인과 조직의 목표를 달성하기 위한 방향을 정하고 구성원들이 함께 목표를 달성하도록 영향을 미치는 과정 전반을 리더십이라고 한다. 리더십에 대해 다양한 정의를 할 수 있지만 스포츠에서는 '특정한 목표를 성취하기 위해 선수 개인과 집단의 역량을 일치시킬 수 있도록 영향력을 행사하는 총체적인 행위'라고 할 수 있다.

선수에게 영향력을 행사하기 위해서는 최상의 운동수행을 위한 코치의 뛰어난 전문기술과 멘탈코칭능력이 요구되며 그러기 위해서 무엇보다 중요한 것이 선수와의 라포형성이다. 왜냐하면 코치의 능력이 아무리 탁월해도 선수와의 끈끈한 라포가 형성되지 않는 상황에서는 멘탈코칭의 효과를 기대할 수가 없기 때문이다.

라포가 형성되면 선수는 코치의 열렬한 추종자가 된다. 그래서 리더십을 '추종자를 만드는 능력'이라고도 정의하는 것이다.

그래서 리더십을 다르게 표현하면 라포를 형성하는 능력이라고도 할 수 있다. 라포가 형성되면 강력한 영향력을 발휘할 수 있기 때문에 코치가 원하는 목표성취가 훨씬 더 앞당겨질 수 있다.

선수와의 끈끈한 라포가 형성되면 팥을 콩이라고 해도 믿게 되는 추종자적인 멘탈이 형성되어 코치와 선수가 바라는 공통적인 목표성취가 앞당겨지게 되는 것이다.

## 특성적 접근 이론

특성적 접근 이론은 탁월한 리더는 선천적으로 태어난다고 보며 신체적, 지적, 정서적 특성들은 개인의 유전적 요인에 의해 이미 결정된다고 보는 이론으로 모든 문화나 상황에 공통적이고 필수적으로 나타나는 고유한 리더십이다.

이 이론으로 보면 리더의 성격 특성을 타고난 사람은 어떤 상황에서도 리더가 된다는 왜곡된 주장을 하기 때문에 부분적으로만 부합한다. 특성적 접근 이론은 성격 특성이 타고나며 성격 특성 때문에 성공한다는 주장으로 위인 이론이라고도 한다. 이 이론이 초기에는 인정을 받앗으나 리더십에 관한 더 많은 발전적 이론이 등장하면서 점차 퇴보하여 스포츠에서는 사용되지 않는 이론이 되었다.

이 이론은 흔히 '타고났다'는 말을 듣는 리더십을 설명하는 것이며 실제로 그러한 리더십의 이면에는 여러 가지 요인이 작용했을 가능성이 높다. 단순히 유전적인 영향으로 리더십이 결정되기보다 성장과정에서의 문화나 성장 배경, 교육여건 등이 직간접적으로 영향을 미쳤을 가능성이 많은 것이다. 이 이론이 인정을 받지 못하면서 리더의 행동 특성에 초점을 맞추기 시작했다.

## 행동적 접근 이론

행동적 접근 이론은 탁월성을 가진 리더의 실제 행동에 초점을 맞추어 분석하고 연구하여 리더의 행동을 찾아낸 것이다.

어떤 상황에서 일어났던 행동 패턴을 분석하여 미래에 일어날 수 있는 일에 관심을 갖고 예견을 할 수 있다. 즉 리더의 우수성과 탁월성의 행동 특성을 분석하여 핵심기술을 모델링하고 반복적으로 학습하게 된다면 누구나 탁월한 리더가 될 수 있다는 이론이며 행동주의 심리학과 함께 활성화되었다.

행동적 접근 이론은 리더는 타고나는 것이 아니라 학습과 훈련을 통해 만들어진다는 이론이기 때문에 모델링을 통해 누구든지 리더가 될 수 있다는 주장이다. 행동주의 심리학에서는 모든 행동은 학습된 것이기 때문에 반복적인 자극과 반응에 의해 새로운 학습뿐만 아니라 재학습도 가능하다고 본다.

Blake와 Mouton의 분류에 의하면 다섯 가지 리더십 유형 중 가장 효과적인 코치 유형은 팀형이며 목표달성을 위한 높은 조직력과 팀 구성원에 대한 세심한 배려를 해주는 능력을 갖고 있다.

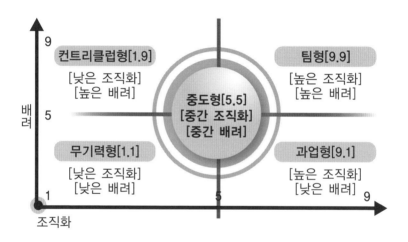

이 이론에서는 리더의 성격 특성이나 구성원의 요인, 집단의 구조와 같은 환경적 요인이 부족하다.

# 상호작용적 접근 이론

　상호작용적 접근 이론은 코치의 리더십이 리더의 성격, 구성원의 요구, 집단의 구조 등 리더십 환경을 둘러싸고 있는 상황적 요인에 의해 결정된다는 이론이다. 예를 들어 학교 선수부 코치에게 요구되는 리더십은 상황적 요인에 의해 영향을 받는다. 학교장, 학부모, 동문회, 선수가 갖는 경기 결과에 대한 기대와 요구가 서로 다를 수 있다.

　상호작용적 접근 이론은 리더십을 결정하는 것이 리더의 특성이나 행동뿐만 아니라 추종자의 태도와 능력, 조직 내외의 복합적 상황들이 리더십을 발휘하는 요인이 된다는 주장이다.

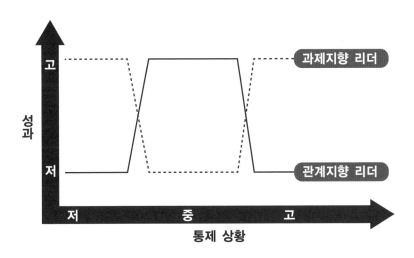

# 코치의 리더십 유형

코치의 리더십 유형은 다양하게 정의할 수 있다.

코치가 어떠한 리더십 유형을 가지고 어떠한 코칭을 하느냐에 따라 선수에게 미치는 영향이 달라진다.

## 과제 중심형

과제 중심형은 수행과정에 초점을 일치시키는 과정목표 중심형과 수행 결과에 초점을 일치시키는 결과목표 중심형으로 나누어 이해할 수 있다. 또는 두 가지를 혼합해서 활용할 수도 있으며 코치는 체계적인 훈련계획을 수립하여 목표달성을 위해 모든 자원을 일치시키고 노력을 집중하여야 한다. 특히 학교 선수부나 프로선수, 국가대표 선수와 같은 엘리트 선수들을 코칭하는 코치의 경우 구체적이고 선명한 목표를 세우며 성공에 대한 확고한 신념을 갖고 오로지 목표성취를 위해 모든 역량을 집중해야 한다.

과제 중심형 코치는 운동기술코칭 방법에 대한 전문적인 능력과 멘탈트레이닝 기법을 갖추기 위해 노력하여야 하며 현장코칭에 접목하여 성과를 만들어내야 한다. 이러한 유형의 코치는 규칙에 대해 엄격하며 위계질서와 집단중심적인 팀의 규율을 선호하는 행동 경향을 보인다. 결과목표를 달성하기 위해서 수행에 도움이 되지 않는 다른 가치를 희생할 것을 선수에게 요구하기도 한다.

## 【과정목표 중심형 코치의 특징】

- 결과보다 수행과정에 초점을 맞춘다.
- 다른 선수가 비교의 준거가 되는 것이 아니라 선수 자신이 수행 향상의 비교 준거가 된다.
- 선수 개인의 자결성과 특성을 중시하며 코치 자신이 아닌 선수

에게 맞추어주는 코칭을 한다.

- 수행과정에 대한 목표를 강조하며 선수의 수준에 맞는 훈련 강도와 빈도를 지속시킨다.
- 과제에 대한 수행 향상의 가치를 강조하고 성취경험을 누적할 수 있도록 하기 위해 격려와 긍정적인 피드백을 제공한다.
- 모든 훈련프로그램은 수행과정에 맞게 계획하고 선수가 자발적으로 수행 향상에 초점을 맞추고 노력할 수 있도록 하기 때문에 내적동기를 촉진해준다.
- 선수가 실수나 실패를 하더라도 다시 도전할 수 있도록 수용과 샌드위치 피드백을 제공해준다.
- 과정목표에 초점을 맞추고 수행 향상을 하는 과정에서 자연스럽게 결과목표가 달성될 수 있다는 믿음을 갖고 있다.
- 선수의 가능성과 잠재능력을 이끌어내기 위한 가능적 사고를 강화시키는 긍정적인 언어코칭을 해준다.

## 【결과목표 중심형 코치의 특징】

- 팀과 선수의 성적을 향상시키고 목표를 달성하기 위해 노력하며 다른 모든 것을 희생해서라도 목표달성에 올인한다.
- 우승을 위해서라면 선수 개인의 자결성과 특성을 무시하며 코

치 자신의 신념이 절대적으로 옳다는 자기중심적 확신과 편향을 가지고 일방적인 코칭을 하기 쉽다.

- 목표를 수시로 강조하며 강도 높은 훈련을 지속한다.
  선수가 다른 생각을 할 수 있는 빈틈을 주지 않으며 훈련시간 외에 개인훈련을 더 하는 모습을 보면 마음이 편안해진다.
- 모든 훈련과정을 선수의 경기력 및 수행 향상에 초점을 맞추며 성적과 우승을 위해 모든 프로그램을 계획하고 목표를 달성하기 위해서는 처벌과 같은 부정적인 피드백과 코칭도 필요하다고 믿으며 실제로 사용한다.
- 선수의 성적 향상과 우승이라는 목표달성이 코치 자신의 능력이라고 믿으며 선수의 목표달성을 통하여 대리만족과 자신의 능력에 대해 보상받는 심리를 가지고 있다.

## 인화 중심형

인화 중심형은 관계지향적인 리더십으로써 선수에 대한 배려와 친숙한 관계를 우선적으로 생각하며 훈련과정과 경기 전략에 관한 의사결정을 할 때 선수를 함께 참여시켜 자결성을 높여주고 지향적 동기와 성취동기를 유발시키기 위해 노력하는 유형이다.

단체팀의 경우 선수 상호간의 원만한 의사소통과 라포를 형성하여 인간관계를 증진시키는데 관심을 두며 코치 자신의 권위를 내세우기보다 선수를 존중하며 수용하는 공감적인 자세로 대한다.

선수와 같은 위치에서 '형님 리더십'을 발휘하며 자유롭고 허용적인 분위기를 유도하여 선수의 심리적 안정감과 자결성을 높이고 상호 끈끈한 유대감을 형성한다.

인간관계를 우선하여 가치를 두기 때문에 사람이 우선이며 선수의 바른 인성과 멘탈, 행동에 관심을 두고 선수의 긍정적인 자원에 초점을 맞추어 격려와 믿음을 반복적으로 보낸다. 인화 중심형 리더십은 선수들이 자유분방함 속에서도 질서를 지키고 코치와 동료에 대한 유대감과 강한 믿음을 갖게 만들어 자결성을 높여주기 때문에 장기적으로 더 좋은 성적을 얻게 만든다.

## 【인화 중심형 코치의 특징】

- 코치의 일방적인 지시나 명령보다 선수 개인의 의견을 말하게 하고 경청하는 태도를 보여준다.
- 전체의 구성원이 아닌 선수 개인의 특성을 관찰하고 이해하며 수용과 존중의 태도를 갖는다.

- 예, 아니오의 단순한 대답밖에 할 수 없는 폐쇄적 질문을 지양하고 선수의 자결성과 창의적 사고능력을 키워주는 개방적이고 간접적인 질문을 많이 활용한다.
- 직접적인 지시나 통제적인 언어구사가 선수의 저항을 불러온다는 사실을 잘 알기 때문에 지시적인 명령어보다 의문문형 진술문이나 부가의문문을 활용하여 선수의 동의를 구하는 간접적인 화법을 사용한다.
- 경기 성적이나 우승도 중요하지만 인성과 사람 됨됨이가 우선이라는 교육철학을 가지고 있다.
- 눈앞의 성적이나 우승보다 훈련과정에서 선수의 변화와 성장에 초점을 맞추고 격려를 보낸다.
- 선수의 단점이나 부족한 부분에 초점을 맞추는 것이 아니라 선수의 숨겨진 자원과 잠재력, 가능성에 초점을 맞추고 코치 자신의 기대와 믿음을 선수에게 보낸다. 인간 완성이라는 코치의 사명을 실현하는 것에 대한 자긍심과 보람을 느낀다.
- 선수와의 커뮤니케이션을 위한 수용과 경청, 공감능력이 탁월하며 선수를 존중하는 따뜻한 리더십을 갖고 있다.

# 리더십 유형의 성과

우승과 성적이 최고의 가치가 되는 학교 선수부나 프로팀, 국가대표팀의 경우에는 과제 중심형 리더십에서 결과지향목표가 원하는 성과를 얻는데 도움이 된다. 반대로 생활체육이나 동호회, 건강, 취미 중심의 스포츠 참가자에게는 인화 중심형 리더십이나 과제 중심형 리더십에서 과정지향목표가 효율적이다. 물론 종목이나 대상, 상황에 따라 리더십 유형을 혼용하는 것이 더 도움이 될 때도 있다.

성적이 절대가치인 스포츠 경기에서 우승한 팀 코치는 두 가지 리더십 유형 중에 한 가지 코칭 방법을 선택하여 사용하는 경우가 많다. 그리고 스포츠 경기에서 패배한 팀의 코치는 두 가지 방법을 혼용한 경우가 많다. 이러한 결과는 코치가 일관성 있는 코칭 철학을 가져야 한다는 것을 의미한다.

특히 성적이나 우승이라는 목표가 관계될 때는 일관성 없는 코칭이 나쁜 결과를 가져올 수도 있다. 좀 더 정확하게 말하면 스포츠 경기에서 최상의 성과를 얻기 위해서는 최적의 선수 상태를 만들기 위한 코치의 단순한 코칭 방법이 선수의 빠른 선택과 판단에 도움을 주어 경기력을 향상시켜준다.

결국 기존의 과제 중심형 리더십과 인화 중심형 리더십의 선택도 중요하지만 선수의 특성과 상황, 목표에 가장 적합한 새로운 리더십을 만들어 일관성 있게 적용하는 것이 더 중요하다.

## [ 경기에서의 리더십 ]

 

경기는 선수가 하지만 경기 전후와 경기 중에 코치가 어떠한 언어적, 신체적 신호와 피드백을 해주는가에 따라 선수의 멘탈 상태와 자신감, 동기가 영향을 받게 된다. 경기 후 결과에 대해 질책이나 처벌을 하는 것은 선수에게 이중처벌이 되어 부정적 정서와 실패에 대한 공포를 학습하거나 내면의 저항감을 키우고 공격적인 성향을 갖게 만든다.

경기 결과에 대한 코치의 잘못된 반응과 피드백은 선수의 심리적, 신체적 부조화를 초래할 뿐만 아니라 부정적인 정서가 연합되어 다음 경기에도 나쁜 영향을 미치게 될 가능성이 높아진다. 경기 전에도 코치가 보여주는 태도와 리더십에 따라 선수는 심리적, 생리적 각성 수준을 유지하게 되고 최상의 운동수행을 할 수 있는 상태를 만든다.

마찬가지로 경기 중에도 한결같은 믿음을 보여주는 코치의 일관성 있는 코칭 태도와 긍정적인 격려에 의해 선수는 최상의 운동수행을 유지하게 된다. 경기 전, 경기 중, 경기 후에 코치의 일관성 있는 긍정적인 태도와 리더십에 따라 선수의 상태가 바뀌게 된다면 코치가 무엇을 선수에게 전해주어야 할지를 알 수가 있다.

## 경기 전 코치의 리더십

- 선수가 코치의 미소 띤 여유 있는 모습을 보면서 심리적 안정감을 가질 수 있도록 한다.
- 선수와 눈을 마주치고 어깨를 두드려주거나 손을 잡으며 코치의 전폭적인 믿음과 격려를 전해준다.
- 이미지 트레이닝을 통해 훈련과정에서의 성취경험을 생생하게 떠올릴 수 있도록 한다.
- 오늘 경기에서 좋은 결과를 얻게 될 것이라는 코치의 믿음이 포함된 긍정적인 암시를 보낸다.
- 멘탈트레이닝을 통해 성공신념을 강화하는 긍정적 자기 확신을 반복하게 한다.
- 심호흡을 깊게 하며 성공 경험에 대한 심상을 한다.
- 그동안 훈련을 통해 향상된 실력과 기술을 들려주며 선수가 자

신감을 갖도록 격려한다.

- 경기에서 사용할 기술의 순서에 대해 몰입하게 도와주고 좋은 결과가 있을 것이라는 격려를 보낸다.
- 경기 결과나 상대 선수에 대한 초점을 운동과제나 선수 자신에게 전환할 수 있도록 질문을 하고 할 수 있다는 자신감을 심어줄 수 있는 긍정적인 멘탈언어를 들려준다.

## 경기 중 코치의 리더십

- 선수가 잘하고 있다는 신체언어를 보내준다.
  엄지 치켜세우기, 고개 끄덕이기, 박수치기 등으로 격려한다.
- 코치의 흔들림 없는 바른 태도와 냉정함을 유지하고 미소를 보여주며 선수의 심리를 안정시킨다.
- 코치는 심판의 판정에 흥분해서는 안 되며 심판의 판정에 승복하며 엄지를 세워준다. 만약 선수가 억울한 판정을 받았을 경우 선수를 대변하여 판정에 이의를 제기한다.
- 선수가 실수를 했을 때 즉시 긍정적인 격려를 보내주고 괜찮다는 신체언어를 전해준다.
- 선수의 바람직한 행동에 격려를 보내고 긍정적인 신체언어를

사용하여 용기를 북돋아준다.

- 구체적인 기술이나 행동에 대해 긍정적인 피드백을 제공해주어 선수의 자신감을 증대시켜준다.
- 다양한 신체적인 언어를 사용하여 계속적인 지지와 격려를 보내며 응원을 함께 한다.

## 경기 후 코치의 리더십

- 승패에 관계없이 최선을 다한 선수를 충분히 격려하고 긍정적인 피드백을 제공한다.
- 경기 결과를 긍정적으로 승화시키기 위해 멘탈언어를 활용하여 종합평가와 개방적 질문을 한다.
- 경기 결과가 좋은 배움의 기회가 되었던 부분과 경기를 통해한 단계 더 성장한 선수 자신의 모습을 느끼게 한다.
- 오늘의 경기 경험이 다음에 더 좋은 경기를 할 수 있는 선수 자신의 상태를 만들었다는 사실을 깨닫게 한다.
- 승패를 떠나 최선을 다한 상대 선수에 대해 존중과 응원의 박수를 보내는 멋진 모습을 연출한다.

# 코치의 리더십 지침

코치가 선수를 코칭하는 과정에서 여러 가지 갈등과 문제가 생길 수 있으며 이러한 갈등과 문제를 원활하게 해결하고 운동수행 향상과 경기력을 높일 수 있는 리더십 지침이 필요하다. 코치의 리더십 지침과 코칭 행동에 따라 선수의 운동 동기가 바뀌게 된다.

## 코치의 언어코칭

- 코치는 선수의 긍정적 변화와 성장을 위해 멘탈언어에서 A가

B를 만든다는 인과관계와 A와 B가 동일하다는 복문등식을 활용하여 긍정적인 멘탈 상태를 만든다.

- 긍정의 언어를 자주 사용한다. '할 수 있다', '하면 된다'와 같은 긍정적인 표현을 반복해서 성공신념을 심어준다.
- 수행에 대해 긍정적인 피드백을 제공해주고 선수가 목표를 구체적으로 선명하게 떠올리게 하여 초점을 일치시키고 성취 가능성에 대한 믿음을 갖도록 코칭한다.
- 선수의 노력과 집중, 자신감 넘치는 태도에 즉각적인 격려로 보상을 제공하여 행동을 강화시킨다.
- 선수를 격려하고 긍정적 피드백을 할 수 있는 자원을 찾아야 하며 만약 없다면 만들어서라도 제공해준다.
- 칭찬과 격려를 함께 보낸다.
- 코치는 선수의 긍정적 변화와 성장을 이끌어내는 멘탈언어를 충분히 활용한다.


## 실수에 대한 격려 코칭


- 실수는 누구나 할 수 있으며 실수하지 않는 사람은 성공할 수 없다는 교훈을 깨닫게 한다.

- 선수가 실수했을 때 코치가 즉시 격려하는 일관된 모습을 보여 주어 실수가 나쁘거나 두려운 것이 아니라 중요한 학습과정이 라는 사실을 알 수 있도록 해준다.
- 실수에 대해 격려받는 느낌을 갖게 만들어 실수가 더 큰 성공 으로 가는 소중한 디딤돌이 된다는 믿음을 갖게 한다.
- 실수에 대한 피드백은 샌드위치 형태로 긍정, 부정, 긍정의 순 서로 하며 격려를 함께 한다.
- 실수에 대해서 소중한 경험이라는 긍정적인 관점을 갖도록 하 기 위해 실수를 하더라도 코치는 처벌을 남용해서는 안된다. 처벌은 실패에 대한 공포를 학습하게 만들기 때문이다.
- 선수가 실수했을 때 코치는 감정이 격해진 상태나 화가 난 상 태에서 피드백을 해서는 안되며 만약 감정이 가라앉지 않았다 면 일정한 시간이 경과된 이후에 실시한다.

## 규칙 위반에 대한 코칭

- 규칙은 모두가 지켜야 할 중요한 가치라는 인식을 가질 수 있도 록 반복적인 코칭을 한다.
- 지켜야 할 규칙을 코치가 먼저 솔선수범함으로써 선수들이 모

델링할 수 있게 해야 한다.

- 규칙 위반에 대해서 받는 불이익이나 처벌에서 코치도 예외가 아니라는 사실을 강조한다.
- 선수가 규칙을 위반했다면 코치의 직접적인 처벌이나 잔소리보다 간접화법으로 자신의 잘못에 대해 깨닫고 스스로 표현할 수 있도록 유도하여 부적 처벌을 통해 선수 스스로 자신의 위반 행동에 대해 반성하게 한다.
- 선수가 규칙을 위반했을 때 코치는 화를 내거나 부정적인 감정을 직접적으로는 표현하지 않는다.
- 규칙 위반은 약속 위반이며 선수 본인뿐만 아니라 다른 선수들에게도 피해가 된다는 사실을 강조한다.
- 처벌의 수단으로 청소나 신체활동을 시켜서는 안된다. 그럴 경우 청소나 신체활동이 처벌과 연합될 수 있다.

## 긍정 유도 코칭

- 선수의 긍정적인 태도와 행동에 대한 규범을 제시하고 선수의 노력에 대해서 격려한다.
- 선수의 행동이면에 있는 긍정적 의도와 목적을 강조하여 행동

의 변화를 유도한다.

- 결과도 중요하지만 과정도 중요하다는 것을 깨달을 수 있도록 과정에 대해 긍정적 피드백을 제공한다.
- 선수의 억압된 부정적인 감정이 표출되면서 나타나는 왜곡된 행동에 대해서 부적 강화가 될 수 있기 때문에 절대로 격려를 제공해서는 안된다.
- 훈련과정에서 선수 자신의 행동적 변화에 대한 긍정적 피드백을 제공해주는 것이 바람직하며 다른 선수와의 사회적 비교 행위를 하지 않아야 한다.
- 더 나은 선택을 통해 선수가 자신의 행동을 바꿀 수 있도록 개방적인 질문을 한다.
- 선수의 과거 성취경험에 대한 질문을 통해 긍정적인 상태를 만들어주는 회상을 할 수 있게 해준다.
- 미래기억을 만들 수 있는 가능성에 대한 질문을 통해 긍정적인 상태를 유도한다.

## 성공신념 코칭

- 코치는 할 수 있다는 긍정적인 기대와 믿음을 전해주어 선수가

언어적, 비언어적으로 느낄 수 있게 해준다.

- 멘탈트레이닝 과정에서 자기 확신 암시를 반복하여 '할 수 있다'는 절대 긍정의 신념을 가질 수 있도록 한다.

- 코치가 선수에게 특별한 관심을 보여주며 라포관계를 형성한 후에 선수의 자기효능감을 높일 수 있는 반복적인 성공체험과 관련된 언어적인 격려를 보내준다.

- 선수의 과거 성취경험을 회상하거나 미래의 성공체험을 상상하게 하여 성공과 관련된 뇌신경회로를 강화시킨다.

- 경기의 승패에 관계없이 선수를 격려하고 긍정적인 귀인과 피드백을 통해 현재의 결과를 다음 경기에서 더 잘할 수 있는 지향적 동기로 사용할 수 있게 한다.

- 성공은 선천적으로 타고난 것이 아닌 후천적인 노력에 의해 이루어진다는 교훈을 깨달을 수 있도록 모델을 제시하며 피드백을 통해 성공신념을 강화해준다.

- 코치의 기대와 믿음을 제시하고 선수가 그것에 긍정적으로 반응하며 자결성을 가질 수 있도록 코칭을 해준다.

- 선수의 목표에 생각과 느낌, 말, 행동을 반복해서 일치시키고 목표가 자신을 이끈다는 신념을 갖게 해준다.

- 코치는 멘탈코칭의 목적이 부분적으로는 수행 향상이지만 전체적으로는 선수의 인간 완성에 있다는 신념을 가져야 한다.

# 상황 대처능력 코칭

- 코치는 선수에게 관심과 격려, 믿음을 보내며 실수했을 때는 즉시 격려를 보내야 한다. 그리고 선수 스스로 자신감과 자결성을 갖고 상황에 대처할 수 있게 도와준다.

- 선수들은 누구나 탁월한 능력을 가진 스타플레이어가 되고 싶어한다. 진정한 스포츠 스타는 어떠한 상황에서도 자신의 변화와 성장에 초점을 맞추기 때문에 비교의 준거가 자기 자신이 된다. 타인과의 비교가 아닌 자기 자신과의 비교를 통해 내적 동기가 향상될 수 있게 해준다.

- 훈련과 경기상황에서 관중과 상대 선수, 경기장의 분위기에 압도당하지 않고 자신의 페이스를 유지할 수 있도록 하기 위해 호흡법, 이완, 루틴 등을 활용한다.

- 프로팀의 구단주, 학교팀의 학교장 및 학부모에게 훈련상황을 설명하며 선수들의 사기진작을 위한 격려를 부탁한다.

- 코치는 단기적인 경기실적보다 장기적인 선수의 성장을 위해 훈련의 방향과 목표를 설정하고 선수들을 코칭한다.

- 훈련과정에서 다양한 상황을 설정하여 안정된 심리상태에서 상황에 대처하는 능력을 기른다.

# [ 긍정 코칭 리더십 ]

선수는 탁월한 코칭능력과 리더십을 가진 코치의 역할에 따라 성장의 속도와 크기가 결정된다. 그렇기 때문에 코치는 무한신뢰를 바탕으로 수용성과 공감, 피드백을 통해 선수의 긍정적 자아개념을 완성시켜주는 역할을 해야 하는 것이다.

코치는 선수의 긍정적인 변화와 성장을 이끌어내는 중요한 역할을 해야 하기 때문에 선수의 긍정적인 변화를 이끌기 위해서는 코치 자신이 먼저 긍정적인 변화와 성장을 해야 한다. 코치가 가진 리더십의 크기만큼 선수가 성장할 수 있기 때문이다. 즉 코치의 긍정적인 변화가 선수의 변화를 위한 모델이 되며 동기가 되는 것이다.

코치는 자신의 긍정적인 변화와 성장이 완성된 상태에서 선수의 잠재된 자원과 에너지를 끌어내어 원하는 목표를 성취할 수 있는 수행을 돕게 된다. 이렇게 리더십을 가진 코치가 선수의 행동 특성을 파악하고 숙지하여 코칭에 활용한다면 선수의 잠재된 자원과 에너지가 목표성취를 위해 일치된 초점을 만들 수 있다.

- 선수와 눈을 마주치며 미소를 보인다.
- 선수의 이름을 자주 불러주며 다정하게 말한다.
- 엄지손가락을 펴서 보여주며 미소를 보낸다.
- 선수의 등을 두드려주며 격려를 보낸다.
- 선수와 대화를 자주하고 경청과 수용, 공감을 해준다.
- 목표설정에 선수를 동참시키고 그 목표가 실현될 수 있도록 응원과 격려를 아낌없이 보낸다.
- 긍정적인 멘탈언어로 강화를 한다. '잘하고 있다', '많이 좋아졌어', '좋았어' 등의 피드백을 제공한다.
- 언어적, 비언어적 관심을 많이 표현하여 라포를 형성한다.
- 선수에게 먼저 다가가 기술지도를 도와준다.
- 개인상담을 통해 선수와 친밀감을 쌓는다.
- 코치가 먼저 변화하고 성장하기 위해 공부하며 솔선수범하는 모습을 보인다.
- 선수에게 관심 있는 질문을 통해 긍정적인 답을 유도하며 개방적이고 간접적인 질문을 한다.

# 수용적 리더십

그릇의 크기가 크면 클수록 담을 수 있는 용량이 더 커진다. 마찬가지로 스포츠에서 코치가 가진 리더십의 크기가 선수의 긍정적인 변화와 성과를 결정짓게 된다. 조직의 성장은 리더가 가진 리더십의 크기만큼만 성장하듯이 선수의 성장은 코치의 탁월한 멘탈코칭능력과 리더십에 의해 이루어지게 되는 것이다.

스포츠 현장에서 코치의 탁월한 리더십은 선수를 있는 그대로 바라보고 수용하는데서부터 시작된다. 만약 수용적 리더십을 갖지 못하게 되면 선수와의 라포가 형성되지 못한다. 코치가 코칭 과정에서 선수를 어떻게 수용해주는가에 따라 선수의 긍정적인 자아 형성이 결정되고 운동 동기와 수행 향상의 결과가 달라질 수 있는 것이다.

코치가 자신의 주관적 세상모형이나 획일화된 고정관념을 갖고 선수를 대하게 되면 선수의 태도나 행동이 틀리거나 잘못되었다고 판단하기 쉬워지기 때문에 다름에 대한 수용적 리더십을 갖기 어려워진다. 선수의 고민이나 궁금증, 심리적 문제, 운동수행, 목표달성 등과 관련하여 어떠한 문제에 대해서도 비난이나 비판적인 관점과 태도에서 벗어날 수 있어야 한다. 그렇게 될 때 수용적 태도로 선수의 편에서 함께 공감하며 답을 찾아주는 리더십을 보여주면 상호 간에 끈끈한 라포가 형성되어 선수의 변화와 성장을 이끌 수 있게 된다.

# 격려의 리더십

코치의 말과 행동은 선수의 거울뉴런에 그대로 복사되어 행동 형성과 인성발달에 영향을 미치게 된다. 그렇기 때문에 코치는 언제 어디서나 밝고 긍정적인 언행을 보여주어야 한다. 만약 훈련과정에서나 경기 중에 코치의 부정적인 반응과 피드백이 선수에게 반복적으로 제공된다면 실수에 대한 공포 학습과 내적동기 저하, 무력감, 심리적 혼돈, 책임 전가하기 등의 부정적인 신경회로가 강화되어 정상적인 운동수행에 지장을 주는 조건형성이 될 수 있다.

훌륭한 코치는 운동수행과 관련해 의도하지 않은 실수나 실패에 대해서 수행에 최선을 다한 선수에게 비난이나 비판을 가하기보다 먼저 격려를 보내는 긍정적인 태도를 가진다. 특히 선수가 의도하지 않은 실수나 오류를 보일 경우 더 많은 격려를 보내주어 도전정신과 자신감을 충전할 수 있도록 도움을 준다.

선수의 작은 실수에 대해 코치가 부정적인 감정을 직접적으로 드러내는 것은 코치 본인의 자기합리화와 스트레스 해소에 부분적으로 도움이 될 수 있을지 모르지만 전체적인 관점에서 보면 선수의 사기를 떨어뜨리고 불안을 학습하게 만드는 부정적인 결과를 낳는다.

만약 선수에게 지적을 하거나 피드백을 해야 될 경우에는 긍정, 부정, 긍정의 순서로 샌드위치 피드백을 제공해주며 선수에게 긍정적인 메시지와 신뢰를 함께 보내는 것이 바람직하다.

코치가 좋은 성적과 결과에만 격려를 보내는 것이 아니라 선수가 최선을 다한 과정에 대해서도 따뜻한 격려를 보낼 수 있는 수용과 공감 능력을 갖춘 코치가 되어야 한다. 선수의 실수나 잘못된 행동에 대한 코치의 지적과 행동수정을 위한 질책은 라포가 끈끈하게 형성된 상태에서 믿음과 격려라는 긍정적인 코칭이 함께 제공될 때 더 큰 효과를 기대할 수 있다. 분명하고 선명한 목표를 보고 있는 훌륭한 코치는 절대적인 라포를 바탕으로 선수를 격려할 줄 안다. 그것은 코치의 격려가 목표를 더 빨리 이룰 수 있게 해준다는 것을 잘 알고 있기 때문이다.

## 관심의 리더십

뛰어난 리더십을 가진 코치는 선수에 대한 개인적 관심과 질문을 통해 라포를 형성하고 선수의 숨겨진 가능성과 잠재된 자원을 이끌어내어 변화시키는 능력이 있다. 선수는 자신에게 특별한 관심을 보여주는 코치에게 마음의 문을 열고 라포를 형성하여 코치가 지향하는 방향으로 성장해나간다.

그래서 코치와 선수 사이에 가장 중요한 연결의 끈은 라포이다. 상호 라포가 형성되지 않은 상황에서의 코칭은 표면적으로는 별문제가 없는 것처럼 보이지만 코치와 선수의 엇박자 속에 공동의 목표를 상실하여 수행 저하와 경기력 상실을 초래한다. 선수와의 강력한 라포를 형성할 수 있는 방법은 코치가 보여주는 개인별 관심에서 시작된다.

## 자결성의 리더십

과거에는 스포츠 코치들이 지시적이고 강압적이며 일방적인 언어 패턴을 많이 사용했다. 그리고 그 시기에는 그러한 코칭을 통해 열악한 환경 속에서도 좋은 성적을 내기도 했었다.

하지만 시대가 바뀌면서 코치의 코칭 철학과 가치, 리더십에 대한 준거도 함께 변화하게 되었다. 코치는 자신이 갖고 있는 우수한 기술과 재능만으로 선수를 가르치는 사람이 아니다. 코치는 선수의 숨겨진 자원을 발견하고 이끌어내며 선수 스스로 더 변화하고 성장할 수 있도록 서포트해주는 역할을 해야 하기 때문이다.

그러기 위해서는 코치의 탁월한 리더십과 선수의 내적동기를 향상시켜주는 멘탈코칭이 필요하다. 특히 선수의 긍정적 사고와 유연성을 높여주는 개방적이고 간접적인 질문을 많이 해주어야 한다.

선수 스스로 할 수 있는 동기부여를 위해 일방적인 지시와 통제보다는 수준있는 질문으로 선수의 자결성을 높여주는 코칭능력이 요구된다.

# 멘탈언어

의학의 아버지로 불리는 히포크라테스는 의사에게 세 가지 무기가 있다고 했다. 첫째가 '언어'이고 둘째가 '메스'이며 셋째가 '약'이다.

이 말의 뜻은 사람의 생명을 다루는 의사가 가진 무기는 수술을 하는 칼과 치료약보다 언어가 더 큰 치유 효과를 얻게 해주는 힘을 가지고 있다는 것이다. 그 이유는 우리가 하는 말과 듣는 말이 뇌신경과 연결되어 있기 때문에 치유를 담당하는 잠재의식에 직접적인 영향을 미쳐 마음과 몸 상태를 긍정적으로 변화시키기 때문이다.

운동학습과 수행과정에서도 코치가 하는 말은 선수에게 매우 큰 영향을 미친다. 말은 뇌신경회로를 바꾸는 힘을 갖고 있기 때문에 코치의 말에 따라 선수의 특정 신경회로가 활성화되고 심리적 상태까지도 영향을 받아 운동수행능력까지 달라진다. 코치의 말에 의해 선수의 뇌신경회로가 영향을 받게 된다는 것은 코치가 어떤 말을 하는가에 따라 선수의 멘탈 상태가 달라질 수 있다는 것을 의미한다.

철학자 니체는 "언어가 인생의 3분의 2를 차지한다"고 했다. 코치가 짧은 몇 마디의 말로써 선수의 마음과 행동을 변화시킬 수 있기 때문에 멘탈언어 코칭능력은 너무나 중요하다. 코치가 최악을 기대하고 최악을 말하면 최악의 결과를 얻게 되고 최선을 기대하고 최선을 말하면 최선의 결과를 얻을 수 있다. 최악과 최선의 선택을 할 수 있는 선수의 상태를 유도하는 것은 코치의 말에서 시작되며 말의 선택이 선수에게 미치는 영향은 절대적이다.

언어중추신경이 우리 몸의 모든 신경계를 다스리며 인간의 뇌세포 중 98%가 말의 영향을 받는다고 할 정도로 코치의 말이 영향력을 가지고 있기 때문에 선수의 운명을 바꿀 수도 있다. 코치의 긍정적인 말은 선수의 기를 살리고 잠재된 자원을 이끌어내며 성장을 이루어내는 창조적인 힘을 가지고 있지만 코치의 부정적인 말은 선수의 기를 꺾고 좌절감과 무기력한 상태를 만드는 파괴적인 힘을 가지고 있기 때문에 실패를 더 많이 겪게 만든다. 이처럼 아무렇지 않게 무심코 내뱉는 코치의 말 한마디가 선수의 멘탈 상태를 긍정적으로 바꾸기도 하고 부정적으로 바꾸기도 하는 강력한 힘을 가지고 있는 것이다.

예를 들어 경기에 나가는 선수에게 '긴장하지마'라는 부정적 긍정언어를 사용하는 것은 얼핏 듣기에는 긍정적인 말인 것처럼 들리지만 그 말이 선수의 마음상태를 편안하게 만들기보다 오히려 긴장을 더 끌어올리게 되는 부작용이 나타난다. 이것은 찰나의 짧은 순간에 긴장하지마를 뇌에서 해석하기 위해서는 '긴장'이라는 단어를 과거기억에서 떠올려야 하는데 과거의 긴장과 관련된 기억에는 불안한 감정과 정서가 함께 프로그래밍되어 있어 잠재의식에서 불안한 상태를 더 강화시켜버리기 때문이다. 의식적으로는 긴장하지 말아야지를 수용하고 이해하지만 잠재의식적으로는 그 말을 해석하기도 전에 1000분의 1초라는 찰나의 순간 긴장상태를 더 악화시키게 되는 것이다.

이럴 때는 '긴장하지마'라는 말 대신에 '편안하게 하자', '이번에도 잘될 거야', '잘될 때를 떠올려봐', '좋았어. 잘해보자', '차분하게 잘하자'와 같은 긍정의 말을 들려주어야 안정적인 멘탈 상태를 유지하는데 도움이 된다. 이것은 '호랑이를 떠올리지마'라는 말을 들었을 때 호랑이를 더 떠올리게 되는 것과 같은 원리이다. 호랑이를 생각하는 마음상태를 바꾸기 위해서는 '사자를 떠올려봐'라고 해야 한다. 사자라는 말을 듣는 순간 사자의 기억을 떠올려야 하기 때문에 순식간에 호랑이를 지워버리게 되는 것이다.

언어는 뇌신경과 연결되어 있어 어떠한 말을 듣는가에 따라 마음상태가 바뀔 수 있다. 코치의 긍정적인 말은 선수의 긍정적인 변화와 상태를 만들게 되고 부정적인 말은 부정적인 변화와 상태를 만들게 된다는 사실을 아는 것이 중요하다.

만약 과거에 코치 자신이 선수생활을 하면서 부정적인 언어를 반복 학습하여 자신도 모르게 사용하고 있다면 나쁜 언어습관을 긍정적으로 바꾸는 노력을 해야 한다. 선수는 운동학습과정에서 코치의 언어습관과 태도, 행동을 그대로 모델링하여 코치를 그대로 닮아가기 때문에 코치의 언어습관을 긍정적으로 바꾸어야 하는 것이다.

특히 어린 선수를 지도하는 코치는 언어 사용에 각별히 주의를 더 많이 기울여야 한다. 독일의 철학자 하이데거는 "언어는 존재의 집이다"라고 했다. 코치의 언어습관이 눈앞에 드러나는 선수의 행동적인 변화를 이끌기도 하지만 어린 선수의 경우 아직 완성되지 못한 뇌 발달단계에서 반복적으로 입력되는 코치의 부정적인 말이 그릇된 가치관과 세상모형을 만들 수도 있기 때문이다.

자신의 가치관을 형성하는 전용신경회로가 완벽하게 구축되지 못한 상태에 있는 어린 선수의 경우 코치의 나쁜 언어습관뿐만 아니라 언어에 융합되어 있는 코치의 정신세계와 감정까지도 그대로 모델링하기 때문에 언어 사용에 각별한 주의가 요구되는 것이다.

멘탈코칭은 코치와 선수간의 신뢰를 바탕으로 의사소통에 의해 이루어지며 그 중요한 수단이 말이다. 말은 입 밖으로 뱉는 순간 실행과 창조의 힘을 가지기 때문에 코치의 말에 의해 선수의 마음과 신체가 통제당하게 되면서 말과 관련된 현실적인 상태를 만들게 된다.

그래서 코치는 안된다는 말과 할 수 없다는 부정적인 말 대신에 어떻게 하면 더 잘할 수 있는지에 대한 반복된 질문과 긍정적인 피드백을 통해 할 수 있는 방법을 찾아볼 수 있도록 선수의 초점을 전환하는 언어습관을 가져야 한다.

'똑바로 해', '그것밖에 못해', '정신 안차려', '경기에 지면 혼날줄 알아', '넌 도대체 잘하는게 뭐니', '그 따위로 하려면 그만둬', '내가 널 그렇게 가르쳤니', '참 한심하다', '실망이다'와 같은 말은 문제에만 초점을 맞추고 있다. 문제와 부정에 초점을 일치시키고 있는 언어는 선수의 사기를 꺾을 뿐만 아니라 문제와 부정의 말속에 선수를 가두어버리는 부작용을 일으키게 된다.

반대로 '잘하고 있어', '어제보다 많이 좋아졌구나', '요즘 열심히 하는 모습이 보기 좋다', '조금만 더 집중하자', '할 수 있는데까지 최선을 다하자', '마지막까지 힘내자', '난 널 믿어', '잘될 거야'와 같은 말은 원하는 것에 초점을 맞추고 있다. 원하는 것에 초점을 맞춘 긍정적인 피드백과 멘탈언어는 격려가 되어 선수의 자결성과 자기효능감을 높여주고 원하는 긍정적인 변화와 성취결과를 얻게 해준다.

사람의 생명을 지키는 의사의 첫 번째 무기가 수술용 칼이나 약물이 아닌 언어이듯이 선수의 변화와 성장을 이끌고 목표를 성취시키는 사명을 가진 코치의 첫 번째 무기도 바로 긍정적인 피드백의 효과를 극대화시켜줄 수 있는 멘탈언어이다. 스포츠코칭 현장에서 코치의 언어를 1%만 긍정적으로 바꾸어도 선수의 멘탈이 99% 긍정적으로 바뀌게 된다는 사실을 가슴에 깊이 새겨야 한다. 멘탈언어코칭을 실천할 수 있는 코치의 열린 사고와 자세, 피드백이 선수의 긍정적인 변화와 더 큰 성장을 이끌어낼 수 있는 마중물이 될 수 있다.

# 긍정의 언어

아리스토텔레스는 "자신이 무엇을 말해야 할지 아는 것만으로는 충분하지 않다. 그것을 어떻게 말해야 할지를 알아야만 한다"라고 했다. 우리가 일상생활 속에서 일반적으로 사용하는 말과 생각의 80%가 부정적이라는 통계가 있다.

스포츠코칭 현장에서도 일부 코치들은 무의식적으로 부정적인 생각과 말을 많이 사용한다. 이러한 현상은 부정적인 말과 생각을 많이 하는 것이 미래에 닥칠 좋지 않은 일이나 위험에 대한 준비를 할 수 있게 해주어 실제 나쁜 결과가 생기지 않게 막아줄 뿐만 아니라 더 좋은 결과를 만들어주는 긍정적인 기능을 부분적으로 하기 때문이다.

그리고 특정 상황에서 단기간에 원하는 목표를 달성하는데도 코치의 부정적인 말이 도움이 된다는 것을 잘 알고 있기 때문에 습관적으로 부정적인 언어를 많이 사용하고 있는 것이다.

부정적인 말과 생각이 무조건 나쁜 것이 아니라 부분적으로 운동수행과 경기력 향상에 도움을 주는 긍정적인 기능과 의도를 가지고 있기 때문에 많이 사용하고 있다. 다만 코치의 부정적인 말과 생각이 너무 지나쳐 오로지 부정에만 모든 초점이 모아지고 스스로를 부정적인 생각과 느낌, 말, 행동의 견고한 울타리 속에 가두어버리는 어리석은 선택을 하게 되는 것이 문제가 되는 것이다.

선수의 자아와 자기개념은 반복적인 생각과 느낌, 말, 행동에 대한 피드백이 어떻게 제공되는가에 따라 프로그래밍된 것으로 볼 수 있다. 그래서 코치로부터 어떤 학습과 경험, 피드백을 받느냐에 따라 선수는 자신의 존재와 정체성을 만들게 된다. 훈련과 경기과정에서 선수가 코치로부터 긍정적인 학습과 경험, 피드백을 받는 성취경험을 많이 하게 되면 긍정과 관련된 화학물질이 다량으로 분비되면서 뇌에 광케이블처럼 굵은 전용신경회로가 구축되기 때문에 심리적 안정감을 바탕으로 자신감과 유능감이 증대한다.

우리가 의식적 차원에서는 인식하지 못하지만 대부분의 운동학습과 수행의 모든 과정은 성취경험의 연속으로 볼 수 있다. 이렇게 새로운 기술과 동작을 배우고 그것을 반복해서 트레이닝하며 수행을 향상시키는 성취경험이 누적되면서 무엇이든 잘할 수 있다는 자신감이 일반화되는 긍정적인 효과를 얻을 수 있게 된다. 이때 운동학습과 트레이닝 과정에서 코치가 긍정적인 멘탈언어코칭과 피드백을 반복해서 제공해주게 되면 운동학습과 트레이닝의 전체 과정이 직접적이고 간접적인 성취경험으로 증폭되면서 특정 과제를 성공적으로 잘할 수 있다는 선수의 자기효능감을 극대화시킨다.

코치의 역할은 선수가 가진 가능성과 잠재되어 있는 재능을 발견하고 그것을 끄집어내어 반복 훈련을 통해 선수 스스로 운동수행능력과 경기력을 최대한 높일 수 있도록 서포트해주는 것이다. 결국 모든 운동수행과 경기력 향상의 성과는 선수 자신의 몫이다. 코치는 선수가 자신의 목표를 성취하기 위해 잠재된 자원과 에너지를 가장 효율적으로 사용할 수 있도록 최상의 상태를 유지할 수 있는 코칭과 환경을 조성해주는 역할을 할 뿐이다.

운동학습과 수행과정에서 반복적인 성취경험을 하는 과정에 코치의 긍정적인 멘탈언어코칭과 피드백이 제공되면 선수의 자기효능감이 높아져 자기 안에 있는 긍정적인 성취자원과의 접촉이 더 늘어난다. 이와 같이 코치의 긍정적인 피드백과 선수의 성취경험이 반복되면서 무엇이든 할 수 있다는 성공신념이 강화되고 목표에 초점을 일치시키기 때문에 실제로 목표가 성취될 가능성이 훨씬 더 높아진다. 그 이유는 높아진 자기효능감에 의해 자기 자신과의 강력한 라포가 형성되면 무엇이든 성취할 수 있다는 성공신념에 의해 현실적 성취 가능성이 높아지기 때문이다.

선수는 자신과의 라포가 먼저 형성될 때만이 자신의 능력을 극대화시킬 수 있게 되며 다른 사람과 환경에 대해서도 라포를 형성할 수 있게 된다. 먼저 자기 자신과의 강력한 라포를 바탕으로 외부환경과의 라포를 형성할 수 있게 되면 자신의 자원뿐만 아니라 다른 사람과 환경적 자원까지 자신의 목표를 이루기 위한 자원과 에너지로 사용할 수 있는 초능력적인 멘탈의 힘을 활용할 수 있게 되는 것이다.

운동학습과 수행과정에서의 모든 성취결과를 만들어내는 것은 선수 자신의 몫이지만 선수가 좀 더 긍정적인 멘탈 상태에서 자신의 능력을 발휘하여 목표를 성취할 수 있도록 올바른 방향을 제시하고 도와주는 역할은 코치의 몫이다. 그리고 그러한 코치의 역할은 코치가 가진 긍정적인 언어코칭과 피드백에서부터 시작된다.

특히 코치의 언어는 선수의 존재와 정체성을 만드는 기초작업과 같기 때문에 중요한 의미를 가지고 있다. 언어가 중요한 의미를 가지게 되는 것은 언어가 뇌에 프로그래밍될 때 경험 당시의 감정과 정서가 함께 저장되어 필요할 때 그대로 재현되기 때문이다.

운동학습과 반복 트레이닝 과정에서 코치가 반복해서 전해주는 긍정적인 언어와 피드백은 선수의 뇌에 관련된 화학물질을 다량으로 분비시키고 특정한 신경적 반응을 일으키는 전용신경회로를 구축한다. 이렇게 구축된 전용신경회로가 중요한 경기상황에서 운동수행과 경기력을 향상시켜 목표를 성취하게 만든다.

# 운동학습과 멘탈

올림픽에서 금메달을 획득한 세계적인 선수의 기술과 동작을 보면서 사람들은 스포츠의 매력에 흠뻑 빠지게 된다. 보통 사람의 한계를 뛰어 넘는 최고의 운동기술과 동작을 예술적 수준으로 끌어올려 선수들이 보여주는 타고난 재능에 아낌없는 환호와 찬사를 보낸다. 하지만 그러한 탁월한 선수들도 태어날 때부터 최고의 운동기술과 수행능력을 가지고 있었던 것은 아니다. 학습단계에 따라 오랜 기간 반복 트레이닝을 통해 예술적 경지의 운동기술과 수행능력을 갖게 된 것일 뿐이다.

그들은 최고 수준의 경기력을 가지기 위해 반복적인 멘탈트레이닝과 신체훈련으로 운동관련 신경회로를 강화시키고 최상의 운동수행을 할 수 있는 전체적인 네트워크를 확장하여 운동기능을 발달시켰다.

수행과제에 대한 반복적인 훈련과 경험, 피드백에 의해 완벽한 운동수행이 이루어지는 내현기억시스템이 형성된 것이다.

이처럼 반복적인 훈련과 경험, 피드백을 통해 움직임 역량의 영구적인 변화를 이루는 전체적인 과정을 운동학습이라고 한다. 운동학습을 단순히 행동주의심리학 관점에서만 이해하면 동물실험을 통해 증명된 자극과 반응간의 관계에 초점을 둘뿐 정신, 마음, 의식과 잠재의식의 심리적 과정은 무시하기 쉽다. 이러한 행동주의심리학이 인간의 운동학습과 수행을 이해하는데 큰 도움을 주었지만 많은 한계점을 드러내면서 행동의 결과보다 행동의 과정을 중시하는 인지심리학이 발달하게 되었다.

이와 같이 인지심리학의 과정을 중시하는 과정지향적인 접근방법은 행동주의심리학과 마찬가지로 환경적인 자극과 정보가 인간의 행동에 중요한 영향을 미치는 것으로 받아들이지만 두 가지의 차이점은 인간이 환경에 단순히 통제당하는 존재가 아니라 능동적으로 환경을 활용할 수 있는 유연성을 가진 존재로 본다는데 있다.

즉 외부의 수많은 자극과 정보가 입력되고 출력되는 과정은 외부적으로 관찰할 수 없는 능동적인 처리과정을 거쳐서 특정 반응과 행동으로 나타난다고 보는 것이다. 이처럼 외부의 자극과 정보를 능동적으로 입력하여 처리하는 것을 정보처리이론이라고 하며 이 이론을 스포츠에 적용할 때 일반적으로 세 가지 관점에서 이해할 수 있다.

첫째, 폐쇄회로이론(closed-loop theory)이다. 이 이론은 인간의 모든 행동과 운동수행이 기억시스템에 저장되어 있는 정확한 동작과 관련된 신경정보와 실제 신체적인 동작간의 오류를 수정하는 노력에 의해서 이루어진다고 보는 관점이다. 즉 피드백에 의해 기술과 동작의 오류를 수정하는 것이다. 실제 스포츠에서 동작과 기술의 학습 및 피드백에 적용되는 이론이다.

하지만 이 이론은 피드백 정보의 통로인 구심성 신경을 차단한 후 나타나는 운동의 현상을 실험한 연구에서 피드백 정보가 없어도 운동수행이 정상적으로 발생할 수 있다는 결과가 나오면서 한계에 부딪히기 시작했다. 또한 빠른 운동의 경우 피드백을 통해 동작의 오류를 수정하여 새로운 동작이 나타나기까지 소요되는 시간 때문에 빠른 운동에는 맞지 않는 한계가 있다.

둘째, 개방회로이론(open-loop theory)이다. 이 이론은 피드백이 없이도 운동수행이 정상적으로 일어날 수 있다는 것으로 동작이 발생하기 이전에 이미 대뇌피질에 운동 동작과 기술에 대한 프로그래밍이 되어 있다는 것이다. 따라서 이 이론으로 보면 피드백을 통한 조절 과정이 불필요하다. 외부적 상황 변화가 없거나 단순하게 반복하는 기술과 동작을 수행하는데는 적합한 이론이다. 특히 빠른 운동을 수행할 경우 피드백 없이도 반사적인 반응이 나올 수 있기 때문에 이 이론으로 충분히 설명이 가능하다.

하지만 개방회로이론도 분명한 한계를 가지고 있다.
그것은 다양한 움직임에 대해 모두 프로그래밍이 되어있다면 우리 뇌가 가진 저장용량에 대한 의문이 생기게 된다. 아울러 전혀 예상하지 못했거나 과거에 경험하지 못한 움직임에 대해 뇌에 저장된 기억이 없는데도 완벽하게 수행하는 것을 제대로 설명하지 못한다.

셋째, 도식이론(schema theory)이다. 이 이론은 빠른 움직임은 피드백 없이 과거의 기억된 프로그램을 근거로 하여 새로운 운동을 계획하는 회상도식 개방회로이론으로 설명하고 느린 움직임은 피드백 정보를 통하여 잘못된 동작을 평가하고 수정하는 재인도식 폐쇄회로이론으로 설명하는 것이다.

어떠한 이론이든 말초신경계의 신체적인 움직임과 중추신경계의 뇌신경회로는 연동되고 있기 때문에 상관성을 가진다. 말초신경계와 중추신경계가 따로 기능하는 것이 아니라 서로 상보적 관계 속에서 통합된 전체성으로 기능하게 되는 것이다.

운동기억도 연합기억으로 저장되기 때문에 하나의 특정 신경망이 형성되면 다른 뉴런에도 함께 영향을 미쳐 운동수행이 달라진다.

신체적 반복 훈련과 경험, 피드백이 뇌에 프로그래밍되어 그 이후의 운동에 영향을 미치게 되며 뇌에 프로그래밍된 동작과 기술, 전략이 신체적 움직임에 영향을 미치면서 다양한 자극과 정보에 가장 효율적인 반응을 할 수 있게 해준다. 그래서 어릴 때부터 좋은 코치를 만나 바른 운동학습과 수행, 피드백을 받는 것이 중요한 것이다.

# 학습과 반응

운동기술이나 동작을 배운다는 것은 관련된 정보를 뇌와 신경에 기억화하여 프로그래밍시키는 과정으로 볼 수 있으며 운동기술 동작을 실행한다는 것은 뇌와 신경에 프로그래밍되어 있는 정보를 활성화시켜 표출하는 과정으로 볼 수 있다.

만약 지금 화를 내고 있다면 그 화는 자기 내면에 이미 존재하고 있는 수많은 신경회로 중에서 화와 관련된 회로를 활성화시키는 선택을 한 것이다. 선택이란 유전적인 것이든 학습과 경험에 의한 것이든 이미 형성된 특정 신경회로를 활성화시키는 것을 말한다.

즉 다른 사람에게 화를 내는 것은 상대가 나의 화를 불러낸 것이 아니라 특정 단서나 자극에 의해 자신의 내면에 이미 존재하고 있는 화를 스스로 선택한 것일 뿐이다. 결국 어떤 학습과 반복을 통하여 뇌와 신경에 어떤 프로그래밍이 되어 있느냐에 의해 선택과 반응, 행동이 달라지게 되는 것이다.

만약 뇌에 기존의 회로에 저장되어 있지 않는 완전히 낯선 자극과 단서가 주어지면 뇌는 그것과 관련된 신경회로가 없기 때문에 빠른 결단과 반응을 하지 못하고 주저하게 된다. 신경심리학자인 도널드 헵은 "동시에 활성화되면 서로 연결된다"고 주장했으며 헵의 이론은 학습의 기본적 원리가 된다. 왜냐하면 학습은 기억되는 것이며 뉴런들 사이에 시냅스 연결이 만들어지는 것이기 때문이다. 그리고 기억은 연결을 강화시켜 유지하게 만드는 것이다.

우리는 새로운 학습을 통해 마음과 행동을 바꾸기도 하고 새로운 동작과 기술을 뇌에 프로그래밍시키기도 한다. 그리고 새로운 학습과정에서 기존의 신경회로를 활성화시키기도 하고 새로운 연결을 더 많이 확장하기도 한다. 우리가 새로운 것을 배울 때 기존의 뇌 기억시스템을 이용하기 때문에 기존의 기억시스템에 존재하지 않는 정보를 새롭게 학습하기가 쉽지 않은 것이다.

기존의 기억시스템에 없는 정보를 새롭게 뇌와 신경에 기억시키기 위해서는 많은 반복이 필요하다. 이렇게 형성된 새로운 기억이 비슷한 관련 기억들을 자극하여 서로 연합되면서 굵은 신경회로가 형성된다. 함께 연합되어 활성화된 뉴런은 서로의 연결이 강화되고 연결이 강화된 뉴런은 함께 활성화되는 것이 헵의 이론이다.

아프리카 원주민에게 하얀 눈을 설명하기란 참으로 힘들다. 그것은 그들의 뇌에 하얀 눈과 관련된 기억이 전혀 없기 때문에 함께 활성화시킬 신경회로를 찾지 못하는 것이다. 만약 그들이 흰 소금을 알고 있다면 그것과 짝을 지어 눈에 대해 설명해줄 수 있다.

그들의 뇌에 기억된 흰 소금과 관련된 신경회로가 활성화되면서 하얀 눈을 이해할 때는 흰 소금의 이미지로 떠올릴 수 있다. 흰 소금이 하얀 눈과 함께 활성화되어 그 연결이 더욱더 강화되는 것이다. 이러한 연상학습이 반복되면 서로의 연결이 더 강화되어 흰 소금과 하얀 눈이 동시에 반응하게 되면서 학습이 가능해진다.

운동선수가 중요한 경기에서 긴장과 불안을 많이 느낀다면 중요한 경기상황과 불안이 조건형성되어 학습된 것으로 볼 수 있다. 학습된 기억이 유전적인 것이든 환경적인 것이든 현재 상태에서 불안을 느낀다면 학습이 된 것으로 보아야 한다.

원주민이 하얀 눈을 학습하기 전에는 하얀 눈을 생각하거나 하얀 눈에 대한 정서가 존재하지 않았듯이 선수가 불안을 학습하지 않았다면 중요한 경기에서 불안 때문에 경기를 망치는 일이 일어나지 않을 것이다. 그것이 불안이든 즐거움이든 그러한 정서를 갖고 있다는 것은 특정 자극과 단서에 과민하게 반응하는 신경회로가 만들어져 있다고 볼 수 있으며 그것은 분명히 학습된 것이다.

만약에 선수가 훈련과정에서 약간의 긴장이 느껴지지만 그것이 오히려 마음의 집중상태와 활력상태를 만들어주는 반복된 학습이 있었다면 이 선수는 큰 경기에서도 자신의 실력을 일관성 있게 발휘할 수가 있는 안정된 상태를 유지할 수 있다. 우리는 '앎'을 통해서 존재할 수 있으며 '앎'이란 것은 학습을 통해 뇌에 기억된 것이다. 우리는 '앎'이라는 기억을 통해서만 자신을 자각하고 다른 대상을 확인할 수 있다.
다르게 표현하면 우리가 알지 못하면 그것은 존재하지 않는다.
그래서 하룻강아지 범 무서운 줄 모른다는 속담이 있는 것이다.

학습되지 않고 기억되지 않은 것은 우리 마음에 존재하지 않기 때문에 그것은 우리를 구속하지 못한다. 그래서 뇌에 저장되어 있지 않는 자극과 단서가 입력되면 전혀 반응을 하지 않거나 관련된 신경회로를 찾지 못해 긴장과 혼돈을 느끼면서 적합한 결정과 반응을 효과적으로 하지 못하는 것이다.

운동학습은 반복에 의해 뇌에 광케이블과 같은 아주 강하고 굵은 신경회로를 형성하여 기억시키는 과정이다. 스포츠에서 반복이란 특정 과제나 동작, 기술에 대해 초점을 맞추어 생각과 말, 행동을 되풀이하여 새로운 신경회로를 생성시키거나 이미 형성되어 있는 신경회로의 연결을 강화하는 것을 의미한다. 반복 훈련을 하게 되면 그와 관련된 신경회로가 신경성장인자의 작용으로 굵고 강하게 만들어져 의식적 개입 없이도 자동화될 수 있게 된다.

이처럼 반복 훈련은 뇌의 신경회로까지 바꿀 수 있는 힘이 있다.
그래서 우리 뇌는 반복해서 들어온 정보는 사실로 받아들이고 그것에 대한 믿음을 만들어 그 믿음에 통제당하게 되는 것이다. 반응은 학습한 것을 바탕으로 형성된 신경회로를 선택하는 것이며 반응을 바꾸고 싶다면 새로운 학습을 반복하면 된다.

# 변화가 힘든 이유

스포츠는 반복적인 학습과 훈련을 통해 운동수행과 관련된 뇌의 특정 신경회를 구축하여 자동화시키는 것이다. 전용신경회로가 구축되면 의식적 관여 없이도 운동수행을 잘할 수 있을 뿐만 아니라 불필요한 정보간섭을 차단하여 의식적 초점을 자유롭게 전환할 수 있다.

뇌는 외부의 자극과 정보에 의해 신경회로를 재배열하거나 새로운 조합을 만드는 놀라운 가소성을 가지고 있으면서도 반복적인 학습과 훈련에 의해 전용신경회로가 구축되면 의식적 관여 없이도 완전한 운동수행이 가능해지게 된다.

이처럼 운동수행과 관련된 프로그래밍 상태를 지탱하고 있는 뇌신경회로는 몇 마디의 말과 짧은 생각만으로도 쉽게 바꿀 수 있는 가소성을 가지고 있다. 그러면서도 반복적인 학습과 훈련에 의해 전용신경회로가 구축되면 새로운 자극과 정보에 둔감해지는 이중성을 함께 가지고 있다. 이것은 특정한 운동학습과 훈련에 의해 신경회로가 반복적으로 활성화되면 전용신경회로가 구축되어 쉽게 변화하지 않는 고정된 패턴을 만들기 때문이다.

반복적인 운동학습과 훈련, 피드백이 주어져 특정 신경회로가 반복적으로 활성화되거나 강한 정서적 경험이 주어지면 전용신경회로가 강화된다. 그래서 부정적인 신념이나 잘못된 동작, 기술과 관련된 전용신경회로가 구축되면 의식적 차원에서 많은 노력을 해도 쉽게 변화하지 못하는 것이다. 전용신경회로에 의해 중독된 습관이 만들어지면 대부분의 의식적 개입은 역치를 뛰어넘지 못하기 때문에 잠재의식적 차원에서 현상태를 그대로 유지하려는 기전이 작동된다.

변화는 새로운 자극과 정보를 받아들여 기존에 형성되어 있는 신경회로의 다양한 연결을 새롭게 바꾸거나 확장하여 새로운 전용신경회로를 만드는 과정이다. 변화가 가능한 것은 새로운 학습과 훈련을 통해 역치를 뛰어넘는 정서적 경험이나 충격적인 체험, 반복 훈련으로 변화할 수 있는 가소성을 가지고 있기 때문이다.

스포츠에서 더 나은 운동수행과 성과를 창조하기 위한 새로운 변화의 선택은 최선의 전략이면서 핵심 가치가 되는 것이다. 변화는 분명히 힘들지만 우리의 자유의지는 변화할 수 있는 힘을 갖고 있기 때문에 변화를 위한 결단과 반복적인 실행에 의해 얼마든지 변화는 가능한 것이고 선택과 결단에 의해 변화는 현실이 된다.

# [ 선수의 세상모형 ]

　스포츠는 운동 과정에서 감각기관으로부터 입력된 수많은 자극과 정보는 뇌의 정보처리과정을 거쳐 운동 형태로 반응하고 그 반응을 다시 피드백하는 순환고리를 만든다. 즉 외부의 자극과 정보가 감각기관의 구심성에 의해 뇌에 입력되면 뇌의 지각을 담당하는 특정 부위만 반응하는 것이 아니라 기억과 감정, 신념, 사명, 목표를 담당하는 영역까지 비국소성으로 전체성을 가지고 함께 관여하여 원심성에 의해 운동 형태로 반응하게 되는 것이다.

　이처럼 어떤 자극에 대해 뇌의 한 영역에서만 관여한다고 알고 있었던 기능들 중 대부분은 비국소성에 의해 서로 다른 영역들 간에 일어난 상호작용의 산물이기 때문에 선수가 훈련과정에서 잘못된 신념이나 부정적인 정서를 가지게 되면 멘탈적 요인에 의해 자신의 실력을 완전하게 발휘하지 못하게 된다. 선수가 반복적인 학습과 훈련, 피드백 과정에서 인식하고 경험하는 것은 실제 세상을 객관적으로 그대로 경험하는 것이 아니라 자기 자신의 주관적인 마음의 여과기에 의해 생략, 왜곡, 일반화된 것이다.

선수가 경험하는 세상은 절대적이고 객관적인 세상이 아닌 저마다 다른 학습과 훈련, 피드백 과정에서 형성된 세상에 대한 모형에 의해 가짜 세상과 접촉하고 소통하는 것으로 볼 수 있다. 이것을 선수가 가진 세상모형이라고 하며 선수는 자신만의 세상모형이 만들어낸 주관적인 정신세계의 경계 속에서 사고하고 느끼며 말하고 행동하는 것이다.

선수 개인이 가진 세상모형은 유전과 학습, 경험, 가치, 신념, 문화, 종교, 정서 등이 연합되어 있지만 제일 중요한 것은 반복적인 학습과 훈련, 피드백이다. 이러한 과정에서 코치의 리더십과 멘탈코칭능력이 가장 큰 영향을 미치기 때문에 선수의 세상모형은 코치에 의해 만들어진다고 볼 수도 있는 것이다.

이런 관점으로 보면 선수가 중요한 경기에서 느끼는 지나친 각성과 불안, 두려움은 코치의 잘못된 코칭에 의해 조건형성된 자기 제한 신념으로 볼 수도 있다. 그렇기 때문에 같은 상황에서도 선수들은 모두가 자신만의 주관적인 세상모형으로 똑같은 세상을 다르게 인식하고 해석하며 저마다 다른 반응을 통해 다른 경험을 하게 되는 것이다.

# [ 감정의 중독 ]

　운동선수는 코치의 리더십과 피드백, 자신의 반복적인 경험 속에서 자신만의 존재가치와 정체성, 감정상태를 만들어가게 된다.

만약 이러한 경험과 코치와의 관계 속에서 선수의 정체성과 감정상태가 부정적으로 형성되면 자기 자신을 관찰하거나 만날 수 있는 '자기인식능력'이 결여되기 쉽다.

　만약 선수가 자기인식능력이 결여되어 환경적인 정보와 자기 자신을 부정적으로 왜곡하게 되면 마음과 신체가 지속적으로 스트레스를 느끼게 되면서 부정적인 감정에 중독된 상태가 되어 운동수행과 경기력 향상에 걸림돌을 가지게 된다. 이러한 상태가 지속되면 현재 자신의 기저선 상태에 항상성을 유지한 채 자신이 왜 이러한 부정적인 감정상태에 빠져있는지에 대한 객관적인 사고와 질문조차 하지 못한다.

선수가 지금 현재의 자신을 알지 못하고 객관적으로 관찰하지 못하게 되면 새로운 변화와 성장을 위한 더 나은 선택과 도전을 하지 못하기 때문에 항상 제자리에 머물러있으려는 관성을 가지게 된다.

이렇게 부정적인 감정의 중독 상태에 빠진 자신을 긍정적인 상태로 변화시키기 위한 첫 번째 선택과 도전은 자신에게 어떤 문제가 있는지를 알아차리는 것이다.

선수의 긍정적인 변화를 이끌어내기 위해서는 코치의 역할이 중요하지만 그것은 선수 자신이 통제할 수 있는 것이 아니기 때문에 먼저 자기 자신의 성격과 사고 패턴, 감정상태, 행동의 특징에 대해 스스로 인식하는 것이 중요하다.

이러한 인식능력은 선수가 그동안 부정적인 감정상태 때문에 사용하지 않았을 뿐이지 그러한 능력과 기술이 자기 안에 없는 것은 아니다. 선수가 자신을 관찰하고 인식할 수 있는 능력은 누구나 갖고 있지만 주변 환경과 반복적인 경험, 코치와의 관계 속에서 잘못 형성된 정체성 때문에 그것이 일시적으로 가려져있을 뿐이다.

그렇기 때문에 초점을 부정에서 긍정으로 전환하고 일치시키기를 통해 주의집중력을 유지할 수만 있다면 잃어버린 자기 자신을 만나는 것이 그렇게 어렵지 않다. 선수가 스스로를 좀 더 객관적이고 큰 틀에서 바라볼 수 있다면 중독된 자신을 관찰할 수 있게 되고 그러한 자신에 대한 비판적 관점을 가질 수도 있기 때문이다.

수학에서 마이너스가 두 번이면 플러스가 되는 것처럼 부정의 감정에 중독된 자신의 상태를 객관적이고 큰 틀에서 바라보며 건전하게 비판

할 수 있다면 자신의 부정적 감정이 약해지는 것을 느낄 수 있게 된다. 그래서 자기인식을 통해 스스로를 관찰하고 부정의 감정에 중독된 자신의 상태를 비판하며 긍정의 상태를 만들 수 있는 새로운 초점을 만드는 것이 중요한 것이다.

만약 선수가 중요한 대회에 출전할 때마다 긴장과 불안을 심하게 느끼며 스트레스를 받아 정상적인 운동수행과 경기력을 발휘할 수 없다면 도대체 무엇이, 어떻게 현재 자신의 감정상태를 부정적으로 만드는가에 대해 사고하고 질문하며 관찰할 수 있어야 한다. 이것은 지금 현재의 부정적인 상태를 만들 수밖에 없는 자신의 과거 학습과 경험에 대한 객관적인 관점을 갖기 위해서이다. 지금의 감정상태는 자신의 뇌에 형성되어 있는 전용신경회로가 활성화된 것이며 경험 당시의 감정을 그대로 재현시키는 화학물질에 중독된 상태에 있는 것이다.

더 중요한 것은 이러한 부정적인 감정의 중독 상태는 자신의 기저선 상태를 유지하기 위해 끊임없이 관련된 외부 자극을 찾고 있으며 만약 외부적 자극이 없으면 자기 내면에서 만들어서라도 부정적인 감정상태를 유지시키려 한다는 사실이다.

선수가 이러한 부정적인 감정의 중독 상태에 빠지게 되면 그것이 우울이든 불안이든 가리지 않고 익숙해져 있는 현재의 감정상태를 그대로 유지하려는 항상성을 가지게 된다. 결국 선수가 중요한 대회에서 겪는 심한 불안이나 스트레스는 자기 안에 그것을 간절하게 갈구하는 중독된 감정의 기저선 상태가 존재하기 때문이다.

# [ 심리적 간섭의 차단 ]

    운동은 수많은 신체적, 심리적인 반복 훈련을 통해 운동기술과 동작을 일관되게 수행할 수 있는 통합된 전체성을 완성해가는 과정이다. 이를 위해서는 수많은 회로 중에서 운동수행과 관련된 신경회로를 선택하여 반복을 통해 전용신경회로를 구축하여야 한다.

    만약 처음 골프를 배우는 과정에서 하나의 기술이나 동작을 제대로 학습하지 못하게 되면 자세나 스윙 방법이 일관성 없이 수시로 변화하게 되면서 운동수행의 기복이 심해진다. 어떤 일을 하는데 가장 좋은 방법은 단 한 가지뿐이라는 절대 명제가 골프에서도 그대로 적용되기 때문에 훌륭한 코치를 만나 제대로 된 학습을 통해 최상의 운동수행을 할 수 있는 전용신경회로를 구축하는 것이 가장 중요하다.

    어떤 기술과 동작을 대충 해보고 잘 안되면 이 방법, 저 방법 다 선택하여 훈련을 반복하게 되면 불필요한 신경회로만 추가시켜 심리적 간섭을 늘릴 뿐이다. 이렇게 우왕좌왕하는 훈련방법은 뇌에 여러 개의 스윙과 관련된 신경회로를 활성화시켜 초점을 일치시키지 못하고 산만한 상태를 유지시키는 잘못된 기억을 남기게 된다.

신경회로의 혼선으로 엉뚱한 곳에 초점을 보내거나 에너지가 분산되면서 산만함과 내면의 불일치, 부조화 상태를 만들어 자극에 대한 정보처리와 반응의 효율성을 떨어뜨린다. 이렇게 스윙과 관련된 여러 가지 회로가 활성화된 상태에서 반복적인 훈련을 하게 되면 뒤죽박죽된 기억에 의해 혼돈을 겪게 되고 그러한 자극과 정보가 피드백되면서 자신감 상실과 불안이라는 멘탈적인 문제까지 생기게 된다.

골프 스윙이라는 카테고리 안에 여러 개의 스윙과 관련된 회로가 존재하기 때문에 기술과 동작이 특정 목표를 수행하는데 가장 이상적인 통합된 전체성을 완성하지 못해 혼돈이 오면서 집중력을 발휘하지 못하여 수행에 방해를 받게 된다. 옛말에 사공이 많으면 배가 산으로 간다고 했다. 다양한 스윙 훈련이 비슷한 수준에서 조직적으로 함께 기억되어 있기 때문에 어떤 샷이 나은지 알 수가 없다.

특히 심리적 각성이 높아지게 되면 자신의 의지와 상관없이 과거에 많이 사용했던 신경회로를 다시 활성화시키게 된다. 결국 운동수행의 기복이 심하거나 일관성이 없다는 것은 스윙과 관련된 하나의 전용신경회로를 구축하지 못하고 여러 가지 신경회로가 혼재되어 있다는 것을 의미한다. 당연히 이러한 상태에서는 심리적 간섭과 불필요한 정서가 개입되기 때문에 원하는 좋은 샷이 나오기 어려워진다.

제대로 된 하나의 전용신경회로가 구축되면 그와 관련된 나머지 신경회로를 활성화시켜 통합된 전체성을 완성하여 과제수행에 가장 적합한 상태를 만든다. 그래서 타고난 재주도 중요하지만 훌륭한 코치를 만나 제대로 된 반복 훈련을 통해 전용신경회로를 구축하는 선수가 대승할 가능성이 더 높아지는 것이다.

실제로 운동감각이 뛰어나서 여러 가지 스윙 기억을 가지고 있거나 자세 교정을 거치는 선수보다 운동감각이 다소 떨어지더라도 코치의 코칭에 따라 정확한 기술과 동작을 성실히 배우고 반복 훈련을 통해 전용신경회로를 구축하는 선수가 성공할 가능성이 높아진다.

이것은 우리의 삶에서도 꼭 같다. 이것저것 많이 알고 있다는 사실이 때로는 능력이 될 수도 있지만 자신만의 특출한 능력을 발휘하게 하는 전용신경회로가 구축되어 있지 않은 상태에서의 잡다한 지식은 오히려 삶의 걸림돌이 될 수도 있다. 돋보기가 초점을 일치시키면 물체를 태우는 강력한 에너지를 표출시킬 수 있지만 초점이 일치되지 못한 돋보기는 그냥 유리일 뿐이다.

이와 같이 타고난 재주보다 훌륭한 코치의 코칭을 받아 전용신경회로를 구축한 선수가 운동을 더 잘하는 사례가 많은 이유는 최상의 수행을 위한 하나의 일관된 전용신경회로를 구축하여 불필요한 심리적 간섭을 차단할 수 있는 능력을 가지고 있기 때문이다.

# 중독 상태

스포츠에서 선수가 원하는 성취결과를 얻기 위해서는 신체적인 능력과 생리적 상태, 숙달된 운동기술뿐만 아니라 심리적 통제능력을 가지고 있어야 한다. 실제 경기상황에서 선수의 경기력은 체력과 기술, 심리적 요인도 중요하지만 코치와의 관계에서 형성된 라포와 피드백도 매우 중요한 요인이 된다.

선수가 평소 연습 때는 잘하는데 중요한 경기에만 나가면 자신의 실력을 제대로 발휘하지 못하는 경우가 있다. 이것은 단순히 신체적인 체력과 기술 이외에 경기력에 영향을 미치는 또 다른 요인이 있다는 것을 의미한다. 중요한 경기에서 강한 체력과 안정된 운동기술을 가진 선수가 멘탈이 약해 패배하는 경우가 있는 반면 체력이나 기술이 상대적으로 부족한 선수임에도 불구하고 강한 멘탈을 활용하여 자신이 원하는 목표를 이루는 선수가 있다.

실제로 우리나라의 프로축구 K리그를 보면 K리그 2 팀이 K리그 1 팀을 이기는 사례들이 많다. 이러한 결과는 선수들의 심리적 상태가 경기력과 운동수행에 영향을 미치고 있다는 증거이다.

신경생리학적인 관점에서 보면 선수의 멘탈 상태는 지금 현재에서의 반복된 생각과 느낌, 말, 행동의 일관성과 지속성을 유지시키는 전용신경회로와 화학물질의 분비 및 반응에 의해 결정된다고 볼 수 있다. 선수의 생각과 느낌, 말, 행동을 형성하는 가장 핵심적인 역할을 하는 것이 지금 현재에서 선택된 신경회로와 화학물질의 분비이다. 훈련이나 경기상황에서 반복적으로 선택된 신경회로와 화학물질의 분비에 의해 뇌는 감정적인 중독 상태가 된다.

어떠한 형태의 중독이든 관계없이 뇌가 특정한 감정의 중독 상태에 빠지기는 쉽지만 한번 빠진 중독 상태에서 빠져나오는 것은 쉽지가 않다. 특히 지속적인 화학물질의 분비에 의해 일어나는 부정적인 감정의 중독은 선수 자신의 의지로 조절하는 것이 힘들기 때문에 화학물질의 노예가 되는 경우가 많다.

이처럼 훈련이나 경기상황에서 부정적인 감정을 느끼게 만드는 화학물질의 분비와 반응이 일정한 패턴을 만드는 중독 상태가 지속되면 나중에는 상황과 환경에 상관하지 않고 몸에서 화학물질을 계속 분비하려고 하는 항상성과 기저선을 만든다. 이렇게 부정적인 중독 상태가 지속되는 상황에서 화학물질을 분비하기 위한 외부의 요인이 주어지지 않으면 그러한 상황과 요인을 억지로 만들어서라도 화학물질을 생산하고 분비하여 부정에 중독된 패턴을 유지하게 된다.

이와 같이 뇌는 감정적인 중독 상태가 되면 중독된 상태를 유지하기 위해 계속적으로 화학물질을 분비할 수 있는 모든 수단을 동원하는 최선의 선택을 한다. 실제로 외부에서 중독 상태를 활성화시키는 특별한 자극이 없는데도 스스로 스트레스를 만들거나 내부에서 부정적인 신경회로를 활성화시켜서라도 자신의 상태를 부정적으로 유지하는 선택을 하게 되는 것이다.

이렇게 부정적인 감정을 느끼기 위해 최선을 다했는데도 외부와 내부에서 현재의 중독 상태를 유지하는 상태가 만들어지지 않으면 그 상태를 대체할 그 무엇인가를 잠재의식 차원에서 끊임없이 갈구하게 된다. 그래서 자신도 모르게 별것 아닌 것에 신경이 날카로워지고 예민하게 반응하여 감정이 격해지는 상태를 억지로라도 만들어 감정의 중독 상태에 빠지는 선택을 하게 되는 것이다.

이런 경우는 이미 부정적인 감정의 중독 상태에 자신의 기저선과 항상성이 맞추어져 있기 때문에 어떤 방법을 찾아서라도 화학적 반응에 중독되는 상태를 선택할 수밖에 없다. 사람들이 술이나 담배, 약물에 중독되는 메커니즘과 선수가 부정적인 감정의 중독 상태에 빠지는 것이 비슷한 원리이다.

예를 들어 술을 자주 많이 마시게 되면 술에 중독된 패턴을 보이게 된다. 술을 많이 마셔 취한 상태에서 활성화된 신경회로와 화학물질의 분비 및 화학적 반응이 반복되면 자신의 항상성을 술에 중독된 상태에 맞추어서 세팅하게 된다. 술을 많이 마시는 반복된 패턴에 의해 이미 중독된 상태에서는 자신의 항상성을 유지해주는 알코올 흡수가 되지 않으면 이성적인 판단 기능이 약해지기 때문에 술을 마시기 위해 할 수 있는 일이라면 무엇이든 하는 비정상적인 준비상태를 만든다.

만약 이 상태에서 술을 마시는 기회가 주어지지 않으면 금단증상으로 인하여 정신적으로나 신체적으로 매우 힘들어진다. 이러한 힘든 상태를 벗어나기 위해 잠재의식에서는 현재의 상태를 바꾸거나 대체할 모든 수단과 방법을 찾아 술을 마시는 행동을 하게 되는 것이다.

마찬가지로 선수가 느끼는 불안과 긴장 같은 부정적인 감정의 중독 상태도 반복적으로 학습된 것이기 때문에 자신의 의지와 상관없이 되풀이될 가능성이 높다. 중독은 자신의 의지와 상관없이 그 상태에 머물려는 기전을 갖고 있기 때문에 불안한 감정을 느끼지 못하면 어떤 수단과 방법을 동원해서라도 불안을 느끼는 상황을 만들게 된다. 그래서 안정된 멘탈 상태를 유지할 수 있는 반복적인 훈련을 통해 탈학습과 재학습을 해야 하는 것이다.

선수의 감정과 기분상태는 반복적인 학습과 훈련을 통해 어떤 신경회로를 반복적으로 선택하여 강화하는가에 따라 달라질 수 있다. 그 과정에서 어떠한 화학물질을 반복해서 분비하고 반응하는가에 따라 얼마든지 변화할 수 있는 가변적인 존재이기 때문이다. 우리 뇌는 착각의 챔피언이라는 별명에 어울리게 그 무엇이든 반복하면 그것을 사실로 받아들이고 강력한 믿음을 만들어 스스로를 통제하기 때문에 긍정적인 믿음을 강화하는 멘탈 훈련이 중요하다.

# 우울함의 정체성

일반적으로 운동은 특정 과제를 이루기 위해 신체적, 생리적, 심리적인 상태와 능력을 극대화시키는 과정이라고 할 수 있다. 그래서 대부분의 스포츠 참가자와 선수는 규칙적인 스포츠 활동을 통해 심신이 건강해지고 사회성도 발달된다.

하지만 운동 과정에서 슬럼프를 길게 겪거나 심한 부상 등으로 목표성취와 멀어지게 될 때 심리적 내성이 떨어지고 응집력도 약해져 우울함을 느끼는 부정적인 정체성을 가지게 될 수도 있다. 정체성의 사전적의미는 '어떤 존재가 본질적으로 가지고 있는 특성'이라고 할 수 있지만 운동선수의 정체성은 훈련과정에서 다양한 환경적 요인과 성적, 자신의 상태, 코치의 피드백에 의해 얼마든지 변화할 수 있는 것이다.

반복되는 운동학습과 훈련, 다른 사람들과의 관계, 공간, 시간, 문화,

종교, 사건들에 의해 정체성은 지속적으로 강화되기도 하고 새로운 정체성을 형성하기도 한다. 이와 같이 운동선수의 정체성은 다양한 요인들과의 지속적인 상관성 속에서 특정한 신경화학적 반응이 반복되면서 중독 상태를 만드는 전용신경회로가 구축된 상태로 볼 수 있다.

그래서 선수가 특정한 정체성을 가졌다는 것은 반복적인 신경화학적 작용에 의해 중독 상태를 만드는 특정한 전용신경회로를 가지게 되었다는 것과 같은 의미를 가진다. 이렇게 운동선수의 정체성을 만드는 특정한 신경구조는 반복적인 자극에 의한 시냅스 연결과정에서 생긴 신경화학적 작용으로 광케이블처럼 굵은 자신만의 전용신경회로를 구축하게 되는 것이다.

그것이 우울이든 불안이든 행복이든 가리지 않고 전용신경회로가 강하게 형성되면 개인의 정체성은 더욱더 강화된다. 그뿐만 아니라 반복적인 경험에 의해 전용신경회로가 활성화되면 헵의 이론에 따라 관련된 이웃의 약한 회로들까지 함께 활성화시켜 상호 연결을 굵게 만든다. 그리고 정보간섭을 없애기 위해 전용신경회로와 관련 없는 회로들은 차단시키거나 약화시켜버린다.

운동학습과 훈련과정에서 반복적인 자극과 경험에 의해 형성된 전용신경회로가 구축되면 특정한 정서상태와 신경적 반응을 일으키는 프로그램이 작동된다. 이렇게 감정이 연합된 전용신경회로는 관련된 화학물질을 분비하여 습관적인 패턴을 만들고 완전한 중독 상태에 빠지게 만든다. 만약에 선수가 반복적인 좌절을 겪는 과정에서 우울이라는 정서에 중독되면 자신의 긍정적인 변화를 위해 아무리 노력해도 쉽게 변화하지 못하는 이유가 여기에 있다.

변화란 반복적인 자극을 통해 오랜 시간 중독되어 있는 기존의 전용 신경회로를 차단하거나 연결을 바꾸는 것이기 때문에 뇌에서는 모든 수단을 동원해서 새로운 변화를 거부하게 되는 것이다.

새로운 변화란 기존의 중독된 습관을 바꾸는 것이고 그것은 뇌의 신경 학적 구조를 바꾸는 것과 같다. 이미 전용신경회로가 구축되고 중독된 습관에 의해 자신의 정체성이 바뀌면 중독된 상태를 안정적으로 유지 시키기 때문에 이 상태에서는 새로운 변화를 위한 선택에 대해 뇌에서 위기 상황으로 받아들여 거부하게 되는 것이다.

습관에 중독된 뇌는 그 중독이 우울이나 불안을 느끼게 하는 것이라 하더라도 긍정적으로 변화하기 위한 새로운 선택과 행동에 대해 낯설 고 불편하며 두려운 것으로 받아들여 거부한다. 만약 자신이 우울함의 정체성을 만든 부정적인 전용신경회로를 갖고 있다면 그동안 익숙해져 있던 우울함을 느끼는 현재 상태를 활력상태로 바꾼다는 것은 불편함 으로 받아들인다.

변화가 이토록 힘든 이유는 그동안 우울함의 정체성을 갖고 부정적 감정에 오랫동안 길들여져 있었기 때문이다. 우울함의 안전지대 안에 서 계속 우울함을 느끼는 중독 상태를 편하게 느끼며 그 속에 숨어버 리는 행동을 하기도 한다. 그렇기 때문에 우울함에 대한 신경화학적 중독 상태에 빠지게 되면 우울함의 중독에서 벗어날 수 있는 새로운 결단과 행동을 거부하게 되는 것이다.

## 스포츠 멘탈

초판 1쇄 발행 2021년 3월 11일

| | |
|---|---|
| 지 은 이 | 박영곤 |
| 총괄디자인 | 맑은샘 |
| 편집디자인 | 차지연 |
| 본 문 편 집 | 강윤정 |
| 펴 낸 곳 | 도서출판 벗 |
| 주 소 | 부산광역시 해운대구 해운대로 233 제이원 3층 |
| 전 화 | 051) 784-8497 |
| 팩 스 | 051) 783-9996 |
| 이 메 일 | inlp1305@hanmail.net |
| 등 록 | 2021년 2월 18일 |
| I S B N | 979-11-972663-1-7 |
| 정 가 | 20,000원 |